| 光明社科文库 |

教育行政执法实证研究

张　丽◎著

光明日报出版社

图书在版编目（CIP）数据

教育行政执法实证研究 / 张丽著. -- 北京：光明日报出版社，2019.1

ISBN 978 - 7 - 5194 - 4888 - 2

Ⅰ.①教… Ⅱ.①张… Ⅲ.①教育法令规程—行政执法—研究—中国 Ⅳ.①D922.164

中国版本图书馆 CIP 数据核字（2019）第 022592 号

教育行政执法实证研究

JIAOYU XINGZHENG ZHIFA SHIZHENG YANJIU

著　者：张　丽	
责任编辑：庄　宁	责任校对：赵鸣鸣
封面设计：中联学林	责任印制：曹　净

出版发行：光明日报出版社

地　　址：北京市西城区永安路 106 号，100050

电　　话：010 - 63131930（邮购）

传　　真：010 - 67078227，67078255

网　　址：http：//book. gmw. cn

E - mail：zhuangning@ gmw. cn

法律顾问：北京德恒律师事务所龚柳方律师

印　　刷：三河市华东印刷有限公司

装　　订：三河市华东印刷有限公司

本书如有破损、缺页、装订错误，请与本社联系调换，电话：010 - 67019571

开　　本：170mm×240mm			
字　　数：238 千字		印　　张：15	
版　　次：2019 年 3 月第 1 版		印　　次：2019 年 3 月第 1 次印刷	
书　　号：ISBN 978 - 7 - 5194 - 4888 - 2			

定　　价：78.00 元

前　言

　　教育行政执法是教育法律实施的重要途径,其执法状况如何直接关系到教育法律的作用发挥,也直接决定了教育法律的"硬"与"软",更直接影响着教育法律的尊严和威信。但长期以来,各级教育行政部门运用执法手段管理教育的意识不强、实践经验不足,存在着执法不到位、执法职责不清、执法能力不足、执法程序不健全等问题的状况,已不能完全适应教育事业的改革与发展对完善教育行政管理体制提出的新要求,迫切需要按照十八届三中全会以来特别是十四中全会的要求,整合执法主体,相对集中执法权,推进综合执法,形成职权清晰、分工明确的执法工作机制,加快建立权责统一、权威高效的教育行政执法体制。

　　教育部为保障教育行政执法体制改革的有序推进,根据中央全面深化改革领导小组办公室2014年工作要点的要求,在2014年6月10日下发《教育部办公厅关于开展教育行政执法体制改革试点工作的通知》(教政法〔2014〕3号)文件,决定通过申报、遴选推荐、专家论证、综合评估等程序确定试点单位,先行在若干地方开展教育行政执法体制改革试点工作。经山西省教育厅推荐,也基于太原市教育局已开展的相关前期工作,教育部经过综合评估,确定太原市教育局、上海市教育督导事务中心等八个单位为全国教育行政执法体制改革试点单位开展改革试点工作①。

　　试点单位进行改革试点工作的主要内容之一，是系统搜集教育领域的常见、典型违法行为；分析具体执法案例，总结执法经验与方法；提出以执法手段，解决教育热点难点问题的思路与方法。本书即是因应试点单位的委托，就其作为国家教育行政体制改革试点单位开展试点工作要求而开始进行研究、终于学者研究的坚持而完成的成果，是为出版。

---

　　①　参见 2014 年 9 月 23 日《教育部办公厅关于确定教育行政执法体制改革试点单位和试点任务的通知》教政法厅函[2014]52 号。

目 录
CONTENTS

问卷调查篇

案例分析篇

表 次

问卷调查篇

以太原市教育系统的在校学生、在聘教师、在职校长、教育行政执法人员①为调查对象,分别编制针对学生、教师、校长、教育公务员《教育领域常见典型违法行为调查问卷》各一份,通过网络问卷调查的方法分析出学生视角、教师视角、校长视角、教育行政机关公务员视角的教育系统的常见、典型违法行为。

(1)问卷调查的对象

是对太原市教育系统各级各类学校的校级领导、教师、学生(仅选择了小学五年级、初中一二年级、高中一二年级的学生)、太原市、区(县、市)教育行政机关的公务员,进行普遍性、全覆盖式的网络问卷调查。

(2)调查问卷的题型

为了能保证调查情况的全面性,根据调查问卷设计的内容,在题型设计上分为封闭性与开放性两大类,其中,封闭性答题分为单项选择题、多项选择题两种;在题目数量上,单项选择题 10 个,多项选择题 5 个,开放性题即简答题 2 个,共 17 个小题。

---

① 与下文表述的"教育公务员""教育行政机关公务员",语义同一。

（3）问卷调查的组织

问卷调查活动由太原市教育局以并教法函［2015］5 号文件统一组织进行。具体是由参与调查问卷的教师、学生、校长、教育行政机关公务员，在文件规定的时间段内，登录太原教育信息网（网址为 www.tyedu.com.cn），进入后点击右侧公告栏下面的"教育领域违法行为调查问卷"图片，进入调查问卷登录界面，选择答卷角色、勾选身份信息下拉选择项中的相应选项，并输入口令后打开问卷界面，填写完成后提交即可。如下图：

欢迎参加本次调查问卷

亲爱的同学：

　　感谢您抽出宝贵的时间来接受我们的问卷调查！我们正在进行太原市教育领域常见典型违法行为的调查研究，此项研究的进行离不开您的支持与配合。我们承诺，本调查采取无记名形式，调查结果仅仅作为课题研究依据，不会给您本人以及您所在的学校带来任何不利影响。因此，希望您能据实填写。感谢您的合作！

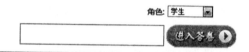

（4）问卷调查的时间

分为两个阶段：第一阶段 2015 年 3 月 25 日至 3 月 31 日，是对直属学校（单位）、民办学校、太原市教育局的问卷调查；第二阶段 2015 年 3 月 25 日至 4 月 7 日，是对各县（市、区）教育局与经济区、高新区、民营社会区的问卷调查。

（5）问卷调查的方式

以在线网络无记名填写问卷调查表的方式进行。具体是由太原市教育局委托太原市现代教育信息技术中心与太原优联科技有限公司，根据本次问卷调查的目的和要求，开发一套调查问卷系统；由管理员将对以教师、学生、校长、教育行政机关公务员为调查对象的四份"教育领域常见典型违法行为调查问卷"导入所开发的系统，生成"教育领域常见典型违法行为调查问卷"；再由教师、学生、校长、机关公务员登录太原教育信息网进入"问卷系统"统一填写提交；系统自动统计调查问卷结果，给出各题的具体数据。如下图：

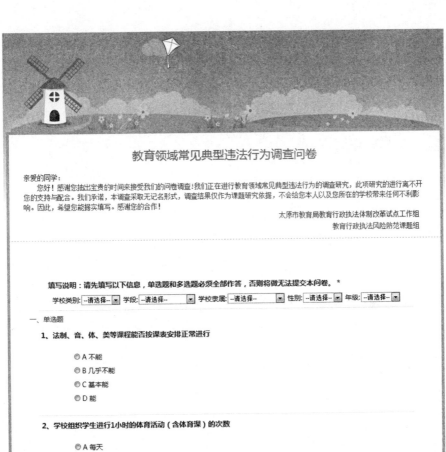

教育领域常见典型违法行为调查问卷

亲爱的同学：

　　您好！感谢您抽出宝贵的时间来接受我们的问卷调查！我们正在进行教育领域常见典型违法行为的调查研究，此项研究的进行离不开您的支持与配合。我们承诺，本调查采取无记名形式，调查结果仅仅作为课题研究依据，不会给您本人以及您所在的学校带来任何不利影响。因此，希望您能据实填写。感谢您的合作！

太原市教育局教育行政执法体制改革试点工作组
教育行政执法风险防范课题组

填写说明：请先填写以下信息，单选题和多选题必须全部作答，否则将做无法提交本问卷。 *

学校类别：--请选择-- ▼　学段：--请选择-- ▼　学校隶属：--请选择-- ▼　性别：--请选择-- ▼　年级：--请选择-- ▼

一、单选题

1、法制、音、体、美等课程能否按课表安排正常进行

　　◎ A 不能

　　◎ B 几乎不能

　　◎ C 基本能

　　◎ D 能

2、学校组织学生进行1小时的体育活动（含体育课）的次数

　　◎ A 每天

　　◎ B 每周一次

　　◎ C 每周两次

　　◎ D 两天一次

3、学校利用休息日或假期组织有偿补课

　　◎ A 有

　　◎ B 偶而

　　◎ C 无

　　◎ D 不知道

4、你有偿参加课任教师在校外组织的培训班

　　◎ A 有

　　◎ B 偶而

　　◎ C 无

　　◎ D 不知道

5、老师向你或父母索要或接受礼物、或参加家长安排的宴请、旅游等活动

  ◎A 有

  ◎B 偶而

  ◎C 无

  ◎D 不知道

6、老师公开学生考试成绩并排名

  ◎A 有

  ◎B 偶而

  ◎C 无

  ◎D 不知道

7、学校对在课堂上玩手机等物品的同学会采取的措施

  ◎A 没收

  ◎B 暂时保管

  ◎C 上交学校

  ◎D 批评教育

8、学校分重点班与非重点班

  ◎A 有

  ◎B 偶而

  ◎C 无

  ◎D 不知道

9、你每天完成课后作业的时间

  ◎A 半小时内

  ◎B 1小时内

  ◎C 2小时内

  ◎D 3小时内

  ◎E 4小时以上

10、你认为考试违纪、作弊、请他人替考等行为

  ◎A 违法

  ◎B 违纪

  ◎C 不诚信

  ◎D 不知道

二、多选题

1、老师对未完成作业、迟到或违反课堂纪律的同学会采取

  ☐A、罚站

  ☐B、赶出教室

  ☐C、批评教育

  ☐D、不采取措施

  ☐E、其他

2、学校对违反校规校纪的学生经常采取

    ☑A、批评教育

    ☑B、罚款

    ☑C、停课

    ☐D、开除

    ☑E、其他

3、老师或学校经常要求学生或家长

    ☑A、订阅课外资料

    ☑B、购买学习用品

    ☑C、指定场所消费

    ☑D、推销保险

    ☑E、从不

4、学校收取费用的项目有

    ☑A、班费

    ☑B、捐款

    ☑C、赞助款

    ☑D、资料费

    ☑E、其他

5、下列单位有执法权的是

    ☑A、公安局

    ☑B、工商局

    ☑C、学校

    ☑D、教育局

    ☑E、都没有

三、问答题

1、你有同学被学校开除吗？如有，是什么原因被开除的？

2、你认为政府、学校、教师还存在哪些其他违法行为？请以具体事例说明。

提交问卷

　　调查的目的在于系统搜集教育领域常见的、典型违法行为,为以执法手段解决教育领域中的热点难点问题的决策提供参考。本研究是围绕教育行政执法的主体即教育行政机关公务员,教育教学活动的主体——学生、教师,学校教育教学活动的管理者——校长来设计问卷调查的。

报告一

学生问卷调查结果与分析

一、调查问卷编制

学生调查问卷是依课题组①所列出的太原市教育行政机关行政职权与行政执法权限清单,结合《教育法》《义务教育法》等国家教育法律法规及教育政策、《山西省实施〈义务教育法〉办法》等地方教育法律法规,对学生在校学习生活的相关规定与要求而编制的。调查问卷的内容主要涉及学校办学、教师执教、学生法律意识三个方面。

(一)关于学校办学的问卷

1. 教学活动

"按照确定的教育教学内容和课程设置开展教育教学活动,保证达到国家规定的基本质量要求"是《义务教育法》对学校教育教学的明确规定。也就是说,学校的教学活动能否按课程表执行,直接关系到德、智、体全面发展的国家教育培养目标的实现程度。正是基于此,《教育部关于当前加强中小学管理规范办学行为的指导意见》(教基一〔2009〕7号)明确要求"坚持健康第一,注重创新精神培养,不挤占体育课、艺术课、综合社会实践等教学时间。"为准确了解学校教学计划的执行情况,问卷调查专门设计了学校"法制、音、体、美等课

---

① 项目名称:《教育行政执法风险防范》,太原教育科学"十二五"招标课题,编号 ZB—201405,主持人张丽。

程能否按课表安排正常进行(选项:不能、几乎不能、基本能、能)""学校组织学生进行 1 小时的体育活动(含体育课)的次数(选项:每天、每周一次、每周两次、两天一次)"二个单项选择题。

2. 义务履行

为从学生视角了解学校执行相关禁令的情况,根据"学校不得分设重点班和非重点班""学校不得违反国家规定收取费用""不占用学生法定休息时间加班加点或集体补课"等《义务教育法》和国家教育政策对学校的禁止性要求,专门设计了"学校利用休息日或假期组织有偿补课(选项:经常、偶尔、无、不知道)""学校分重点班与非重点班(选项:经常、偶尔、无、不知道)"二个单项选择题,"学校收取费用的项目有(选项:班费、捐款、赞助款、资料费、其他)"一个多项选择题。

3. 课业负担

"保证未成年学生的睡眠、娱乐和体育锻炼时间,不得加重其学习负担"是《未成年人保护法》对学校的要求。为准确了解未成年学生的课业负担情况,设计了"你每天完成课后作业的时间(选项:半小时内、1 小时内、2 小时内、3 小时内、4 小时以上)"一个单选题。

4. 学生管理

"教育、管理、保护"是学校对未成年学生应履行的法定职责,设计的"学校对违反校规校纪的学生经常采取(选项:批评教育、罚款、停课、开除、其他)",及"学校对在课堂上玩手机等物品的同学会采取的措施(选项:没收、暂时保管、上交学校、批评教育)"二个多项选择题,目的是通过了解学校管理学生常采取的措施,分析学校管理行为的合法性和学校依法治理的状况。

(二)关于教师执教的问卷

1. 师德师风

"遵守职业道德,为人师表"是《教师法》对教师的义务要求。为了解教师遵守职业道德的状况,设计了"你有偿参加课任教师在校外组织的培训班(选项:经常、偶尔、无、不知道)"和"老师向你或父母索要或接受礼物、或参加家长安排的宴请、旅游等活动(选项:经常、偶尔、无、不知道)"二个单项选择题;"老师或学校经常要求学生或家长(选项:订阅课外资料、购买学习用品、指定场所消费、推销保险、从不)"一个多项选择题。

2. 学生权益

要"关心、爱护全体学生,尊重学生人格",是《教师法》规定教师的一项法定义务;《未成年人保护法》则明确"任何组织或者个人不得披露未成年人的个人隐私"。为了解学校尊重未成年学生的个人隐私的状况,设计了"老师公开学生考试成绩并排名(选项:经常、偶尔、无、不知道)"一个单项选择题。而设计"老师对未完成作业、迟到或违反课堂纪律的同学会采取(选项:罚站、赶出教室、批评教育、不采取措施、其他)"这一单项选择题,则是为了了解未成年学生在校受教育权的现实状况。

(三)关于学生法律意识的问卷

1. 考试违纪

青少年学生一直是国家开展普法教育活动的重点对象,经过国家"六个"五年的普法教育,为了解其法律意识的状况及普法教育的实效性,设计了"你认为考试违纪、作弊、请他人替考等行为(选项:违法、违纪、不诚信、不知道)"一个单项选择题。

2. 执法主体

为了解学生对教育行政执法主体的认识,设计了"下列单位有执法权的是(选项:公安局、工商局、学校、教育局、都没有)"一个多项选择题。这也是从学生视角了解教育行政执法状况一个较为直观的层面。

(四)关于教育行政执法的问卷

为全面了解学生视角的教育行政执法状况,该部分设计了二个简答题。一个是从学生作为受教育者,以学生的受教育权为视角,设计了"你有同学被学校开除吗?如有,是什么原因被开除的?"另一个是以学生作为教育行政相对人的视角,设计了"你认为政府、学校、教师还存在哪些其他违法行为?请以具体事例说明。"

二、调查问卷样本

问卷调查以太原市教育系统 1400 多所学校的小学五年级、初中学段初一与初二两个年级、高中学段高一与高二两个年级等，共计五个年级的在校学生为调查对象；参与问卷调查的学生 41418 人；收回调查问卷 41418 份。其中，客观题的有效问卷为 41418 份，有效率为 100%；主观题一题的有效问卷为 3816 份，其中小学五年级 1015 份、初中一年级 708 份、初中二年级 936 份、高中一年级 498 份、高中二年级 659 份，有效率为 9.2%；主观题二题的有效问卷为 6630 份，其中小学五年级 1742 份、初中一年级 1474 份、初中二年级 1727 份、高中一年级 761 份、高中二年级 926 份，有效率为 16.0%。

参与问卷调查的学生人数，以学校学段的不同有：小学五年级学生 16820 人；初一学生 8708 人，初二学生 7926 人；高一学生 3935 人，高二学生 4029 人。以学校的举办者不同有：公办学校学生 34835 人；民办学校学生 6583 人。

三、调查问卷结果分析

（一）学校办学问卷调查结果

1. 课表执行

表一中，选项"能"与"基本能"的学生人数占该年级人数——高二 90.5%、高一 90.7%、初二 86.3%、初一 94.3%、小学五年级（以下简称"小五"）94.7% 的占比说明，学校课表的执行情况还是比较令人满意的；但选项"不能"与"几乎不能"的人数占该年级人数——高二 9.5%、高一 9.3%、初二 13.7%、初一 5.7%、小学五年级 5.3% 的占比也说明，不能完全执行教学计划课程表的学校也占有一定的比例。

综合表中数据来看，课表执行情况是初一稍好于初二，高一稍好于高二，小学五年级又稍好于初中、高中。

表一:学校法制、音、体、美等课程按课表执行情况调查结果①

选项＼年级	高二		高一		初二		初一		小五	
	人数	百分比	人数	百分比	人数	百分比	人数	百分比	人数	百分比
不能	231	5.7	235	6.0	661	8.3	318	3.7	475	2.8
几乎不能	152	3.8	130	3.3	429	5.4	177	2.0	415	2.5
基本能	1063	26.4	1021	26.0	2232	28.2	1801	20.7	3581	21.3
能	2583	64.1	2549	64.7	4604	58.1	6412	73.6	12349	73.4
合计	4029	100	3935	100	7926	100	8708	100	16820	100

2. 体育活动

《学校体育工作条例》明确规定"学校应当保证学生在校期间每天参加 1 小时的体育活动"。《关于加强中小学管理规范办学行为的指导意见》也要求"坚持学生每天锻炼一小时,保障学校开展团队活动和社会实践活动时间。"

表二中,学校组织"每天"进行 1 小时体育活动选项的人数占该年级人数——高二 33.9%、高一 42.4%、初二 54.1%、初一 61.3%、小学五年级 57.5%,与"每周一次""每周两次""两天一次"进行 1 小时体育活动的选项人数之和占该年级人数——高二 66.1%、高一 57.6%、初二 45.9%、初一 38.7%、小学五年级 42.5% 的占比表明,不能保证学生每天 1 小时体育活动时间的学校相当普遍。而且,这一情形与学校学段,学生年级的高低呈正相关性,即高中严重于初中,初中又严重于小学。

表二:学校组织学生进行 1 小时体育活动(含体育课)情况调查结果

选项＼年级	高二		高一		初二		初一		小五	
	人数	百分比	人数	百分比	人数	百分比	人数	百分比	人数	百分比
每天	1365	33.9	1670	42.4	4290	54.1	5340	61.3	9679	57.5
每周一次	818	20.3	546	13.9	614	7.8	445	5.1	1141	6.8

---

① 表格设计说明:因调查问卷的题型有单选题与多选题两种,故体现在表格的设计上有区别:单选题型的表格在最下面一栏以"合计"标明选项人数与有效百分比;多选题型的表格在最下面一栏则以"样本总数"标明选项人数,因多选题的选项有的是要了解正确选项人数占比,有的则是要了解选项最多人数的占比,所以,多选题型的表格也会有所不同(下同)。

选项 \ 年级	高二		高一		初二		初一		小五	
	人数	百分比	人数	百分比	人数	百分比	人数	百分比	人数	百分比
每周两次	1555	38.6	1485	37.7	1816	22.9	1740	20.0	3836	22.8
两天一次	291	7.2	234	6.0	1206	15.2	1183	13.6	2164	12.9
合计	4029	100	3935	100	7926	100	8708	100	16820	100

3. 有偿补课

表三中,学校利用休息日或假期组织有偿补课选项人数"无"的平均占比 80.2%,说明绝大多数学校能很好地执行这一"禁令"。但"经常""偶尔"选项人数占该年级人数——高二 14.8%、高一 12.6%、初二 15.4%、初一 9.1%、小学五年级 8.1% 的占比,说明比例不低的学校在违反该"禁令"。

表三:学校利用休息日或假期组织有偿补课调查结果

选项 \ 年级	高二		高一		初二		初一		小五	
	人数	百分比	人数	百分比	人数	百分比	人数	百分比	人数	百分比
经常	283	7.0	285	7.2	744	9.4	477	5.5	695	4.1
偶尔	314	7.8	210	5.4	472	6.0	314	3.6	663	4.0
无	3157	78.4	3122	79.3	5917	74.6	7125	81.8	14588	86.7
不知道	275	6.8	318	8.1	793	10.0	792	9.1	874	5.2
合计	4029	100	3935	100	7926	100	8708	100	16820	100

4. 班级分设

学校不得分设或变相设立重点班和非重点班,是 2006 年修改后的《义务教育法》《山西省实施〈义务教育法〉办法》的禁止性规定。表四中的调查结果显示,这一禁止性规定并未得到很好的执行,不仅如此,"经常"与"偶尔"选项人数占该年级人数——高二 59.5%、高一 55.8%、初二 27.1%、初一 26.3%、小学五年级 9.1% 的占比,说明学校分设重点班与非重点班的现象相当普遍,而且这一现象随着学段的从低到高也呈现出逐渐增高的态势,即高中学段最为普遍,初中学段次之,小学学段最低。

表四:学校分设重点班与非重点班调查结果

选项 \ 年级	高二		高一		初二		初一		小五	
	人数	百分比	人数	百分比	人数	百分比	人数	百分比	人数	百分比
经常	2298	57.0	2114	53.7	1922	24.2	2112	24.3	1274	7.6
偶尔	102	2.5	83	2.1	231	2.9	176	2.0	252	1.5
无	1367	34.0	1392	35.4	5061	63.9	5402	62.0	13836	82.3
不知道	262	6.5	346	8.8	712	9.0	1018	11.7	1458	8.6
合计	4029	100	3935	100	7926	100	8708	100	16820	100

5. 收费项目

表五数据显示,在学校收取费用的项目中,前四位收费项目选项的人数占比因学校所处学段的不同而有所区别。其中,在高中、初中学段,选项人数占比居前四位的依次分别是"班费""资料费""捐款""其他"。"班费"选项的人数之和在高中、初中的人数占比都居首位——高中71.3%、初中51.7%;选项人数之和的占比居第二的收费项目是"资料费"——高中54.1%、初中41.4%;人数之和的占比居第三的收费项目是"捐款"——高中46.9%、初中34.1%;"其他"选项的人数之和占比居第四——高中30.3%、初中38.4%。在小学阶段,收费项目人数占比居前四位的分别是:"其他"的占比最高,达46.8%;"捐款"次之,占比38.1%;"班费"位居第三,达27.6%;"资料费"的占比,达27.4%。"赞助费"的选项人数之和占比,在五个年级中是最小的,平均占比7.8%。

在三个学段、五个年级收费项目的平均占比中,"班费"的选项人数最高,达45.6%,而且随着学生所在学校学段地从低到高,学校收取"班费"选项的人数占比在跳跃式地上升;其次是选项"其他"的人数占比40.27%;"捐款"38.1%;"资料费"38.06%;"赞助费"6.9%。

表五:学校收取费用项目调查结果

选项 \ 年级	高二		高一		初二		初一		小五	
	人数	百分比	人数	百分比	人数	百分比	人数	百分比	人数	百分比
班费	2883	71.6	2788	70.9	4209	53.1	4367	50.2	4640	27.6
捐款	2044	50.7	1696	43.1	2997	37.8	2636	30.3	6406	38.1
赞助费	405	10.1	320	8.1	689	8.7	635	7.3	809	4.8

年级 选项	高二		高一		初二		初一		小五	
	人数	百分比	人数	百分比	人数	百分比	人数	百分比	人数	百分比
资料费	2446	60.7	1865	47.4	3694	46.6	3173	36.4	4605	27.4
其他	1138	28.3	1267	32.2	2828	35.7	3570	41.0	7875	46.8
样本总数	4029		3935		7926		8708		16820	

6. 课后作业

教育部在发布《中小学学生近视眼防控工作方案》中明确要求"小学一二年级不留书面家庭作业,小学其他年级书面家庭作业控制在60分钟以内;初中各年级不超过90分钟。"

表六中,小学五年级学生每天完成课后作业时间选项"半小时内"与"1小时内"的人数之和占该年级人数的73.1%,与初中"半小时内"选项的人数之和是该年级人数的11.0%、"1小时内"的为30.9%、"2小时内"的为30.6%。这些数据表明,小学生的课后作业量相比于初中学生较轻松。

但是小学五年级学生选项"2小时内""3小时内""4小时以上"人数之和占该年级总人数的26.9%,与初中学生选项"3小时内""4小时以上"人数之和占初中总人数的27.5%,其比例虽不是很高,却也说明学生课业负担令人担忧的状况,特别是选项"4小时以上"的初中总人数的平均占比10.1%、高中总人数的平均占比14.1%。

表六:学生每天完成课后作业时间调查结果

年级 选项	高二		高一		初二		初一		小五	
	人数	百分比	人数	百分比	人数	百分比	人数	百分比	人数	百分比
半小时内	546	13.5	598	15.2	712	9.0	1122	12.9	5141	30.5
1小时内	897	22.3	1020	25.9	2044	25.8	3102	35.6	7157	42.6
2小时内	1257	31.2	1272	32.4	2457	31.0	2625	30.2	2935	17.5
3小时内	688	17.1	564	14.3	1623	20.5	1264	14.5	1062	6.3
4小时以上	641	15.9	481	12.2	1090	13.7	595	6.8	525	3.1
合计	4029	100	3935	100	7926	100	8708	100	16820	100

7. 学生违纪物品

表七中,"批评教育"与"暂时保管"选项的学生人数之和占该年级学生总人数的占比——高二67.9%、高一68.41%、初二70.5%、初一73.0%、小学五年级86.1%,表明绝大多数学校能对学生采取正确的管理措施;而"没收"与"上交学校"选项的学生人数之和占该年级学生总人数的占比——高二32.1%、高一31.6%、初二29.5%、初一27.0%、小学五年级13.9%,说明仍有比例不低的部分学校对违纪学生的处理措施违法。因为没收作为行政处罚措施的一种,作为教育机构的学校是无权行使的。

表七:学校对在课堂上玩手机等物品的同学采取措施的调查结果

选项 \ 年级	高二		高一		初二		初一		小五	
	人数	百分比	人数	百分比	人数	百分比	人数	百分比	人数	百分比
没收	1046	26.0	1091	27.7	1927	24.3	1746	20.0	1997	11.9
暂时保管	1601	39.7	1603	40.7	2881	36.3	3037	34.9	5958	35.4
上交学校	247	6.1	152	3.9	408	5.2	612	7.0	343	2.0
批评教育	1135	28.2	1089	27.7	2710	34.2	3313	38.1	8522	50.7
合计	4029	100	3935	100	7926	100	8708	100	16820	100

8. 违纪学生处理

表八中的调查数据显示,在学校对违反校规校纪学生经常采取的措施中,"批评教育"选项的学生人数占该学段学生总人数的比例最高——高中87.1%、初中91.4%、小学92.7%。

学生人数占该学段学生总人数比例居第二的选项,在高中阶段的是选项"停课",该选项学生人数占高中学生总人数的比例为41.1%;在初中、小学阶段的是选项"其他",该选项人数占初中学生总人数的比例29.0%、占小学学生人数的比例是29.1%。

占比第三的选项,在高中阶段是"其他",该项选项人数占高中学生总人数的占比为23.6%;在初中、小学阶段则是"停课",该选项人数占初中学生总人数的比例22.0%、占小学学生人数的比例是6.6%。

占比第四的选项是"开除",该选项的学生人数占各学段学生总人数的比例——高中19.9%、初中9.8%、小学4.1%。

"罚款"的占比最小,该选项的学生人数占该学段学生人数的比例——高中8.3%、初中7.1%、小学2.3%。

表八:学校对违反校规校纪的学生经常采取措施的调查结果

年级 选项	高二		高一		初二		初一		小五	
	人数	百分比	人数	百分比	人数	百分比	人数	百分比	人数	百分比
批评教育	3528	87.6	3406	86.6	7216	91.0	7983	91.7	15598	92.7
罚款	366	8.9	298	7.6	677	8.5	483	5.6	391	2.3
停课	1708	42.4	1567	39.8	1984	25.0	1657	19.0	1109	6.6
开除	828	20.6	760	19.3	854	10.8	773	8.9	685	4.1
其他	866	21.5	1008	25.6	2204	27.8	2642	30.1	4887	29.1
样本总数	4029		3935		7926		8708		16820	

(二)教师执教问卷调查结果

1. 组织校外有偿培训

表九中,"你有偿参加课任教师在校外组织的培训班"选项"无"的人数占该学段总人数的占比——高中79.8%、初中79.7%、小学87.1%,说明《中小学教师违反职业道德行为处理办法》中禁止教师"组织、要求学生参加校内外有偿补课,或者组织、参与校外培训机构对学生有偿补课的"的相关要求得到了较好的执行;但从小学五年级至高二五个年级"经常"选项的人数占学生总人数占比7.4%与"偶尔"选项的人数占学生总人数的占比4.3%,表明课任教师在校外组织学生有偿补课的情况仍存在着一定的比例,虽然占比并不高。

表九:学生有偿参加任课教师在校外组织培训班调查结果

年级 选项	高二		高一		初二		初一		小五	
	人数	百分比	人数	百分比	人数	百分比	人数	百分比	人数	百分比
经常	334	8.3	284	7.2	872	11.0	576	6.6	997	5.9
偶尔	216	5.4	192	4.9	472	6.0	331	3.8	561	3.3
无	3168	78.6	3186	81.0	5981	75.4	7271	83.5	14643	87.1
不知道	311	7.7	273	6.9	601	7.6	530	6.1	619	3.7
合计	4029	100	3935	100	7926	100	8708	100	16820	100

2. 收受礼品礼金

教师"索要或者违反规定收受家长、学生财物的",是《中小学教师违反职业道德行为处理办法》明确予以处罚的情形之一,严禁教师违规收受礼品礼金等行为也是教育系统开展师德师风建设的重要举措之一。表十中,"老师向你或父母索要或接受礼物、或参加家长安排的宴请、旅游等活动"选项"无"的学生人数占该学段学生总人数的比例——高中87.4%、初中87.7%、小学91.6%,表明教师队伍的师德师风总体上是好的。

但2014年7月实施的《严禁教师违规收受学生及家长礼品礼金等行为的规定》,其关于"违规违纪的,发现一起、查处一起,对典型案件要点名道姓公开通报曝光。情节严重的,依法依规给予开除处分,并撤销其教师资格;涉嫌犯罪的,依法移送司法机关处理"的严格规定,并未从根本上杜绝教师的这一行为。表十中,从小学五年级到高二五个年级总计41418名学生中,勾选"经常"选项的学生人数占学生总人数的平均占比2.6%、与"偶尔"选项人数的平均占比2.3%,就说明了这一问题的存在。

表十:老师索要或接受礼物、或参加家长安排的邀请、旅游等活动调查结果

选项 \ 年级	高二		高一		初二		初一		小五	
	人数	百分比	人数	百分比	人数	百分比	人数	百分比	人数	百分比
经常	147	3.6	107	2.7	333	4.2	198	2.3	297	1.8
偶尔	66	1.6	85	2.2	209	2.6	165	1.9	422	2.5
无	3499	86.9	3453	87.7	6754	85.2	7867	90.3	15402	91.6
不知道	317	7.9	290	7.4	630	8.0	478	5.5	699	4.1
合计	4029	100	3935	100	7926	100	8708	100	16820	100

3. 商业服务回扣

教师"组织或者参与针对学生的经营性活动,或者强制学生订购教辅资料、报刊等谋取利益的"行为,是《中小学教师违反职业道德行为处理办法》明令予以处罚的情形之一;《严禁教师违规收受学生及家长礼品礼金等行为的规定》也"严禁通过向学生推销图书、报刊、生活用品、社会保险等商业服务获取回扣。"

表十一中,勾选"从不"选项的学生数占该学段学生人数的占比最高——

高中 65.6%、初中 66.1%、小学 69.5%；其次是"订阅课外资料"选项人数的占比——高中 26.3%、初中 27.6%、小学 25.2%；占比居第三的是选项"购买学习用品"——高中 19.8%、初中 21.6%、小学 21.1%；第四位的是选项"指定场所消费"人数的占比——高中 6.2%、初中 5.8%、小学 3.2%；选项"推销保险"的占比最小——高中 6.2%、初中 4.9%、小学 2.5%。

以上选项人数的占比表明，教师违反禁令要求学生或家长"订阅课外资料""购买学习用品""购买学习用品""推销保险"的行为并未完全得到禁止，而且还占有相当的比例。

表十一：老师或学校经常要求学生或家长购买的情况调查结果

年级 选项	高二		高一		初二		初一		小五	
	人数	百分比	人数	百分比	人数	百分比	人数	百分比	人数	百分比
订阅课外资料	1228	30.5	873	22.2	2498	31.5	2057	23.6	4235	25.2
购买学习用品	781	19.4	797	20.3	1853	23.4	1729	19.9	3550	21.1
指定场所消费	273	6.8	224	5.79	581	7.3	375	4.3	529	3.2
推销保险	301	7.5	195	5.0	483	6.1	323	3.7	421	2.5
从不	2560	63.5	2665	67.7	4942	62.4	6074	69.8	11684	69.5
样本总数	4029		3935		7926		8708		16820	

4. 公开成绩并排名

表十二中，老师公开学生考试成绩并排名"经常"选项的学生人数占该学段学生人数的占比最高——高中 63.5%、初中 51.5%、小学 24.39%，显示这一行为仍相当普遍；当然，选项"无"的学生人数占该项学段人数的占比——高中 23.5%、初中 33.5%、小学 56.3%，也表明将学生成绩作为学生个人隐私予以保护的学校已占有一定的比例。

表十二：老师公开学生考试成绩并排名情况调查结果

年级 选项	高二		高一		初二		初一		小五	
	人数	百分比	人数	百分比	人数	百分比	人数	百分比	人数	百分比
经常	2589	64.3	2493	63.3	4353	54.9	4190	48.1	4103	24.4
偶尔	336	8.3	376	9.6	779	9.8	1042	12.0	2740	16.3

年级 选项	高二		高一		初二		初一		小五	
	人数	百分比	人数	百分比	人数	百分比	人数	百分比	人数	百分比
无	951	23.6	892	22.7	2482	31.3	3155	36.2	9474	56.3
不知道	153	3.8	174	4.4	312	4.0	321	3.7	503	3.0
合计	4029	100	3935	100	7926	100	8708	100	16820	100

5. 教师对学生违纪处理

表十三数据显示，在小学至高中五个年级中，选项"批评教育"的平均占比是最高的——小学89.0%、初中87.3%、高中86.7%；其次是选项"罚站"的平均占比——小学28.6%、初中40.4%、高中37.4%；选项"其他"的平均占比，居第三——小学27.6%、初中27.8%、高中25.7%；平均占比居第四的选项是"赶出教室"——小学8.2%、初中17%、高中16.0%；选项"不采取措施"的平均占比最小——小学3.5%、初中4.1%、高中3.7%。

以上选项人数的平均占比表明，"批评教育"已是教师管理违纪学生的主要手段，但小学五年级至高二年级选项"罚站"的学生人数占学生总数的平均占比35.0%、选项"赶出教室"之和的平均占比13.2%、选项"不采取措施"之和的平均占比4.5%，也说明教师管理违纪学生的措施还存在着不当甚至是侵犯学生权益的现象。

表十三：老师对未完成作业、迟到或违反课堂纪律的同学采取措施调查结果

年级 选项	高二		高一		初二		初一		小五	
	人数	百分比	人数	百分比	人数	百分比	人数	百分比	人数	百分比
罚站	1532	38.0	1444	36.7	3289	41.5	3425	39.3	4803	28.6
赶出教室	689	17.1	584	14.8	1675	21.1	1125	12.9	1376	8.2
批评教育	3536	87.8	3364	85.5	6897	87.0	7619	87.5	14976	89.0
不采取措施	299	7.4	269	6.8	376	4.7	305	3.5	594	3.5
其他	965	24.0	1077	27.4	2181	27.5	2449	28.1	4644	27.6
样本总数	4029		3935		7926		8708		16820	

(三)学生法律意识问卷调查结果

1. 考试违纪

表十四中,认为考试违纪、作弊、请他人替考等行为是"违纪"选项的学生人数,占该学段学生总人数的占比最高——小学 46.8%、初中 52.0%、高中 47.0%;其次是选项"不诚信"的平均占比——小学 32.5%、初中 30.8%、高中 37.3%;再次是选项"违法"的平均占比——小学 15.7%、初中 11.8%、高中 10.3%;选项"不知道"也占有一定的比例,其平均占比分别为小学 5.0%、初中 5.4%、高中 5.3%。

考试违纪、作弊、请他人替考等行为既是不诚信行为,也是违纪行为,更是违法行为。《国家教育考试违规处理办法》中关于"违规行为的认定与处理"的规定,已明确了该行为的违法性质。表十四的调查结果显示,认为该行为是"违法"选项之和的平均占比才 12.7%,再加之"不知道"选项之和的平均占比 5.3%,说明普法活动的开展还缺乏实效性,另一方面也说明相关主管部门对该违法行为的执法还存在着欠缺。

表十四:学生对考试违纪、作弊、替考等行为认识情况调查结果

选项 \ 年级	高二		高一		初二		初一		小五	
	人数	百分比	人数	百分比	人数	百分比	人数	百分比	人数	百分比
违法	442	11.0	380	9.7	998	12.6	978	11.2	2635	15.7
违纪	2064	51.2	1686	42.8	4041	51.0	4599	52.8	7879	46.8
不诚信	1302	32.3	1666	42.3	2424	30.6	2725	31.3	5459	32.5
不知道	221	5.5	203	5.2	463	5.8	406	4.7	847	5.0
合计	4029	100	3935	100	7926	100	8708	100	16820	100

2. 执法主体

表十五中,"公安局"有执法权选项的学生人数占该学段学生人数的占比最高——高中 71.5%、初中 68.5%、小学 70%;"教育局"选项的占比次之,分别是小学 46.0%、初中 52.5%、高中 40%;"工商局"选项的占比居中——小学 32.0%、初中 30.5%、高中 33.5%;"学校"选项的平均占比位居第四——小学 15.0%、初中 23.0%、高中 13.0%;"都没有"执法权选项的占比最少——小学

5.0%、初中 6.0%、高中 11.0%。以上调查结果表明,学生对行使执法权的主体已有一定的认识,但不十分准确,还存在着法律上的认识误区。

表十五:哪些单位有行政执法权的调查结果

选项＼年级	高二		高一		初二		初一		小五	
	人数	百分比	人数	百分比	人数	百分比	人数	百分比	人数	百分比
公安局	2870	71.2	2815	71.5	5607	71.7	5776	66.3	11842	70.4
工商局	1370	34.0	1307	33.2	2589	32.7	2459	28.2	5336	31.7
学校	445	11.0	571	14.5	1757	22.2	2128	24.4	2574	15.3
教育局	1515	37.6	1641	41.7	4108	51.8	4611	53.0	7685	45.7
都没有	486	12.1	379	9.6	493	6.2	522	6.0	918	5.5
样本总数	4029		3935		7926		8708		16820	

(四)教育行政执法问卷调查结果①

1. 你有同学被学校开除吗? 如有,是什么原因被开除的?

在收回的问卷——小学五年级 1015 份、初一 708 份、初二 936 份、高一 498 份、高二 659 份中,选择"有"同学被学校开除选项的学生人数,都占该年级学生人数 10% 左右的比例。

在列明被开除的原因中,主要有:打架斗殴、多次严重违纪、夜不归宿、打架勒索、聚众闹事、考试作弊、偷窃同学财物、组织打群架、聚众吸毒嫖娼被逮捕、长期旷课、多次打架屡教不改、容留男生在宿舍留宿、抽烟喝酒辱骂老师等,其中尤以打架斗殴原因居多。

2. 你认为政府、学校、教师还存在哪些其他违法行为? 请以具体事例说明。

在收回的问卷——小学五年级 1472 份、初一 1474 份、初二 1727 份、高一 761 份、高二 926 份中,95% 以上的学生认为政府、学校、教师还存在其他的违

---

① 为保证调查结果的真实性与客观性,在对四份问卷各两个主观题的调查结果进行分析时,作者对被调查者的语句表述(含字、词、标点符号在内)只进行复制照搬,不做任何更改,对表述中明显存在的错别字,仅在错误字词之后用括号标明正确的字词,以避免理解的歧义。

法行为。

（1）政府的违法行为

就政府而言，主要表现为"中考60%定向生"的政策①，认为"过多的定向生名额，影响其他非定向生的学习机会，且有靠关系靠花钱分不够也能上好学校的现象"；或是"定向生过多，对普通学生很不公平。"

（2）学校的违法行为

主要表现学校为：

①乱收费。如资料费、书费；某中学饮水条件脏乱差，学生不取用学校饮水机饮水，学校强制收取学生每人每月30元水费；收费项目不明确、收费无收据；交书费没有明确的收费单和收据；要求学生公摊购买设备；不公布收费项目；教育局发的免费书本学校收费；要求学生购买教辅资料，收取与资料无关的费用等。

②利用休息时间补课或变相补课。如假期、周六日补课；有学生写道："我是太原某中学的学生，原来高一时每天下午前两节课上正课后两节课上习题课，七点到八点半晚自习，虽然周六补课但是平时压力不大；但是自从周六不让补课之后，某中上有政策下有对策，平时后两节讲题的课变为正课，晚自习延长到九点变为习题课，这样一来我们在学校几乎没有时间写作业，压力很大而且周六还增加了周考，并且为了避嫌强制要求学生家长监考。我觉得教育部门应该重视这个问题，我们确实很累。我们宁可周六上课恢复原来的作息，希望有关部门重视，谢谢"。

③校领导贪腐。"太原某中学校长王某贪污腐败，收外地学生贿赂钱每一位十万多；还有招生办主任，应当严加管理，防止贪污受贿，以正风气。"

此外，利用法治课讲历史；迟到一分钟罚款五块钱；迟到罚站、不让进教室；教育局来检查，学校换课程表、收起资料等行为也是问卷中学校存在的违

---

① 指太原市教育局实行的"定向指标政策"。该政策规定，中考录取时，优质高中须将招生计划定向下发到部分薄弱初中，根据定向生所报定向学校志愿及本人考试成绩，在其所报学校统招录取分数线下50分以内，按分配指标由高分到低分择优录取。该政策早在数年前就已推出，只不过刚开始定向生名额很少，但从2008年起定向生指标呈现逐年递增趋势，2014年定向生招生计划则占到优质高中招生计划的60%，比上年提高了10个百分点。

法行为。

（3）教师的违法行为

主要表现为：

①体罚、变相体罚学生或侮辱学生的人格。学生在问卷中指名道姓写道"×中×××班班主任赵某打学生是有名的，天天打学生，不管男生、女生，不分场合。我认为打学生的老师是无能的老师，也是中国教育的悲哀。""上课因为肚子疼上厕所，回到教室迟到，被老师用棍子实施了体罚。""老师殴打学生，有一次学生打架了，其中一个是老师的亲戚，另一个被老师带到办公室打了一顿，好几天腿都不能动。""殴打学生，有一次有几个同学没背课文，老师罚写了20次，有几个人没写，老师让他们蹲在教室后面，一人脸上踩了两脚。""有一次我的班主任因为一个同学在多媒体教室上课回答问题时没有站起来说话，我们回到教室以后班主任就打了这位同学，打得很重。我心里当时就在想：只是没有站起来，为什么要打他呢？我因为在那个同学后面坐，所以没有看清，那个同学好像哭了。""侮辱学生的人格，有一次我因为上厕所迟到了，老师在全班同学面前破口大骂，还在我脸上吐口水"等。

②索要财物或收受礼金。"教师过节要求学生送礼物，如教师节等，要求送银行卡等高价物品，要求学生在其处有偿补课"；"学校政教处老师问学生主动提出借钱，要东西等过分要求。我是转学进来的，××中学政教处主任问我家要了三万，其实学费才两万四，然后还主动要了一条纪念版的555香烟，和一套价值一千(元)左右的化妆品，这都是他以要送给我们班主任，好让我们班主任照顾我为理由提出的，后来要询问他一些转学籍的事情，还给了两瓶价值一千(元)左右的红酒和一条烟，很过分只是问问要怎么办这个事情就要了这么贵的东西，最后还试图骗我们一万五转学籍费。真的很过分。就这样还当政教处主任，还老问学生们借钱，难道他没工资吗？"

③没收学生财物或罚款。"我们是太原市××中，我应(因)考试看手机而被老师没收手机，未还于学生；我们学校体育老师贾××曾经多次没收我校学生手机不给予偿(返)还。请领导督查此事换我们学生一个公道！"

④有偿补课。"××中学初三年级的男化学老师课堂讲课最爱说的就是：这个我在课外辅导班讲过啦！这里就不多说啦！还经常单独把家长分拨叫去开会，在家长会上也经常说要给孩子周六日在外面补补课，他自己就在诚实代

课;""个别教师提倡上他在培训机构带的培训班,上课内容有所保留。""山西省太原市××小学教数学李某老师经常向家长提出要让孩子报补习班的要求,并说谁不报补习班光靠老师教成绩是上不去的!"

之外,老师私自为学生统一购买练习册,学校统一买的练习册几乎不用;强制发放部分同学不需要的昂贵资料并收取费用;乱收资料费,乱订教材;强求交保险费;收红包;班主任乱收费;收家长钱;公开学生考试成绩及排名,依据成绩排座位等也是问卷中的回答。

四、学生视角:教育领域的常见、典型违法行为

通过对本次学生调查问卷结果逐一统计与分析的结论是:学生视角的教育违法行为普遍存在,涉及各个方面。常见、典型的违法行为分别是:

(一)学校办学中的违法行为

1. 不执行教学计划

学校依法享有办学自主权,但办学自主权的行使必须在国家教育法律和政策许可的范围内,特别是义务教育阶段的学校。国家为保障义务教育质量的标准,明确了义务教育的课程标准,相应地学校的教育教学活动须与国家课程标准的要求相一致。而不能完全执行课表、体育活动要求的平均占比如下:

(1)课表执行:学校法制、音、体、美等课程"不能""几乎不能"按课表执行的平均占比①为7.8%,其中"不能"的占比为4.6%(见表一);

(2)体育活动:学校组织学生"每周一次""每周两次""两天一次"进行1小时的体育活动(含体育课)的平均占比46.1%,其中"每周一次"的占比为8.6%(见表二)。

2. 违反相关禁令

(1)有偿补课:学校利用休息日或假期"经常""偶尔"组织有偿补课的人数占总人数的占比10.8%,其中"经常"的占比为6.0%(见表三);

---

① 平均占比计算公式:该选项的总人数/样本总人数。

（2）班级分设：学校"经常""偶尔"分重点班与非重点班的平均占比25.5%，其中"经常"的平均占比为23.5%（见表四）；

（3）收费项目多：五个年级收取费用项目的平均占比——"班费"45.6%、"资料费"38.06%、"捐款"38.1%、"其他"40.27%、"赞助费"6.9%（见表五）。

3. 加重学生课业负担

（1）完成课后作业时间：小学超过1小时的平均占比26.9%，初中超过2小时的平均占比为58%（见表六）。

4. 学生管理措施违法

（1）违纪学生物品：学校对在课堂上玩手机等物品采取"没收""上交学校"选项人数占学生总数的比例为23.1%（见表七）；

（2）违纪学生处理：学校对违反校规校纪学生经常采取"停课"的平均占比为19.4%、"开除"的平均占比为9.4%、"罚款"的平均占比为5.3%（见表八）。

以上平均占比的数据表明，学校办学中的违法行为在教学活动、义务履行、学生管理等方面都较常见，尤以"学生管理措施"和"分设重点班与非重点班"为典型。之外，乱收费、占用休息时间补课等也较为常见。

（二）教师执教中的违法行为

1. 违反师德师风

（1）组织校外有偿培训：学生"经常"与"偶尔"有偿参加任课教师在校外组织培训班的平均占比分别为11.7%（见表九）；

（2）收受礼品礼金：老师"经常""偶尔"向你或父母索要或接受礼物、或参加家长安排的邀请、旅游等活动的平均占比4.9%（见表十）；

（3）获取商业服务回扣：老师经常要求学生或家长"订阅课外资料""购买学习用品""指定场所消费""推销保险"选项的平均占比为32.6%（见表十一）。

2. 侵犯学生权益

（1）公开成绩并排名：老师"经常"公开学生考试成绩并排名的平均占比42.8%（见表十二）；

（2）处理违纪学生措施：老师对未完成作业、迟到或违反课堂纪律的同学采取"罚站"的平均占比 35.0%,"赶出教室"13.2%,"不采取措施"4.5%(见表十三)。

可见,教师执教中的违法行为在师德师风、学生权益保护等方面都较常见,其中尤以不注重学生权益的维护为典型。之外,体罚或变相体罚学生的行为也还存在。

(三)教育行政中的违法行为

1. 招生政策有失公平

如"太原中考定向生招生方案计划政策"中的"各招生学校统招录取分数线下 50 分以内"定向招生。

2. 执法缺位

如"校门口挂着铜牌无烟学校,保安们每天在校门口吞云吐雾,校门外面都是烟头;还有男性老师在学校抽烟,有学生提出来,他还依然在学校走廊内抽烟"却无主管部门处理等。

另外,表十四中学生认为考试违纪、作弊、请他人替考等行为是"违法"行为选项的人数占学生总人数的占比只有 13.1%,这应与主管部门对中考违纪学生的依法依规处理不到位或不及时也有一定的关系;而表十五中,作为行政相对人的学生,认为"教育局"有执法权的人数只占学生总人数的占比 47.2%,也进一步印证了教育主管部门的执法缺位。

五、学生心声——减负

在对学生问卷调查结果进行统计分析时,学生对学业负担沉重的呐喊震撼人心,犹如窒息般地使人喘气不得。如"作业负担太重,一般情况写到 12 点多、有时写到凌晨,睡眠时间不足,每天起太早,还有早自习和晚自习!""课程安排太紧张、没有足够的课余时间;每天中午 12:05 放学,中午还有各种技能课,12:30 就要去上技能课,技能课上完就去集合然后上下午的课,每天中午没有吃饭时间和休息时间,学生们的时间安排的特别紧,希望有所改善。""老师布置作业过多,学生经常半夜一、二点不能睡觉,严重损害学生身心健康。强烈建议教育部门加强管理力度!""除了占课,占课,还是占课;学校给全校学生印学导练,在教育局不让出期中卷子的情况下出期中试卷,学校的课表时间完全是假的,课表上四点多放学,实际初一六点半、初二七点半、初三八点半,每周五下午都有整整一下午考试";"教育局来检查时,学校换课程表,收起资料等。这种欺上瞒下,教育局我想并不是不知道。上梁不正下梁歪,希望注意!中国教育该改革了!"

将学生"心声"有代表性地选择将其列出,寄希望学生的课业负担能真正在国家实施素质教育的今天,切实得到减负,让学生们真正全面健康地发展。

报告二

教师问卷调查结果与分析

一、调查问卷编制

调查问卷编制的依据,是依太原市教育行政机关行政职权与行政执法权限清单,根据《教育法》《教师法》等国家教育法律法规及《山西省实施教师法办法》等地方教育法律法规,对教师履职的权利与义务、国家关于教师队伍建设的相关规定而进行编制的。调查问卷编制的原则,是在坚持调查内容覆盖面广的同时,又强调突出调查的重点内容。调查问卷的内容主要涉及教师权利、学校管理、教师法律意识、教育行政机关执法四个方面。

(一)关于教师权利的问卷

1. 参与管理权

对教师依法享有的"参与学校的民主管理"权利,设计了"教师在学校管理中发挥作用的程度(选项:很大、很小、几乎没有、没有)""你认为学校的校务公开(选项:形式公开、一般事项、重大事项、应付检查)""学校有关教职工的考核奖励制度向教师征询意见及采纳情况(选项:从未征询、征询并采纳、征询未采纳也未说明、征询未采纳但说明)"三个单项选择题。以此为视角,在了解教师在学校的民主管理权能否得到有效行使的同时,也是对学校依法治校的状况进行观察选取的一个方面。

2. 参加培训权

对教师依法享有的"参加进修或者其他方式的培训"的权利,设计了"你参加教师进修、培训的次数(选项:每年一次、两年一次、三年一次、四年一次、从未参加)"一个单项选择题。该选择题的设计,是为了在对教师这一权利实现状况了解的同时,也对教师队伍建设特别是提高教师素质措施执行实效性的一个观察。

3. 学术研究权

对教师依法享有的"从事科学研究"的权利,设计了一个选择题——"学校的图书资料、仪器设备、实验器材等能否满足你科研或教改的需求(选项:不能、基本能、部分能、几乎不能)"。该题问卷的目的有二:一是对教师学术研究权实现的物质条件能否得到保障进行了解;二是对政府、学校"提供必需的图书、资料及其他教育教学用品"的职责履行状况进行分析。

4. 课堂教学自主权

对教师有"进行教育教学活动,开展教育教学改革和实验"的权利即教学自主权,设计了教师"课堂教学自主权的程度(选项:很小、很大、几乎没有、不可能)"一个单项选择题。目的是在了解教师该权利享有状况的同时,了解教师在素质教育实施中的主观能动程度。

(二)关于学校管理的问卷

1. 依法治理

对学校依法治理的依据,设计了"你认为学校管理中发挥作用最大的是(选项:教育行政部门、校长、学校制度、章程)"一个多项选择题。目的在了解学校依法治校"依据"的同时,也了解学校办学自主权行使的依据问题。

2. "禁令"执行

对国家教育主管部门三令五申严禁补课的禁令,设计了"学校安排教师利用休息日或假期给学生补课(选项:经常、从不、偶尔、不知道)"一个单项选择题。目的在了解学校对"禁令"执行状况的同时,观察教育行政机关对该违反"禁令"的处理情况。

3. 违规教师处理

关于学校对教师实施管理的行为,设计了"学校对教师进行罚款(选项:经常、从不、偶尔、不知道)"一个单项选择题。以此了解学校管理行为与措施的合法性。

4. 违纪学生处理

针对教师对学生的教育管理措施,设计了"你对未完成作业、迟到或违反课堂纪律的学生采取(罚站、赶出教室、批评教育、不采取措施、叫家长)"一个多项选择题,以了解学校、教师教育管理学生措施的合法性与有效性。

5. 人事管理

关于学校在教师队伍建设中的管理问题,设计了"学校人事管理中存在的违法行为主要表现在(职务评聘、评优奖先、干部选任、考核不公正)"一个多项选择题。以此作为观察主管教育部门对学校管理中的违法行为能否及时纠正的一个角度。

关于学校管理问卷内容的编制,目的在了解学校日常事务管理状况及自主管理教师、学生措施合法性的同时,还在于对教育行政机关对学校管理中的违法行为进行纠正或处罚的状况进行分析,提供数据支持。

(三)关于教师法律意识的问卷

1. 教育行政执法主体

关于教育行政执法权的行使主体,设计了"你认为教育行政机关有执法权吗?(有、没有、很少、不知道)"一个单项选择题。

2. 教师申诉

关于教师维权的机构,设计了"处理教师申诉的机构是(教育行政部门、学校、法院、人民政府)"一个多项选择题。

3. 教师聘用

关于教师聘用合同的主体,设计了"教师聘用合同的签订双方是教师和(教育行政部门、学校、校务委员会、校长)"一个多选择题。

4. 教职工代表大会

关于教师参与学校民主管理的法定途径,设计了"教师参与学校管理的途径(教职工代表大会、办公室、工会组织、向校领导反映)"一个多项选择题。

(四)关于教育行政执法的问卷

以是否侵害教师自身权益为标准,分别设计了两道简答题:一是"你认为学校、政府的哪些行为侵犯了你的合法权益?"二是"你认为政府、学校还存在哪些其他违法行为? 请以具体事例说明。"

二、调查问卷样本

问卷调查以太原市范围内的小学、初中、高中等 1400 多所学校 54330 多名在职教师为调查对象;参与问卷调查的教师 6878 人;收回调查问卷 6878 份,其占比达到教师总数的 12.7%,具有相当的代表性和可参考性。其中,客观题的有效问卷为 6878 份,有效率为 100%;主观题一题的有效问卷为 2034 份,有效率为 29.6%;主观题二题的有效问卷为 1221 份,有效率为 17.8%。

参与问卷调查的教师人数,以学校学段的不同有:小学教师 3753 人,初中教师 1888 人,高中教师 1237 人;以学校举办者的不同有:公办教师 6592 人、民办教师 286 人。

三、调查问卷结果分析

(一)教师权利问卷调查结果

1. 参与管理权

表十六中,勾选教师在学校管理中作用"很大"选项人数的占比——小学 70.3%、初中 63.9%、高中 54.7%,表明各级学校的教师对其在学校管理中作用的认同度还是比较高的。但认为"很小""几乎没有""没有"选项人数的之和——小学 29.7%、初中 36.1%、高中 45.3%(平均占比 37.0%)的占比,再结合表十七校务公开中"重大事项"公开的占比——小学 29.8%、初中 24.8%、高中 24%,说明教师参与学校民主管理的前提条件之一——知情权,及表十八中"教职工的考核奖励制度向教师征询意见及采纳情况"的"从未征询""征询未采纳也未说明"选项人数之和的占比——小学 27.9%、初中 38.4%、高中 67.1%,表明教师参与学校民主管理的权利还未真正得到落实。

这一结论在公办与民办学校虽有区别,但差异不大。民办教师在学校管理中作用很大的占比,稍高于公办学校的占比——民办为68.9%、公办为65.6%;而在"重大事项"的校务公开方面,公办学校的占比又高于民办学校——公办27.5%、民办7.0%;在教职工考核奖励制度的"征询并采纳"方面,公办学校也稍高于民办学校——公办47.0%、民办45.8%。

表十六:教师在学校管理中作用程度的调查结果

学校 选项	小学		初中		高中		公办		民办	
	人数	百分比	人数	百分比	人数	百分比	人数	百分比	人数	百分比
很大	2638	70.3	1207	63.9	677	54.7	4325	65.6	197	68.9
很小	776	20.7	440	23.3	351	28.4	1505	22.8	62	21.7
几乎没有	238	6.3	142	7.5	153	12.4	513	7.8	20	7.0
没有	101	2.7	99	5.3	56	4.5	249	3.8	7	2.4
合计	3753	100	1888	100	1237	100	6592	100	286	100

表十七:学校校务公开情况调查结果

学校 选项	小学		初中		高中		公办		民办	
	人数	百分比	人数	百分比	人数	百分比	人数	百分比	人数	百分比
形式公开	1248	33.2	663	35.1	438	35.4	2255	34.2	197	68.9
一般事项	969	25.8	471	24.9	312	25.2	1660	25.2	62	21.7
重大事项	1117	29.8	467	24.8	297	24.0	1813	27.5	20	7.0
应付检查	419	11.2	287	15.2	190	15.4	864	13.1	7	2.4
合计	3753	100	1888	100	1237	100	6592	100	286	100

表十八:学校有关教职工考核奖励制度向教师征询意见及采纳情况调查结果

学校 选项	小学		初中		高中		公办		民办	
	人数	百分比	人数	百分比	人数	百分比	人数	百分比	人数	百分比
从未征询	446	11.9	303	16.0	677	54.7	896	13.6	67	23.4
征询并采纳	1986	52.9	828	43.9	351	28.4	3101	47.0	131	45.8
征询未采纳 也未说明	602	16.0	423	22.4	153	12.4	1304	19.8	53	18.5

学校 选项	小学		初中		高中		公办		民办	
	人数	百分比	人数	百分比	人数	百分比	人数	百分比	人数	百分比
征询未采纳但说明	719	19.2	334	17.7	56	4.5	1291	19.6	35	12.3
合计	3753	100	1888	100	1237	100	6592	100	286	100

2. 参加培训权

《山西省实施〈教师法〉办法》第13条明确规定"学校及其他教育机构应有计划地安排教师参加进修培训,对教师至少每三年培训一次"。表十九中"每年一次""两年一次""三年一次"选项人数之和的占比——小学88.3%、初中85.7%、高中69.5%,说明教师参加培训的权利基本上得到了保障,这也确保了教师队伍素质的提高。但"四年一次"与"从未参加"选项人数之和的占比——小学11.7%、初中14.3%、高中30.5%(平均占比18.8%),说明仍有部分教师至少每三年参加一次培训的权利,并未得到实际享有。

从公办学校与民办学校的数据对比来看,虽然"每年一次""两年一次""三年一次"选项人数之和的占比基本持平——公办84.2%、民办85.3%,但"每年一次"民办学校的占比74.8%,明显高于公办学校69.8%的占比,表明民办学校教师参加进修培训权利的实现程度优于公办学校教师对此权利的享有程度。

表十九:教师参加进修培训情况调查结果

学校 选项	小学		初中		高中		公办		民办	
	人数	百分比	人数	百分比	人数	百分比	人数	百分比	人数	百分比
每年一次	2876	76.6	1308	69.3	630	50.9	4603	69.8	211	74.8
两年一次	284	7.6	206	10.9	127	10.3	594	9.0	23	8.0
三年一次	154	4.1	104	5.5	103	8.3	354	5.4	7	2.5
四年一次	145	3.9	90	4.8	123	10.0	345	5.2	13	4.5
从未参加	294	7.8	180	9.5	254	20.5	696	10.6	32	11.2
合计	3753	100	1888	100	1237	100	6592	100	286	100

3. 学术研究权

学校的图书资料、仪器设备、实验器材等是教师进行科研或教改的物质基础条件，所以，《教师法》将"提供必需的图书、资料及其他教育教学用品"规定为政府和学校的职责。表二十中，学校的图书资料、仪器设备等"基本能"满足教师科研或教改需求的占比——小学71.3%、初中63.8%、高中50.4%，表明随着教育经费的财政保障，教师学术研究权实现的物质基础条件已有相应的保障。但"不能"与"几乎不能"满足教师科研或教改需求的选项人数之和的占比——小学9.7%、初中15.3%、高中22.6%（平均占比15.9%），说明教师学术研究权的享有还有待于政府、学校职责的完全履行。

公办学校与民办学校教师该项权利享有的程度差别不大，只是公办学校略好于民办学校而已。不仅勾选"基本能"与"部分能"选项人数之和的占比，公办稍高于民办学校——公办86.4%、民办85.6%；而且勾选"不能""几乎不能"选项人数之和的占比，公办学校也稍低于民办学校——公办13.6%、民办14.4%。

表二十：学校图书资料、仪器设备等满足教师科研或教改需求情况调查结果

选项＼学校	小学		初中		高中		公办		民办	
	人数	百分比	人数	百分比	人数	百分比	人数	百分比	人数	百分比
不能	277	7.4	200	10.6	190	15.4	643	9.8	24	8.4
基本能	2676	71.3	1204	63.8	624	50.4	4310	65.4	194	67.8
部分能	712	19.0	394	20.9	334	27.0	1389	21.0	51	17.8
几乎不能	88	2.3	90	4.7	89	7.2	250	3.8	17	6.0
合计	3753	100	1888	100	1237	100	6592	100	286	100

4. 课堂教学自主权

为保证达到国家规定的基本教育质量要求，学校和教师必须按照确定的教育教学内容和课程设置开展教育教学活动，但基于素质教育的实施及教师职业自主性的特点，教师法又赋予了教师有"开展教育教学改革和实验"的权利。表二十一中，课堂教学自主权"很大"选项人数的占比——小学73.5%、初中63.3%、高中53.2%，与课堂教学自主权"很小""几乎没有""不可能"选项人数之和的占比——小学26.5%、初中36.7%、高中46.8%（平均占比

36.7%)表明,教师课堂教学自主权的状况喜忧参半。这一状况随着学校所处学段的不同,呈现出学校学段越高,教师课堂教学教学自主权逐渐变小的趋势。

表二十一:教师课堂教学自主权程度调查结果

程度 \ 学校	小学		初中		高中		公办		民办	
	人数	百分比	人数	百分比	人数	百分比	人数	百分比	人数	百分比
很小	875	23.3	564	29.9	501	40.5	1861	28.2	79	27.6
很大	2757	73.5	1195	63.3	658	53.2	4423	67.1	187	65.4
几乎没有	97	2.6	78	4.1	53	4.3	218	3.3	10	3.5
不可能	24	0.6	51	2.7	25	2.0	90	1.4	10	3.5
合计	3753	100	1888	100	1237	100	6592	100	286	100

(二)学校管理问卷调查结果

1. 依法治理

依法治校是依法治教的重要组成部分。学校要依据法律法规制定和完善学校章程,经主管教育行政部门审核后,作为学校自主办学活动的重要依据。表二十二中,认为"教育行政部门"和"校长"在学校管理中发挥的作用最大选项人数之和的占比——小学 58.0%、初中 60.3%、高中 60.5%(平均占比 59.6%),与认为"章程"在学校管理中发挥的作用最大选项人数之和的占比——小学 4%、初中 6.6%、高中 3.6%(平均占比 4.7%)的巨大反差,表明学校章程远未成为学校治理的重要依据,依法治校还多停留在"口头"上、落实在文件上,远未真正成为学校的自觉行为。这在公办学校与民办学校没有多大的差别。

表二十二:学校管理中发挥作用因素最大的调查结果

选项 \ 学校	小学		初中		高中		公办		民办	
	人数	百分比	人数	百分比	人数	百分比	人数	百分比	人数	百分比
教育行政部门	788	21.0	369	19.5	214	17.3	1310	19.9	61	21.3
校长	1390	37.0	771	40.8	535	43.2	2606	39.5	90	31.5
学校制度	1426	38.0	624	33.1	444	35.9	2368	35.9	126	44.1

续表

学校 选项	小学		初中		高中		公办		民办	
	人数	百分比	人数	百分比	人数	百分比	人数	百分比	人数	百分比
章程	149	4.0	124	6.6	44	3.6	308	4.7	9	3.1
合计	3753	100	1888	100	1237	100	6592	100	286	100

2."禁令"执行

表二十三中,学校安排教师利用休息日或假期给学生补课"从不"选项人数的占比最大——小学96.0%、初中84.5%,高中63.2%,这表明学校执行"禁令"的情况还是较乐观的,绝大多数学校能够执行不"安排教师利用休息日或假期给学校补课"的禁止性规定,尊重教师和学生的休息权。但"经常"与"偶尔"选项人数之和的占比——小学1.7%、初中8.6%、高中28.9%(平均占比13.1%),说明违反"禁令"的学校仍占有一定的比例,且民办学校的占比略高于公办学校——民办10.5%、公办8.4%。

表二十三:学校安排教师利用休息日或假期给学生补课情况调查结果

学校 情况	小学		初中		高中		公办		民办	
	人数	百分比	人数	百分比	人数	百分比	人数	百分比	人数	百分比
经常	17	0.5	39	2.1	156	12.6	205	3.1	7	2.5
从不	3604	96.0	1596	84.5	782	63.2	5744	87.1	238	83.2
偶尔	45	1.2	123	6.5	202	16.3	347	5.3	23	8.0
不知道	87	2.3	130	6.9	97	7.9	296	4.5	18	6.3
合计	3753	100	1888	100	1237	100	6592	100	286	100

3. 违规教师处理

表二十四中,虽然学校对教师进行罚款"从不"选项人数的占比都超半数以上——小学70.4%、初中62.1%、高中50.5%,但"经常"与"偶尔"选项人数之和的占比也不低——小学19.5%、初中24.6%、高中31.3%(平均占比25.1%),说明在学校管理中侵犯教师财产权益的违法行为还是比较普遍的。而这其中,"经常"与"偶尔"选项人数之和的占比,民办学校明显高于公办学校——民办学校35.7%、公办学校22.5%。

表二十四:学校对教师进行罚款情况调查结果

选项 \ 学校	小学		初中		高中		公办		民办	
	人数	百分比	人数	百分比	人数	百分比	人数	百分比	人数	百分比
经常	105	2.8	115	6.1	70	5.6	270	4.1	20	7.0
从不	2643	70.4	1173	62.1	624	50.5	4294	65.1	146	51.0
偶尔	628	16.7	349	18.5	318	25.7	1213	18.4	82	28.7
不知道	377	10.1	251	13.3	225	18.2	815	12.4	38	13.3
合计	3753	100	1888	100	1237	100	6592	100	286	100

4. 违纪学生处理

表二十五调查结果显示,对未完成作业、迟到或违反课堂纪律的学生采取"批评教育"措施的占比——公办学校与民办学校选项人数的教师均在95%左右的占比,说明,教师基本能正确地采取教育学生的手段;但"罚站""赶出教室"选项人数之和的占比——小学4.1%、初中18.1%、高中13.8%的占比(平均占比12%)也说明,以侵犯学生受教育权或是人身权的"以违法制止违纪"的现象还占有一定的比例;而"不采取措施"选项人数的占比——小学5.6%、初中4.5%、高中6.9%,虽然不到十分之一的比例,却也反映出目前教师管理学生的一种无奈境况,即"管也不是,不管也不是",那就干脆不管。

表二十五:教师对未完成作业、迟到或违反课堂纪律的学生采取措施调查结果

选项 \ 学校	小学		初中		高中		公办		民办	
	人数	百分比	人数	百分比	人数	百分比	人数	百分比	人数	百分比
罚站	136	3.6	263	13.9	136	11.0	504	7.6	31	10.8
赶出教室	19	0.5	80	4.2	34	2.8	127	1.9	6	2.1
批评教育	3589	95.9	1815	96.1	1172	94.8	6300	95.6	276	96.5
不采取措施	207	5.6	85	4.5	85	6.9	366	5.6	11	3.9
叫家长	1767	47.1	762	40.3	264	21.3	2706	41.1	87	30.4
样本总数	3753		1888		1237		6592		286	

5. 人事管理

表二十六数据表明,学校人事管理中的违法行为在职务评聘、评优奖先、

干部选任、考核不公正等所列选项上都有表现,且占比都不低。其中,与教师相关度最高的"考核不公正"在学校人事管理违法行为中的占比最高——小学50.5%、初中51.7%、高中58.3%(平均占比53.5%);其次是评优奖先,平均占比45.4%;再次是职务评聘,平均占比39.3%;干部选任的平均占比36.8%。相比于公办学校而言,民办学校在人事管理中存在违法行为的程度较轻,各选项人数的占比都低于公办学校,其中"职务评聘"低于公办学校近百分之十五左右。

表二十六:学校人事管理中违法行为调查结果

选项＼学校	小学		初中		高中		公办		民办	
	人数	百分比	人数	百分比	人数	百分比	人数	百分比	人数	百分比
职务评聘	1459	38.9	708	37.5	515	41.6	2611	39.6	71	24.8
评优奖先	1728	46.0	872	46.2	546	44.1	3027	45.9	119	41.6
干部选任	1287	34.3	649	34.4	513	41.7	2364	35.8	85	29.7
考核不公正	1895	50.5	972	51.7	722	58.3	3450	52.3	139	48.6
样本总数	3753		1888		1237		6592		286	

(三)教师法律意识问卷调查结果

1. 教育执法权主体

法律的生命在于实施。教育行政机关行使执法权的状况如何,直接关系到教育法律的实现程度。表二十七中,教育行政机关执法权"没有""很少""不知道"选项人数之和的占比——小学73.4%、初中73.7%、高中72.8%(平均占比73.3%),说明教育行政机关作为行政执法机关具有执法权,还未被社会特别是教育行政执法的相对人所广泛了解。这在公办学校与民办学校虽有不同,但区别不大,上述三个选项人数之和的占比公办为73.6%、民办学校为68.9%。

表二十七:教育行政机关执法权情况调查结果

选项＼学校	小学		初中		高中		公办		民办	
	人数	百分比	人数	百分比	人数	百分比	人数	百分比	人数	百分比
有	999	26.6	497	26.3	336	27.2	1743	26.4	89	31.1

选项＼学校	小学		初中		高中		公办		民办	
	人数	百分比	人数	百分比	人数	百分比	人数	百分比	人数	百分比
没有	2063	55.0	997	52.8	595	48.1	3520	53.4	135	47.2
很少	156	4.2	109	5.8	74	6.0	324	4.9	15	5.3
不知道	535	14.2	285	15.1	232	18.7	1005	15.3	47	16.4
合计	3753	100	1888	100	1237	100	6592	100	286	100

2. 教师申诉机构

教师法第 39 条为教师维权设立了教师申诉制度,明确了教育行政部门和人民政府是处理教师申诉的机构。其中,教育行政部门负责受理教师对学校侵犯其合法权益或是对学校做出的处理不服的申诉,同级人民政府或者上一级人民政府有关部门负责受理教师认为当地人民政府有关行政部门侵犯其根据本法规定享有权利的申诉。

表二十八中,处理教师申诉机构为"教育行政机关"选项人数的占比——小学教师 88.4%、初中教师 86.4%、高中教师 88.4%,说明绝大多数教师对于维护自身权益的申诉机构是有一定了解的。但"人民政府"为处理教师申诉机构选项人数的占比——小学 20.0%、初中 18.3%、高中 15.0%,又说明教师对申诉机构的了解还存在着相当的片面性。这种情形,从学校所处学段来看,差别不大;从学校举办者的不同来看,公办学校选项人数的占比都高于民办学校。

表二十八:有权处理教师申诉机构的调查结果

选项＼学校	小学		初中		高中		公办		民办	
	人数	百分比	人数	百分比	人数	百分比	人数	百分比	人数	百分比
教育行政部门	3319	88.4	1632	86.4	1093	88.4	5812	88.2	232	81.1
学校	1137	30.3	521	27.6	322	26.0	1887	28.6	93	32.5
法院	855	22.8	413	21.9	251	20.3	1463	22.2	56	19.6
人民政府	749	20.0	346	18.3	186	15.0	1244	18.9	37	12.9
样本总数	3753		1888		1237		6592		286	

3. 聘任合同的主体

教师法第 17 条规定"学校和其他教育机构应当逐步实行教师聘任制。教师的聘任应当遵循双方地位平等的原则,由学校和教师签订聘任合同"。根据表二十九所显示的数据,教师认为与其签订聘用合同的主体为学校的比例是最高的,平均占比 66.5%——小学 65.7%、初中 62.2%、高中 71.5%;其次是教育行政部门,平均占比 53.3%——小学 60.7%、初中 55.0%、高中 44.2%;第三是校长,平均占比 10.7%——小学 11.9%、初中 9.3%、高中 10.8%;第四是校务委员会,平均占比 7.6%——小学 6.6%、初中 9.3%、高中 7.0%。这表明,还有相当比例的教师对聘任合同的相对方存在着误解,从另一侧面也反映出了学校的用人自主权还有待于深化。

在"学校"为教师签订聘用合同相对方的人数选项的占比中,民办学校的占比 78.3%,高于公办学校 65.3% 的占比。这应与民办学校真正实行教师的聘任合同关系密切。

表二十九:教师签订聘用合同相对方的调查结果

选项 \ 学校	小学		初中		高中		公办		民办	
	人数	百分比	人数	百分比	人数	百分比	人数	百分比	人数	百分比
教育行政部门	2276	60.7	1038	55.0	547	44.2	3794	57.6	67	23.4
学校	2466	65.7	1175	62.2	885	71.5	4302	65.3	224	78.3
校务委员会	249	6.6	175	9.3	86	7.0	480	7.3	30	10.5
校长	445	11.9	176	9.3	134	10.8	722	11.0	33	11.5
样本总数	3753		1888		1237		6592		286	

4. 教师参与管理的途径

《教师法》第 7 条规定,教师享有"对学校教育教学、管理工作和教育行政部门的工作提出意见和建议,通过教职工代表大会或者其他形式,参与学校的民主管理"的权利。根据表三十所显示的数据,教师认为其参与学校管理的途径为教职工代表大会的比例是最高的,平均占比 78.3%;其次是"向学校领导反映",平均占比 48.7%;第三是工会组织,平均占比 24.3%;第四是办公室 15.3%。这一数据表明,教师在现行管理体制下的参与管理权的行使途径还存在着泛化和不确定性。

教师参与学校管理途径的占比,公办学校与民办学校大致相同,依次为教职工代表大会、向学校领导反映、工会组织、办公室。

表三十:教师参与学校管理途径情况调查结果

选项 \ 学校	小学		初中		高中		公办		民办	
	人数	百分比	人数	百分比	人数	百分比	人数	百分比	人数	百分比
教职工代表大会	2925	77.9	1409	74.6	1013	81.9	5166	78.4	181	63.3
办公室	573	15.3	360	19.1	152	12.3	1031	15.6	54	18.9
工会组织	1353	36.1	609	32.3	434	35.1	2330	35.4	66	23.1
向学校领导反映	1897	50.6	923	48.9	564	45.6	3248	49.3	136	47.6
样本总数	3753		1888		1237		6592		286	

(四)教育行政执法问卷调查结果

1. 政府、学校侵犯教师权益的行为

在关于"你认为政府、学校的哪些行为侵犯了你的合法权益"收回的有效问卷2034份中,小学97.8%、初中98.3%、高中99.8%、公办99.3%、民办94.76%的占比说明,几乎百分之百的教师认为自己的权益受到学校、政府的侵犯。学校、政府具体侵权行为的表现,因教师所在学校的类别、学段的不同而有所区别。

对小学、初中教师而言,占比最高的是工资待遇低——收回小学教师有效问卷1055份中,工资待遇低的占比为50.1%;初中教师收回有效问卷582份中,工资待遇低的占比为41.5%。对高中教师而言,在收回高中教师有效问卷405份中,占比最高的是工作时间长、占用正常的休息时间,达到了41.9%,主要表现为占用休息时间补课、培训、开会、加班、强制监考等方面。对民办教师而言,收回有效问卷73份中,保险制度不健全的占比为21.3%。

这些侵权行为在问卷中的情形,具体表现为:

(1)占用休息时间

收回问卷中,如"早自习、晚自习、周六日补课、节假日补课、寒暑假补课,正常的休息不能保证";"假期补课、下班后补课、无限期加班";"高中教师工作时间超越8小时,老师们身体极度劳累,何谈工作效率";"利用晚上下班时间开会、利用双休日进行教师专业培训和学习、做班主任早晨7点之前到校,晚上很晚才能回家";"占用老师休息时间周六补课";"侵占教师八小时之外的休息时间";"学校在非工作日举办或安排各种活动或进修学习占用教师休息时间";"节假日、周末组织师生无偿补课、组织教师培训学习、下班时间开会";"学校强制老师周末、假期给学生补课,侵犯了老师的休息权";"晚自习,周末监考剥夺了八小时外的休息时间";"早晚自习在八小时之外";"教师应该休息的节假日学校强制要求补课";"教师工作强度大,每日工作时间远超8小时";"休息日和8小时工作时间外额外加班";"白天正常上班,晚上上晚自习到8点多,几乎是日工作十几个小时";"八小时工作之外强迫教师利用休息时间和节假日进行无偿补课";"随意增加老师的工作时间:如周末及节假日补课,随意延长早晚自习时间,随意增加课时";"工作时间从早7:10到晚8:30学生和老师疲惫不堪,厌学厌教现象日趋严重"等的回答,是比较普遍、且有代表性的答案。

(2)低工资待遇

收回问卷中,如"教师工资待遇低于国家规定标准""劳动与劳动报酬严重不符""工资待遇和劳动付出不成正比,每天的工作时间多于八小时、亚健康严重""工作时间太长,收入与付出不成正比""工资和公务员差得太多,教师没有地位、没有尊严""对老师的待遇太低,不能全身心投身教育事业""多劳没有多得""教师的工资太低与教师高强度的劳动不相符""劳动与劳动报酬严重不符""取消正常的福利待遇,三险一金占工资比例过高""单位或上级安排的培训、监考等任务基本都在周末,廉价或无偿""晚自习,周末监考未按节假日发(发放)相应的报酬""给教师的名誉地位过高,而经济地位过低""没有休息休假的权利,加班没有加班费""付出与收入不成比例,学校一线教师的各项工作太多""工资待遇太低!收入已经是社会底层!教师没有地位!""强制让教师加班,费用极其低下,经常有教师从早上六七点到晚上十一点,只给十几或几十块钱,至于教师的安全、意愿、工作价值完全不顾,连农民工都不如"等的回答,较为普遍。

还有反映工资不能按时发放,如"工资不能按时发放,而且偏低于其他县市区300元。城乡界定含糊。如某某中学,处在乡村,服务乡村,只有乡村补助时又硬说是城市学校!"

(3)考核不公正

收回问卷中,关于绩效工资的考核,如"绩效工资制定得不合理,同工不同酬,多劳少得,少劳多得""绩效工资偏向行政人员,一线教师反而收入微薄""奖励性绩效工资随意支配,绝大部分教师不知道如何分配?怎么分配。""绩效工资发放显失公平""绩效工资不清楚如何计算出来的,没有明确事项""绩效工资发放不合理,教师得不到应有的尊重""绩效考核,满足的是小部分人的利益"等的回答,极为普遍。

之外的如"职称评定没有公开透明的标准""职称评定不公平,选优评模范,外出学习不公平""职称及评优制度不公正:形式上有制度,制度制定极不合理,以校领导的意志为中心;处罚随意""绩效工资的标准与发放过程不透明,侵犯教师的知情权;教师职称评选的制度与原则限制教师发展,侵犯教师的发展权。""选举评优等投票,从来不公开唱票";"奖惩制度不公平"等回答,也较具代表性。

(4)校长专权

问卷中"不尊重教师人权、人治现象严重""征求意见流于形式,学校一切听校长,没有正确途径反映老师的诉求""领导从未听取广大教职工的合理建议""无知情权,参与学校发展建设发言的权利""校务不公开;校长一人独大,直接垄断学校一切权力""学校重大事项不公开""教师在学校没有表达意愿的途径,一言堂现象还很严重。""职称考核不公平""某学校前任校长王某经常辱骂教师,甚至殴打教师,无端克扣教师工资及奖金"等,是有一定代表性的答案。

(5)校务公开流于形式

典型的回答如"财务不透明,说校务公开,只说某一项花了多少钱,不说具体,比如给困难职工补助,具体是给那个困难职工补助,补助多少,不给大家说清楚,另外,比如,重点中学给小学分配名额,这些名额给了那些学生,为什么给他,不给家长交代清楚"。

(6)教师保护乏力

如"师生矛盾处理上,舆论各方面等单方面维护学生权利的倾向严重""遇到家长无理取闹的事情,学校不出面对老师进行公正的保护。""当家长无理取闹时,政府或学校不能从事实出发,保护教师,而是怕舆论,要求教师认错,掏钱私了""政府不保护教师的合法权益。现在社会加强了对未成年人的保护,但弱化了教师的正当批评教育学生的权利,致使教师现在不敢管学生。像上面提到的学生不完成作业,教师除了能批评两句之外,再不能有其他的教育措施了,既不能赶出教室,也不能叫家长,不能罚站,但是批评教育对部分学生来讲就等于白搭,无形之中让老师处于苦口婆心无效果的境地。""只强调教师的责任,不考虑教师的权利;只以为(一味地)满足家长意愿,不考虑教师的心理压力、工作负担。"

2. 政府、学校的其他违法行为

在"你认为政府、学校还存在哪些其他违法行为"收回的有效问卷1221份中,小学达到了97.3%,初中达到了98.16%,高中达到了97.9%,公办达到了98.3%,民办达到了92.3%,几乎接近百分之百教师认为政府、学校还存在其他违法行为。

(1)学校的其他违法行为

①乱发奖金

如"学校巧立名目的乱发所谓的奖金,违背国家相关政策。例如:一名管理住校生的政教处中层干部,年终奖能拿近4万元,仅夜班值班费就达200元/每晚。再如,聘用临时司机若干名,除每月2500元工资外,每年还有5000元的岗位补助,且加班费每年1800元。更有甚者,一名后勤行政人员一年加班天数竟然达到245天。而一线教师的培训费、班主任费、包教答疑等费用少得可怜……"

②乱收费

如"某学校前任校长王某无端克扣教师工资及奖金,2013年3月至2014年10月违规开设校中校,每学期向学生公开收取社团费480元,有收据为凭。2013年7月至2014年9月私下收取学生的借读费5000元至10000元不等,并不开具任何收据。""强行订资料,收择校生"等。

③领导贪腐

有7.9%的初中教师、9.1%的高中教师认为存在领导贪腐。如"公车私用,食堂对外承包收益大多数老师不清楚,校内有一印刷厂,是一个体印刷厂,长期租赁学校场地,多年的租赁费都去哪里了""凭钱凭色垄断职称指标。一个'优秀'300元到500元不等。一个职称指标一万到三万不等。""太原某学校,以王某张某聂某等为首,大肆贪污学生职高国家补助,1104 班同学,在领不到钱情况下,集体统一签名,然后再以卫生区打扫不干净、迟到等理由,克扣学生钱,一个班 6000 元左右,全校 18 个班就 10 万元,十年就 100 万,另外乱收学生书费,数目巨大,以学校名义办山西师大函授站,钱都归个人,数目巨大,希望领导能查一查""利用学校国有资产谋取私利、设立小金库。如出租门面房,租金不上账,不给教师发福利;给社会商业上的企业等供暖,收回的取暖费不知去向!""挪用教师应得福利。比如学校被评为安全示范学校,教师应得的奖励被校领导挪用,统一为教师购买了劣质高价的校服。""校长们贪污国家下拨的各种款项,校服采购存在违法。""校长权利太大,学校开支一人说了算""我校校园让高层建筑永远的夺走了阳光,而校领导却拿了大大的好处""在编不在岗""小升初招生腐败,划片招生指标暗箱操作,小学校长说了算"等。

(2)政府的其他违法行为

①不作为

不作为主要表现为对学校的一些违法行为未进行相应的处罚或处理。如:"每年的中小学招生这块不及时制止不合理现象,甚至视而不见就是严重的不作为。""政府对于不执行小升初相关规定的学校不处罚。""不作为,剥夺孩子们公平受教育的权利如扣掉普通中学学生上重点中学的录取指标。""招生入学、转学等现象混乱。如不按学区规定招生。花钱入学、找人入学现象严重。既违反了规定。又增加了教师的负担。最主要的是严重影响了教育形象。""现在孩子入学难,上好学校难,得找人花好多钱。"

"公立学校办民办学校,用财政教师给民办学校学生上课。""公参民学校的设立就是一种严重的违法行为,学校在使用公共资源却向群众收取(学)费,严重破坏了教育的公平和公益性。"

"班级人数超标""义务教育达标验收就是欺骗群众的行为,达标要求的第一项就是班容量,看看某区的学校有那个学校达到了规定的班容量,一个班 75个孩子挤在一起上学,不用说学习能不能好,就连起码的身体生长和活动的空间都没有,孩子们将来都是择校的牺牲品。""政府放任一些重点学校办公参民的学校收钱,政府放任一些重点学校在招生过程中抢夺好生源,政府从制度设计上不作为,在招生和学校的软件和硬件配置上违背了公平的原则。政府对职称制度的改革不作为,学校里边每年的评职称还是论资排辈,按年龄大小从上往下,年龄越大,职称越高。老师们把心思放在评职称上边,没有把心思用在教学上,或者评上职称就万事大吉,没有工作积极性了"。

②强行摊派

"学校经常不得已承担人事部门、教育部门组织的涉外考试,这类考试一般是在公休日,老师自愿参加考务监考的寥寥无几,只能变相强制,况且像自学考试等的待遇根本不能执行劳动法所规定的待遇标准。""单位或上级安排的培训、监考等任务基本都在周末,廉价或无偿""挤占教师休息时间加班监考各种社会考试,严重影响教师休息""休息日强迫教师和学校接待涉外考试且补助低、工资低于本地公务员水平、班主任教师压力大政府无相关解决渠道""学校承担的各类考试任务加重了老师的负担;自上而下的各种分派性任务过多,有些属形式上的,无形中加重了老师的负担。"

③检查、评比过多且流于形式

"政府检查监督督导过多,实际起效的少""文山会海上级部门太多的检查和行政命令""上级检查很多都是流于形式""经常组织各种公开课授课及评选,占用老师大量精力,严重影响正常教学;频繁组织教师整理材料应付各种检查评比,浪费时间、精力和纸张!"

"教师检查太多,哪个部门的任务都会摊派到教师领域。""多如牛毛的各项工作太多,形式化比较严重,收不到实质效果。""教师没时间专(钻)研教学,忙于应付各种检查,活动""多如牛毛的各项工作太多,形式化比较严重,收不到实质效果。"

"上级行政干预过多,无法安心搞好教育。""政府单位或其他单位来学校参观太频繁,对教师日常教学的质量产生了很大的影响,因为要抽掉很多时间来迎接检查和参观,挤掉了本应该用来备课的时间,使得备课过于匆忙。"

"政府给的任务太多,教师不能全心工作在教学和教研上。""上级部门给老师的任务太多,老师不能全身心地投入到教学和教研。""没有严格执行《教师法》;与教学无关的工作太多。""弄虚作假,经常搞一些形式,如为了应付检查经常下发一些无用文件,让一线教师及班主任不能静心研究教学和管理班级,形式主义太严重。"

四、教师视角:教育领域的常见、典型违法行为

通过本次对教师调查问卷结果逐一统计与分析的结论是:教师视角的教育违法行为普遍存在,涉及各个方面。常见的违法行为主要表现为:

(一)侵犯教师权利的违法行为

教师作为履行教育教学职责的专业人员,《教师法》赋予教师享有履行职责的六项权利,在选取调查的四项权利中,受到侵害的平均占比情况如下:

(1)教学自主权:认为课堂教学自主权的程度"很小""几乎没有""不可能"的平均占比36.7%(见表二十一);

(2)学术研究权:学校的图书资料、仪器设备等"不能"与"几乎不能"满足教师科研或教改需求之和的平均占比15.9%(见表二十);

(3)参与管理权:学校有关教职工的考核奖励制度向教师征询意见及采纳"从未征询""征询未采纳也未说明"的平均占比37%(见表十六);

(4)参加培训权:教师参加进修培训的次数"四年一次"与"从未参加"平均占比18.8%(见表十九)。

以上平均占比的数据表明,侵犯教师履行职责权利的违法行为还是比较多见的,其中,尤以侵犯"教学自主权"与"参与管理权"的违法行为最为典型。当然,侵犯教师权利的行为不限于教师作为专业人员履行教育教学职责应享有的权利,从对问卷两个简答题的调查结果来看,教师的知情权、作为劳动者的休息权、取得合理报酬权的权利等受到侵犯,也较为常见和典型。

(二)学校管理中的违法行为

1. 管理手段违法

《教育法》第29条规定学校享有的九项权利,是学校作为教育机构享有的最基本的办学自主权,在选取调查学校行使的两项权利中,违法行使权利的平均占比情况如下:

(1)对聘任教师的罚款:认为学校对教师"经常"与"偶尔"进行罚款之和

的平均占比25.1%（见表二十四）。

（2）教师对学生的管理：教师对未完成作业、迟到或违反课堂纪律的学生采取"罚站""赶出教室"之和的平均占比12.0%（见表二十）。

2. 对"禁令"的违反

《教育部关于当前加强中小学管理规范办学行为的指导意见》（教基一〔2009〕7号）在"强化责任，进一步明确和落实地方各级教育行政部门和学校的管理职责和工作任务"中明确要求，要"认真执行国家课程方案，严格遵循教育规律，……不占用学生法定休息时间加班加点或集体补课。"但违反禁令的平均占比：认为学校"经常"与"偶尔"安排教师利用休息日或假期给学生补课之和的平均占比13.1%（见表二十三）。

3. 人事管理不规范

依《教师法》第22条、23条之规定，学校应当对教师的思想政治、业务水平、工作态度和工作成绩进行考核，考核应当客观、公正、准确，充分听取各方的意见。在学校人事管理中存在的违法行为的四个选项——职务评聘、评优奖先、干部选任、考核不公正中，教师认为学校人事管理中存在的违法行为的主要表现方面占比最高的是考核不公正，其平均占比达到了53.5%；其次是评优奖先，其平均占比45.4%；第三位的是职务评聘，其平均占比39.3%；位列第四的是平均占比36.8%的干部选任（见表二十六）。

4. 聘任合同主体违法

《教师法》规定教师的聘任由学校和教师签订聘任合同，在教师聘用合同的签订双方是教师和教育行政部门、学校、校务委员会、校长的四个选项中，认为与教师签订聘用合同的另一方是教育行政部门占比最高，平均占比53.3%；位居第二的是校长，平均占比10.7%；第三的是校务委员会，平均占比7.6%（见表三十）。

可见，学校管理中的违法行为相当泛化，涉及学校管理中的各个方面，这其中尤以侵害教师切身利益的违法行为——考核不公正最为典型。因教师考核结果是受聘任教、晋升工资、实施奖惩的依据。这也与问卷中两个简答题的调查结果相吻合。问卷中绩效考核、职称评定、评优奖先等涉及教师切身利益的事项的考核不公平、不公正，是学校违法行为中较为常见和典型的违法行为。

问卷调查的结果表明:学校管理中普遍存在的违法行为,与学校依法治理的程度呈现正相关关系。在你认为学校管理中发挥作用最大的四个选项——教育行政部门、校长、学校制度、章程中,认为"章程"在学校管理中发挥的作用最大的平均占比只有4.7%,与认为"教育行政部门"和"校长"在学校管理中发挥的作用最大之和平均占比却有59.6%(见表二十二)的巨大反差,说明学校管理中"人"的作用远大于"法"的作用。以此看来,学校的依法治理,将是任重而道远的。

(三)教育行政中的违法行为

1. 执法缺位

调查问卷中关于教育行政机关的执法权,认为"没有""很少""不知道"之和的平均占比73.3%(见表二十七),与问卷中反映学校存在的违法行为未得到及时、有效处理的情形,表明教育行政机关的执法存在着不到位的现象。

2. 不当作为

主要表现为管理手段的不当,如检查、评比过多,造成了行政相对人工作的困扰,影响了正常的教学工作。

3. 强行摊派

表现为政府的考试监考任务、捐款等的强行摊派。

五、教师的质疑与建议

有相当一部分教师在问卷中对目前教育领域存在的一些现象提出建议或是质疑,主要是:

(一)质疑

1. 对教师利用非工作日有偿补课禁令的质疑

"在非工作时间带家教为什么不允许?难道用自己的辛苦换来点家用补贴都不行?我们一没偷二没抢,一个月两千来块,怎么活?一个国家连教师的生活都不能保证,谈什么培养下一代?""学校政府不允许有偿补课是对教师劳动的不尊重、不认可,我认为侵犯了我的合法权益。""政府一方面禁止教师有偿补课,一方面没有提高教师应有的工资待遇,使付出和回报大大失衡,严重影响了教师日常的教学生活";"教师工资还不及社会上的临时工,但却给教师颁布了很多禁令:业余时间不能有偿补课,违者开除公职。请问我们教师利用自己的休息时间靠技术挣钱养家,为何被禁止?"

2. 对低工资待遇的质疑

"在待遇方面,说是和公务员待遇相同,实际相差甚远,从来不执行和实施。""学校老师的工资待遇能不能单独成序列,既然学校是法人为什么不给教师待遇的决策权,责任和权利不匹配啊!"

"正常的工作量得不到正常的待遇,教师的工资比较低,教师工资不低于公务员的说法名存实亡!"

"教师的工资待遇为什么还是这么低,年轻教师的工资养活自己都困难,年长教师家庭压力大,教师的地位和价值如何体现?!"

3. 对教师保护乏力的质疑

"在学生与教师有冲突的时候,政府或学校总是站在教师的对立面,为了息事宁人,不管青红皂白,一味地迁就学生,伤害教师,为什么就不能以事实为依据,以法律为准绳,依法办事呢? 这就不用举例子了,查查那个学校没有这样的事情。""现在的教师在教育学生时可以说是'手无寸铁',很多时候对待顽劣学生没有得力的教育方法,一旦学生出现问题,教师都会成为第一责任人,法律中并没有对这类情节予以教师保护。"

(二)建议

1. 法律援助

"教育行政部门为什么不能从实际出发,在局机关设立法律援助中心,帮助学生和老师维权,各种矛盾不应该放在学校。现在学校压力非常大,怕出问题担不起责任所以就不敢组织春游,不组织学生外出学习、实践,这样剥夺了学生综合发展的权力(利),责任不在学校而在教育主管部门。"

2. 教师心理培训

"教师除业务方面培训,还应该加强心理培训,不仅对改善师生关系有好处,对教师个人的成长也有好处。""教师现在很难做,心理压力很大。"

3. 教育政策制定

"政府应该站在教师、家长、学生的角度制定政策发展教育""班主任待遇应该统一,校与校之间差距太大。""评选、竞赛应该明确细则,以评促学""公参民学校的不合理,应全部归公,使得真正地做到教育均衡。"

"政府的政策朝令夕改,希望有一个比较稳定的延续的教育政策。""建议上级部门的要求不要经常变,免得老师们疲于应付。"

报告三

校长调查问卷结果与分析

一、调查问卷编制

调查问卷编制的依据,是依课题组所列出的太原市教育行政机关行政职权与行政执法权限清单,再根据《教育法》《义务教育法》《民办教育促进法》等国家教育法律法规及《山西省实施〈义务教育法〉办法》等地方教育法律法规,结合学校办学的相关规定而进行编制的。考虑到学校管理体制的不同及校长在学校办学中的地位、教育部关于中小学校校长任职的要求等,对校长调查问卷的内容主要涉及校长的法律知识与能力、学校举办者的职责履行情况、学校的权利与义务、教育行政执法中存在的问题四个方面。

(一)关于校长法律素养的问卷

《义务教育法》明确规定"学校实行校长负责制。校长应当符合国家规定的任职条件",而具备"教育政策法规知识"①即是任职校长的必备条件之一。在依法治理已成为学校管理主旋律的今天,校长自身的法律知识与素养直接关系到师生员工权益的享有,更关系到学校的稳定与发展。所以,本次调查中将校长自身的法律知识与素养作为考察的一个主要方面。

---

① 《全国中小学校长任职条件和岗位要求(试行)》教人【1991】38 号(1991 年 6 月 25 日国家教育委员会发布)

1. 教育行政执法主体

公立中小学校校长由其上级教育主管部门任命,民办中小学校校长则由其主管教育行政部门核准;再加之,县级以上地方各人民政府教育行政部门是本行政区域内教育工作的主管机关,履行国家对教育的职能。故调查问卷设计了:"你认为教育行政机关是否有执法权?(选项:有、没有、可能有、不清楚)"一个单项选择题:"下列哪些单位有行政执法权?(选项:市教育局、市政府督导室、市现代信息技术中心、市招生考试中心)"一个多项选择题,以此来考察校长对教育行政执法主体的认识是否全面到位。

2. 学校章程

学校章程是依法治教的重要组成部分,是学校制度建设的重要内涵。依法治校需要有"上承国家教育法律法规、下启学校规章制度"的学校章程来规范学校的办学行为。因此,学校章程被称为学校发展、建设与管理的"宪法"。基于此,调查问卷设计了"学校自主办学的依据是?(选项:学校章程、红头文件、法律法规、规章制度)""学校章程在学校办学中的作用如何?(选项:很大、很小、不清楚、没有章程)"两个单项择选题,以考察校长对学校章程作为学校办学依据及章程作用发挥情况的一个方面。

3. 办学自主权

办学自主权是学校最基本的权利,问卷设计了"学校依章程享有的自主权包括有哪些?(选项:机构设置权、干部任免权、招生权、教工聘用权、校产管理权)"一个多项择选题,以此考察校长对学校办学自主权的主要内容的认知情况。

(二)关于学校举办者职责的问卷

1. 教育经费

稳定的经费来源是学校办学的基本条件之一,而由举办者依法核拨教育经费则是学校举办者的应尽义务。学校举办者不同,办学经费的责任主体也不同。一般来说,公立学校特别是义务教育阶段学校的办学经费是由各级财政保障的,而民办学校的办学经费则由举办者予以保障。为此,问卷设计了"办学经费的核拨(选项:按预算足额、被克扣、被挪用、不足额)"一个单项选择题,借此一方面考察学校举办者是否尽到了保障学校办学所需教育经费的义务,另一方面也能够反映出学校的经费管理与使用权是否得到充分的保障。

2. 校舍场地

"定期对学校校舍安全进行检查;对需要维修、改造的,及时予以维修、改造"的要求,是《义务教育法》第24条第2款对举办者的法定义务。对此,设计了"举办者对学校校舍、场地的维修、保养(选项:及时主动、消极被动、借口拖延、不维修保养)"一个单项选择题,一方面可以对举办者的法定义务履行状况进行考察,另一方面也可以了解学校的教学秩序是否能够得到保障。

3. 安全保障

"维护学校周边秩序,保护学生、教师、学校的合法权益,为学校提供安全保障",依《义务教育法》第23条之规定,是各级人民政府及其有关部门的法定义务。单选题"学校办学中最大的困扰是?(选项:校园安全、各种检查、经费短缺、无用人权)"就涉及对举办者该项义务履行情况的考察。

(三)关于学校权利与义务的问卷

《教育法》明确规定了学校所享有的九项权利和应承担的五项义务。一所学校只有在基本权利能够顺利实现、基本义务能够依法履行的前提条件下才能正常运转和良性发展。基于此,本次问卷设计了一系列问题对学校权利的行使和义务的履行状况进行了调查。

1. 自主管理权

"按照章程自主管理"是教育法赋予学校的首要权利。问卷设计了"学校章程在学校办学中的作用(选项:很大、很小、不清楚、没有章程)"和"学校依章程享有的自主管理权(选项:很大、很小、几乎没有、不清楚)"两个单项选择题,通过调查校长对学校章程的了解和重视程度,来考察校长依法治校的理念,也考察了学校依章程自主管理的权利是否得到了充分的保障。

2. 教工聘用权

"聘任教师"也是学校办学的一项重要权利,单选题"学校办学中最大的困扰(选项:校园安全、各种检查、经费短缺、无用人权)"涉及了学校该项权利的行使状况。

3. 校产管理使用权

"管理、使用本单位的设施和经费"是学校自主管理权的重要内容,问卷设计了一个多选题"学校最易被侵占、损毁的有(选项:校舍、场地、经费、仪器设备、从未)"和"学校的闲置校舍、场地(选项:空着、出租、出借、经营自用)",以此了解学校校产的管理、使用状况。

4. 维护权益义务

维护受教育者的合法权益是学校的法定义务,法律法规要求学校设立专门的学生维权机构,以充分保障学生在学校的合法权益。问卷设计了单选题"学生在学校维权的机构(选项:学生申诉委员会、政教处、校办公、没有)",既考察学校维护学生权益义务的履行状况,又了解学生维权机构在学校的设立状况。

5. 依法收费义务

《教育法》第30条规定学校应当履行"遵照国家有关规定收取费用并公开收费项目"的义务,但招收"择校生"并向"择校生"收取择校费已然成为教育乱收费现象中最突出的问题。针对此现象问卷设计了"学校招收择校生的人数占比(选项:0%、1%-3%、3%-5%、5%以上)",以考察各中小学招收择校生收取费用的具体情况。

6. 校园安全保障义务

《义务教育法》第24条规定"学校应当建立、健全安全制度和应急机制,对学生进行安全教育,加强管理,及时消除隐患,预防发生事故。"问卷中的单选题"学校办学中最大的困扰是?(选项:校园安全、各种检查、经费短缺、无用人权)"就涉及了对学校此项义务履行状况的考察。

(四)关于学校权益受侵害的问卷

学校虽依法享有"拒绝任何组织和个人对教育教学活动的非法干涉"的权利,但基于作为管理者的教育行政主管部门,还是学校举办者职能的履行者的现实,问卷设计了"学校被乱收费、乱摊派的情况(选项:有、无、越来越少、不清楚)"一个单项选择题、"学校被乱收费、乱摊派的部门(选项:教育主管部门、政府其他职能部门、所在社区、社会团体)"一个多项选择题,以此考察学校权益受侵犯的状况。

(五)关于教育行政执法的问卷

为进一步全面了解和把握教育行政机关的执法状况,也为了防止挂一漏万的情况发生,在上述单项选择题与多项选择题之后,又分别设计了两道简答题作为兜底:一是"您认为教育主管部门还存在哪些违法行为?（请以具体事例说明)";二是"你对教育主管部门的执法现状是否满意?有何改进的建议?"以此来考察教育行政机关在教育行政执法过程中是否存在其他违法行为。

二、调查问卷样本

问卷调查选取了太原市教育系统内的小学、初中、高中学校在职校长 446 人为调查对象;其中,以学校学段的不同有:小学校长 287 人,初中校长 107 人,高中校长 61 人;以学校的举办者不同有:公办学校校长 429 人、民办学校校长 17 人。

客观题收回的有效问卷 446 份,有效率为 100%;主观题一题收回的有效问卷为 64 份,有效率 14.4%;主观题二题收回的有效问卷 69 份,有效率为 15.5%。

三、调查问卷结果分析

(一)校长法律素养的调查结果

1. 教育行政执法主体

(1)教育行政机关

校长对教育行政执法主体的调查结果如表三十一所示。其中,认为教育行政机关有执法权的小学校长有 99 人,占总调查人数的 35.6%;初中校长为 52 人,占总调查人数的 48.7%;高中校长为 36 人,占总调查人数 59.0%,呈现从小学到初中到高中依次递增的趋势。相对的,认为教育行政机关没有执法权地从小学、初中、高中依次为 59.3%、46.7%、41.0%,呈现依次递减的趋势。至于认为教育行政部门"可能有"行政执法权和"不清楚"的情况,在整个调查数据中所占比例则相对较低。

区分公办和民办,校长认为教育行政机关有执法权的情况则又有不同——公办为 42.9% ,民办则仅为 17.6% 。相应的,认为教育行政机关没有执法权的——公办为 53.1% ,民办为 70.6% 。可以看出,一方面,有半数以上的公办和民办学校的校长认为教育行政机关没有行政执法权;另一方面,显然民办学校的校长绝大多数认为教育行政部门没有行政执法权。这一结果从某种程度上反映出两个问题:其一,相当多的校长对教育行政机关的行政执法权不是很了解;其二,比起公办学校,有更多的民办校长似乎对教育行政执法权更加不了解或者说有点排斥。

表三十一:校长对教育行政机关执法权认知的调查结果

选项 \ 学校	小学		初中		高中		公办		民办	
	人数	百分比	人数	百分比	人数	百分比	人数	百分比	人数	百分比
有	99	35.6	52	48.7	36	59.0	184	42.9	3	17.6
没有	165	59.3	50	46.7	25	41.0	228	53.1	12	70.6
可能有	8	2.9	4	3.7	0	0.0	11	2.6	1	5.9
不清楚	6	2.2	1	0.9	0	0.0	6	1.4	1	5.9
合计	278	100	107	100	61	100	429	100	17	100

(2)授权的其他组织

表三十二中比较小学、初中、高中,认为"市教育局"有行政执法权的占比分别为 77.7% 、77.6% 和 80.3% ;认为"市政府监督室"有行政执法权的占比分别为 75.2% 、69.2% 和 62.3% ;认为"市现代信息技术中心"有行政执法权的分别为 2.5% 、5.6% 和 18.0% ;认为"市招生考试中心"有行政执法权的分别为 11.2% 、10.3% 和 23.0% ;而四项全选(正确答案)的分别为 1.8% 、1.9% 和 11.5% 。由此可见,大多数校长对于"市教育局""市政府监督室"享有教育行政执法权都是很清楚的,而对于"市招生考试中心"拥有教育行政执法权就只有少数校长清楚了,至于"市现代信息技术中心",则大多数校长都不清楚该机构可以行使教育行政执法权了。因此,这一多项选择题的正确率很低也就是必然了。同时,我们也可以看到,小学、初中和高中校长对这个问题的认识没有明显差异。

区别公办和民办,如表三十二所示,校长们的认识也大致接近,即对"市教育局""市政府监督"拥有行政执法权大多数校长是比较清楚的,其余两者大多数校长就不很清楚了。

表三十二：校长对教育行政执法权主体认知的调查结果

学校 选项	小学		初中		高中		公办		民办	
	人数	百分比	人数	百分比	人数	百分比	人数	百分比	人数	百分比
市教育局	216	77.7	83	77.6	49	80.3	339	79.0	9	53.0
市政府监督室	209	75.2	74	69.2	38	62.3	310	72.3	11	64.7
市现代信息 技术中心	7	2.5	6	5.6	11	18.0	23	5.4	1	5.9
市招生考 试中心	31	11.2	11	10.3	14	23.0	54	12.6	1	5.9
选项正确	5	1.8	2	1.9	7	11.5	14	3.3	0	0.0
样本总数	278		107		61		429		17	

2. 学校章程

（1）章程地位

表三十三中，选择"学校章程"的占比——小学 30.2%，初中 28.0%，高中 29.5%；选择"红头文件"的占比——小学 20.9%，初中 31.8%，高中 27.9%；选择"法律法规"的占比——小学占 35.3%，初中占 33.7%，高中占 32.8%；选择"规章制度"的占比——小学为 13.6%，初中为 6.5%，高中为 9.8%。相对而言，选择"法律法规"的占比较高，而选择"规章制度"的占比较低，"学校章程"和"红头文件"两个选项的选中率居中。整体上看，从小学到初中、高中，校长们对自主办学依据的认识上没有明显的差异，即大多数校长对学校章程作为学校自主办学依据的认识还不明确。

区别公办和民办，从表三十三可以看到认为"学校章程"是学校自主办学依据的，公办为 28.9%，比起选择"法律法规"的 35.0% 的占比要低。而民办校长选择"学校章程"的占到 47.1%，在四个选项中占绝对的优势，显然，有更多的民办校长认为"学校章程"是学校自主办学的依据，而较多的公办校长则认为"法律法规"是学校自主办学的依据。据此可以看出，在"学校章程"的建设方面，民办学校是走在公办学校前列的，这与《民办教育促进法》关于民办学校设定时须有学校章程的相关规定密切相关。

表三十三：校长对学校自主办学依据的调查结果

选项＼学校	小学		初中		高中		公办		民办	
	人数	百分比	人数	百分比	人数	百分比	人数	百分比	人数	百分比
学校章程	84	30.2	30	28.0	18	29.5	124	28.9	8	47.1
红头文件	58	20.9	34	31.8	17	27.9	106	24.7	3	17.6
法律法规	98	35.3	36	33.7	20	32.8	150	35.0	4	23.5
规章制度	38	13.6	7	6.5	6	9.8	49	11.4	2	11.8
合计	278	100	107	100	61	100	429	100	17	100

（2）章程作用

表三十四中，学校章程作用程度的调查结果显示：就小学、初中、高中来看，认为学校章程在办学中的作用"很大"的比例分别为 60.8%、46.7% 和 41.0%，呈现依次递减的趋势；认为学校章程在办学中的作用"很小"的比例分别为 33.5%、45.8% 和 55.7%，呈现依次递增的趋势；而"不清楚"和"没有章程"所占比例相对较小。显然，过半数的小学校长认为学校章程在办学中的作用"很大"，而过半数的高中校长认为学校章程在办学中的作用很小。

就公办和民办而言，认为学校章程在办学中的作用"很大"的，公办为 54.1%，民办为 70.6%。可见，无论公办还是民办，认为学校章程在办学中的作用"很大"的校长都在半数以上，而民办校长的比例则明显更高。至于学校"没有章程"的，公办校长有 3 人选了此项，占比 0.7%，民办则无人选择此项。可见，人数虽然不多，但表明公办学校中仍然有未制定"学校章程"的，而民办学校都是有"学校章程"的。

表三十四：校长对学校章程在办学中作用的调查结果

选项＼学校	小学		初中		高中		公办		民办	
	人数	百分比	人数	百分比	人数	百分比	人数	百分比	人数	百分比
很大	169	60.8	50	46.7	25	41.0	232	54.1	12	70.6
很小	93	33.5	49	45.8	34	55.7	174	40.5	2	11.8
不清楚	14	5.0	7	6.6	2	3.3	20	4.7	3	17.6
没有章程	2	0.7	1	0.9	0	0.0	3	0.7	0	0.0
合计	278	100	107	100	61	100	429	100	17	100

3. 学校办学自主权

如表三十五所示:首先,表中所列五项权利都是《教育法》赋予学校自主办学权的内容,但遗憾的是,在答卷中将其全部选中者所占比例相当低,小学为 5 人,占调查总人数的 1.1%;高中为 2 人,占调查总人数的 3.3%,而初中则无人全选对。区分公办学校和民办学校来看,公办为 5 人,占调查总人数的 1.2%,民办则无人全部选对。由此可见,不论是小学还是初中、高中的校长,也不论是公办还是民办的校长,对《教育法》所规定的自主办学权的主要内容还不是很清楚。

其次,具体到每一项权利来看,"校产管理权"的选中率比较高——小学为74.5%,初中为 65.4%,高中为 80.0%。就公办与民办来说,公办为 73.9%,民办为 52.9%,在所有权利选项中都占到最高的百分比。而"干部任免权"的选中率则相对比较低,这从一定程度上说明校产作为学校存续、发展的最基本条件,校长们还是比较重视学校所享有的资产管理权的。同时,这一数据也从另一个角度说明相对于"干部任免权",校长们对于校产管理权的行使更有把握和信心。

最后,就"机构设置权""教工聘用权""招生权""干部任免权"这几项权利而言,无论是小学、初中、高中,还是公办、民办,校长们的选择比例大多在 50%以下,也就是说大致有半数的校长们对学校是否拥有这些权利没有把握或不清楚,足见中小学校长的法律素养还有待提高,依法治校的能力还须进一步加强;另一方面也反映出中小学的这些权利可能没有得到很好的保障。

表三十五:校长对学校自主办学权内容认知的调查结果

学校 选项	小学		初中		高中		公办		民办	
	人数	百分比	人数	百分比	人数	百分比	人数	百分比	人数	百分比
机构设置权	145	52.2	52	48.6	23	37.7	213	50.0	7	41.2
干部任免权	58	20.9	37	34.6	25	41.0	114	26.6	6	35.3
招生权	129	46.4	31	29.0	28	46.0	180	42.0	8	47.1
教工聘用权	97	34.9	47	43.9	38	62.3	173	40.0	9	52.9
校产管理权	207	74.5	70	65.4	49	80.0	317	73.9	9	52.9
选项正确	3	1.1	0	0	2	3.3	5	1.2	0	0
样本总数	278		107		61		429		17	

（二）学校举办者职责履行的调查结果

1. 教育经费

（1）经费核拨

表三十六所显示的是校长们对学校经费核拨情况的调查结果，其中，认为经费能够"按预算足额"核拨的——小学为82.7%，初中为71.0%，高中为68.9%；认为"不足额"的——小学为11.2%，初中为15.9%，高中为26.2%；其余则为"被克扣"或"被挪用"，比例相对都比较低。据此可以认为：其一，中小学的经费核拨情况总体还是比较乐观的；其二，仍旧存在经费不能足额核拨的情况。

区分公办和民办，可以看到"按预算足额"核拨的，公办为78.9%，民办为58.8%。这组数据显示，比起公办学校，民办学校的经费更加难以得到保障。

表三十六：学校办学经费核拨情况的调查结果

学校 / 选项	小学		初中		高中		公办		民办	
	人数	百分比	人数	百分比	人数	百分比	人数	百分比	人数	百分比
按预算足额	230	82.7	76	71.0	42	68.9	338	78.8	10	58.8
被克扣	12	4.3	10	9.4	2	3.3	22	5.1	2	11.8
被挪用	5	1.8	4	3.7	1	1.6	7	1.6	3	17.6
不足额	31	11.2	17	15.9	16	26.2	62	14.5	2	11.8
合计	278	100	107	100	61	100	429	100	17	100

（2）经费使用

关于经费问题，我们从校长们对其他问题的回答中也可以做进一步认识。表三十七中，有18.4%的小学校长、28.0%的初中校长、31.1%的高中校长将"经费"列为学校最易被侵占、被损毁的财产之一，也同样说明了相当一部分学校的经费未能够得到充分的保障。而下文中所列表三十九中，有26.6%的小学校长、36.5%的初中校长、37.7%的高中校长将"经费短缺"列为学校办学中的最大困扰，也从一个侧面反映了一部分举办者没能够保障学校获得办学必备的经费。

表三十七：学校最易被侵占、被损毁财产的调查结果

选项\学校	小学		初中		高中		公办		民办	
	人数	百分比	人数	百分比	人数	百分比	人数	百分比	人数	百分比
校舍	52	18.7	27	25.2	20	32.8	96	22.4	3	17.7
场地	113	40.7	48	44.9	37	60.7	190	44.3	8	47.1
经费	51	18.4	30	28.0	19	31.1	95	22.2	5	29.4
仪器设备	106	38.1	42	39.3	19	31.1	161	37.5	6	35.3
从未	96	34.5	29	27.1	6	9.8	126	29.4	5	29.4
样本总数	278		107		61		429		17	

2. 校舍场地

学校的校舍、场地是学校办学的必备条件之一，但在对校长们的问卷调查中（见表三十七），有18.7%的小学校长、25.2%的初中校长、32.8%的高中校长将"校舍"列为"学校最易被侵占、被损毁的财产"，更有高达40.70%的小学校长、44.9%的初中校长、60.7%的高中校长将"场地"列为"学校最易被侵占、被损毁的财产"。

表三十八中的数据表明，举办者对学校校舍、场地的维修、保养情况相对要好。其中，认为举办者能够"及时主动"地维修、保养校舍、场地的——小学校长的占比为73.4%，初中为58.9%，高中为59.0%，都在被调查者的半数以上；而"消极被动"的人数占比——小学为14.7%，初中为22.4%，高中为26.2%，大致在被调查者的20.0%左右；其余20.0%左右为"借口拖延"和"不维修保养"两种情况。由此可见举办者在学校校舍、场地的维修、保养方面虽然得到超半数的校长的认可，但仍旧存在着法定义务履行的不完全的情况。

区别公办和民办来看，上述结论显然也是成立的，公办学校和民办学校不存在明显的差异。

表三十八：举办者对学校校舍、场地维修、保养的调查结果

选项\学校	小学		初中		高中		公办		民办	
	人数	百分比	人数	百分比	人数	百分比	人数	百分比	人数	百分比
及时主动	204	73.4	63	58.9	36	59.0	292	68.1	11	64.7
消极被动	41	14.7	24	22.4	16	26.2	78	18.2	3	17.6

选项 \ 学校	小学		初中		高中		公办		民办	
	人数	百分比	人数	百分比	人数	百分比	人数	百分比	人数	百分比
借口拖延	16	5.8	8	7.5	5	8.2	28	6.5	1	5.9
不维修保养	17	6.1	12	11.2	4	6.6	31	7.2	2	11.8
合计	278	100	107	100	61	100	429	100	17	100

3. 安全保障

保障校园安全是学校举办者必须承担的责任。表三十九数据显示的是校长对学校办学中最大困扰事项的调查结果,其中有24.5%的小学校长、14.0%的初中校长和14.8%的高中校长在调查中选择了"校园安全"这一选项,反映出校长们对校园安全仍存在着担忧。

表三十九:学校办学中最大困扰因素调查结果

选项 \ 学校	小学		初中		高中		公办		民办	
	人数	百分比	人数	百分比	人数	百分比	人数	百分比	人数	百分比
校园安全	68	24.5	15	14.0	9	14.8	90	21.0	2	11.8
各种检查	89	32.0	34	31.8	10	16.4	128	29.8	5	29.4
经费短缺	74	26.6	39	36.5	23	37.7	127	29.6	9	52.9
无用人权	47	17.0	19	17.8	19	31.2	84	19.6	1	5.9
合计	278	100	107	100	61	100	429	100	17	100

而表三十八数据表明,虽然举办者对校舍、场地的维修、保养还是及时主动的,但也还仍有相当一部分校长——平均占比31.9%的公办校长和35.3%的民办校长,认为举办者对校舍、场地的维修、保养存在"消极被动""借口拖延"和"不维修保养"现象,这也就为学校安全留下了隐患。

校园安全是学校教育的保障,是必须要做到万无一失的。从调查结果来看,虽然举办者已经做了不少努力,但仍旧还有隐患的存在,需要引起举办者的重视。

（三）学校权利和义务的调查结果

1. 自主管理权

学校"按照章程自主管理"的权利,一方面强调学校享有自主管理权,另一方面强调学校行使自主管理权以"学校章程"为依据、为限制。表四十和表三十三、表三十四的数据反映了学校该项权利的行使状况。

首先,从表四十可以看出,认为学校自主办学权权限"很小""几乎没有""不清楚"的总占比——公办校长为58.3%,民办校长为35.3%,一方面反映出相对于民办学校而言,公办学校的自主办学权行使中所受限制和阻碍要更多一些,另一方面也反映出无论是公办还是民办学校,都还有相当一部分学校不能充分地行使办学自主权。

表四十：对学校自主办学权权限的调查结果

选项＼学校	小学		初中		高中		公办		民办	
	人数	百分比	人数	百分比	人数	百分比	人数	百分比	人数	百分比
很大	125	45.0	46	42.9	19	31.1	179	41.7	11	64.7
很小	108	38.8	45	42.1	32	52.5	180	42.0	5	29.4
几乎没有	23	8.3	8	7.5	7	11.5	38	8.9	0	0.0
不清楚	22	7.9	8	7.5	3	4.9	32	7.4	1	5.9
合计	278	100	107	100	61	100	429	100	17	100

其次,从表三十三中可以看到,认为"学校章程"是学校办学依据的,公办校长的占比为28.9%、民办校长为47.1%。可见,民办学校以"学校章程"为办学依据的要比公办校长的比例高,反映出民办学校更重视学校章程。但也不能不看到,不管是公办还是民办,认为"学校章程"是学校办学依据的都没有超过50.0%,反映出大多数学校在办学中都难以真正做到依章程自主办学。

最后,从表三十四中可以看出,认为学校章程在办学中的作用"很大"的——公办校长的占比为54.1%、民办校长为70.6%,两个占比都超过了50.0%,这从另一个侧面反映出过半数的学校中"学校章程"还是受到了重视的,这无疑对学校自主办学权的行使是有益的。同时还可看出,民办学校比公办学校更加重视学校章程的作用。当然,选择了学校章程在办学中的作用"很小"和"不清楚"人数之和中的占比——公办校长 45.2%、民办校长 29.5% 的结果表明,相当一部分学校虽有章程,却也只是个摆设,并没有发挥其应有的作用。

综上,相对公办学校,民办学校更重视学校章程的作用,其办学自主权也相对更大一些。但无论是公办学校还是民办学校,不管校长们认为办学自主权是"很小"还是"很大",依照"学校章程"自主办学的,公办只占 28.9%,民办只占 47.1%,由此看来,学校依章程享有的办学自主权的实现,还尚待时日。

2. 教工聘用权

对于学校的"教工聘用权",前附表三十九中的数据从一个侧面给我们提供了一些情况。表三十九对学校办学中最大困扰的调查结果显示,认为学校"无用人权"的占比——公办学校校长的占比为 19.6%,民办学校的占比为 5.9%,相对于其他困扰而言,这一比例虽然是占比最低的,但也反映出仍旧有一部分学校的用人权受到了限制,尤其是公办学校。

3. 校产管理使用权

对校产进行管理、使用也是学校办学自主权中的一项重要权利,调查问卷中有两个多选题涉及此项权利。

其一,为"学校最易被侵占、损毁"财产的调查结果,如表三十七所示。其中,34.5% 的小学校长、27.1% 的初中校长、9.8% 的高中校长,认为"学校资产从未被侵占、损毁"。除此以外,认为"学校校舍最易被侵占、损毁的"占比——小学校长的占比为 18.7%、初中为 25.2%、高中为 32.8%;认为"学校场地最易被侵占、损毁的"占比——小学校长的占比为 40.7%、初中为 44.9%、高中为 60.7%;认为"学校经费最易被侵占、损毁的"占比——小学为 18.4%、初中为 28.0%、高中为 31.1%;认为"学校仪器设备最易被侵占、损毁的"占比——小学为 38.1%、初中为 39.3%、高中为 31.1%。比较可看出,一是与初、高中相比,小学校产更容易受到侵害;二是题中所列出的几种校产均有被侵占、损毁的现象,但相比之下"场地"和"仪器设备"更易被侵占、损毁。至于公办与民办,由表中可看出在此方面区别不大,故不再比较。

其二,为"学校的闲置校舍、场地处理方式的"调查结果,如表四十一所示。其中,对学校闲置场所的处理方式中,有 80.5% 的小学校长、72.0% 的初中校长、67.2% 的高中校长选择了"空着";有 24.1% 的小学校长、29.9% 的初中校长和29.5%的高中校长选择了"经营自用";还有比较小的占比选择了"出借"和"出租"。从上面数据中可看出,中小学的闲置场所"空着"的情况都相当多,"经营自用"则排在第二位。再比较公办与民办,"空着"的公办的占比为78.6%、民办为29.4%;"出租"和"出借"的公办均为5.0%左右,民办均为23.5%;"经营自用"的公办为25.4%,民办的为47.1%。可以看出,整体上,"空着"的情况民办学校比公办学校要少得多,相反,通过各种方式加以利用的情况民办学校的比例则高过公办不少。

表四十一:学校闲置场所处理方式的调查结果

学校 选项	小学		初中		高中		公办		民办	
	人数	百分比	人数	百分比	人数	百分比	人数	百分比	人数	百分比
空着	224	80.5	77	72.0	41	67.2	337	78.6	5	29.4
出租	8	2.9	9	8.4	7	11.5	20	4.7	4	23.5
出借	7	2.5	13	12.1	7	11.5	23	5.4	4	23.5
经营自用	67	24.1	32	29.9	18	29.5	109	25.4	8	47.1
样本总数	278		107		61		429		17	

4. 维护权益的义务

关于学校设立学生维权机构的调查结果,如表四十二所示。其中,设立了"学生申诉委员会"的占比——小学为11.9%、初中为20.0%、高中为16.4%;以"政教处"兼代学生维权机构的占比——小学为54.3%、初中为62.8%、高中为54.1%;以"校办公室"兼代的占比——小学为24.5%、初中为8.0%、高中为16.4%;其余校长选择了"没有"学生维权机构。相比较而言,以"政教处"兼代学生维权机构的在中小学是比较普遍的现象,也尚有一小部分学校没有设置任何的学生维权机构。

比较公办与民办,主要区别是民办学校设立了"学生申诉委员会"的比例略高于公办——民办23.5%,公办14.0%,且所调查民办学校不管是专设还是由学校现有部门兼代,校长们都表示有学生维权机构,而公办还有10.5%的校长表示学校没有任何学生维权机构。

表四十二:学校设立学生维权机构的调查结果

学校\选项	小学		初中		高中		公办		民办	
	人数	百分比	人数	百分比	人数	百分比	人数	百分比	人数	百分比
学生申诉委员会	33	11.9	21	20.0	10	16.4	60	14.0	4	23.5
政教处	151	54.3	66	62.0	33	54.1	241	56.2	9	53.0
校办公室	68	24.5	9	8.0	10	16.4	83	19.3	4	23.5
没有	26	9.3	11	10.0	8	13.1	45	10.5	0	0.0
合计	278	100	107	100	61	100	429	100	17	100

5. 依法收费义务

本次调查中关于学校收取费用的问题,主要是通过择校生的招收情况来进行观察的。择校生招收是当前中小学教育中存在的一个带有普遍性的现象,它不仅涉及教育公平问题,也涉及教育收费问题,国家已经三令五申对此问题做出了规范和要求,比如教育部等七部门发布的《关于 2012 年治理教育乱收费规范教育收费工作的实施意见》中就指出,各地合理调整收费标准的同时,要采取有力措施,制定时间表、路线图,在 3 年内取消公办普通高中招收择校生。

表四十三的调查结果显示,已经不招收择校生的学校占比为——小学60.8%、初中62.6%,高中21.3%,招收择校生占到学生总招生数5%以上的占比——小学为12.9%、初中为3.7%、高中为47.8%。很显然,高中招收择校生的比例远高于小学与初中,而不招收择校生的高中的占比又远远低于初中和小学。可见,择校生能否取消的根本原因,不在于如何规范,而在于确保教育的均衡发展,否则只能是治标不治本。比较公办学校和民办学校,民办学校招收择校生的情况比公办要多,这与其民办性质不无关系。

表四十三:学校招收择校生情况的调查结果

学校\选项	小学		初中		高中		公办		民办	
	人数	百分比	人数	百分比	人数	百分比	人数	百分比	人数	百分比
0%	169	60.8	67	62.6	13	21.3	246	57.3	3	17.6
1% - 3%	50	18.0	20	18.7	10	16.4	75	17.5	5	29.4

选项 \ 学校	小学		初中		高中		公办		民办	
	人数	百分比	人数	百分比	人数	百分比	人数	百分比	人数	百分比
3%-5%	24	8.6	16	15.0	9	14.8	43	10.0	6	35.4
5%以上	35	12.9	4	3.7	29	47.5	65	15.2	3	17.6
合计	278	100	107	100	61	100	429	100	17	100

6. 安全保障义务

学校保障校园安全的义务履行状况,可从表三十九略知一二。表三十九是"学校办学中最大困扰"的调查结果,其中,有 21.0% 的公办校长、11.8% 的民办校长选择了"校园安全"为最大的困扰。这在一定程度上说明了学校在安全保障义务的履行上还存在着一定的问题。

(四)学校权益受侵情况问卷调查结果

1. 侵犯财产权

(1)乱收费、乱摊派

表四十四显示,学校"有"被乱收费、乱摊派情况的占比——小学为 9.0%、初中为 8.4%、高中为 16.4%;学校"无"被乱收费、乱摊派情况的占比——小学为 70.5%、初中为 61.7%、高中为 42.6%;同时,学校被乱收费、乱摊派的现象"越来越少"的占比——小学为 16.2%,初中为 25.2%,高中为 34.4%;其余有一小部分校长表示"不清楚"。据此可以说,中小学被乱收费、乱摊派问题已经得到了较大程度上的遏制。

再比对公办和民办的调查结果,认为学校"有"被乱收费、乱摊派现象的占比——公办为 10.2%,民办为 0.0%;认为"无"被乱收费、乱摊派现象的占比——公办为 63.9%,民办为 82.3%;认为此种现象"越来越少"的占比——公办为 21.0%,民办为 17.7%。相比而言,民办校长们普遍认为学校被乱收费、乱摊派现象越来越少,几近没有了,而公办校长们则仍有一部分还在受此问题困扰。

表四十四:向学校乱收费、乱摊派情况的调查结果

学校 / 选项	小学		初中		高中		公办		民办	
	人数	百分比	人数	百分比	人数	百分比	人数	百分比	人数	百分比
有	25	9.0	9	8.4	10	16.4	44	10.2	0	0.0
无	196	70.5	66	61.7	26	42.6	274	63.9	14	82.3
越来越少	45	16.2	27	25.2	21	34.4	90	21.0	3	17.7
不清楚	12	4.3	5	4.7	4	6.6	21	4.9	0	0.0
合计	278	100	107	100	61	100	429	100	17	100

(2)乱收费、乱摊派的主体

具体到向学校乱收费、乱摊派的主体,表四十五的数据给我们提供了参考。其中,认为被"教育主管部门"乱收费、乱摊派的占比——小学为36.7%,初中为47.0%,高中为21.0%;认为被"政府其他职能部门"乱收费、乱摊派的占比——小学为51.4%,初中为57.9%,高中为62.3%;认为被"所在社区"乱收费、乱摊派的占比——小学为13.0%,初中为22.4%,高中为14.8%;认为"社会团体"乱收费、乱摊派的占比——小学为29.9%,初中为22.4%,高中为41.0%。根据此组数据,可以看出:其一,表中所列四类主体都不同程度存在对学校乱收费、乱摊派现象;其二,从校长们的反馈来看,无论小学、初中还是高中,对学校进行乱收费、乱摊派的主体的排名顺序依次为:政府其他职能部门、教育主管部门、社会团体和所在社区。比对公办与民办,这一排序依旧成立。

表四十五:向学校乱收费、乱摊派主体的调查结果

学校 / 选项	小学		初中		高中		公办		民办	
	人数	百分比	人数	百分比	人数	百分比	人数	百分比	人数	百分比
教育主管部门	102	36.7	50	46.7	13	21.3	160	37.3	5	29.4
政府其他职能部门	143	51.4	62	57.9	38	62.3	232	54.1	11	64.7
所在社区	36	13.0	24	22.4	9	14.8	66	15.4	3	17.7
社会团体	83	29.9	24	22.4	25	41.0	129	30.1	3	17.7
样本总数	278		107		61		429		17	

2. 侵犯学校自主权

表四十是关于校长们对学校自主办学权权限的调查结果。认为学校自主办学权"很大"的占比——小学为45.0%,初中为42.9%,高中为31.1%,大致呈递减趋势。相反的,认为学校自主办学权"很小"的占比——小学为38.8%,初中为42.1%,高中为52.5%,大致呈递增趋势。另外,还有8.3%的小学校长、7.5%的初中校长和11.5%的高中校长认为学校"几乎没有"自主办学权。除此尚有一小部分中小学校长不清楚学校的自主办学权到底大还是小。

从上述数据,我们可以认为:其一,相对而言,较多的小学校长对自主办学权的行使持较乐观的态度,认为学校的自主办学权还是能不受阻碍行使的,而高中校长中对此持较悲观态度的比例则要高一些;其二,总体而言,不论小学、初中、高中,都有近半数或超过半数的校长们认为学校的自主办学权很小甚至几乎没有,可见大多数校长们认为学校自主权是未能充分行使的。这从另一角度也阐释了教育行政主管机关的职能转变还需进一步的深化,依法行政还需规范与提升。

再比对公办学校与民办学校,勾选学校自主办学权"很大"的人数占比——公办校长为41.7%,民办则为64.7%;认为学校自主办学权"很小"的人数占比——公办为42.0%,民办为29.4%;认为"几乎没有"的人数占比——公办为8.9%,民办则为0.0%;其余为"不清楚"。两相比较,可以认为:较多的民办校长对学校自主办学权持乐观的态度,而更多的公办校长则对此持悲观的态度。换言之,总体上,民办学校的自主办学权更大一些,公办学校的自主办学权则要小一些。

上述结论从表三十九中也可以得到进一步证明。在校长们对"学校办学中最大的困扰"的选项中,选择"经费短缺"人数的占比——小学为26.6%,初中为36.5%,高中为37.7%;选择"无用人权"人数的占比——小学为17.0%,初中为17.8%,高中为31.2%;选择"各种检查"人数的占比——小学为32.0%,初中为31.8%,高中为16.4%。这些数据说明了有相当一部分校长认为学校的经费获得权、用人权、组织教学活动的权利等基本的自主办学权未能够得到充分的保障。

(五)教育行政执法行为问卷调查结果

本次问卷中的问答题一题,对教育行政机关上述违法行为以外还存在的其他违法行为做了进一步考察(由于民办校长们没有对此问题进行回答,所以以下均为公办学校校长的看法)。在所收回的有效答卷中,认为教育行政机关没有其他违法行为的人数占比——小学校长为7.6%、初中为36.4%、高中为11.1%。除此以外,提交了有效答卷的其他公办校长认为教育主管部门还存在其他违法行为,主要表现为以下几种:

1. "文件、检查太多"(占比19.7%①)。如有的校长讲到"与教育不直接的部门总干扰学校工作,检查多,校长教师疲于应付,影响投入教育教学的精力",指出教育主管部门以外的其他政府机关、社会机构的行为也侵扰到了学校的自主办学权;有的校长讲教育主管部门"太多检查形式主义,只看资料",指出教育主管部门的检查往往流于形式等。

2. "占用休息时间开会、加班"(占比14.8%)。如"开会、各种活动等侵占双休日",指出教育主管部门常常在工作日以外的时间开会、组织活动,影响到校长的正常休息等。

3. "领导贪腐"(占比9.8%)。如还有的校长对招生工作提出了看法,指出"招生不阳光,条子生,关系生,权钱交易还很严重""凭关系和收礼提拔干部"等。

4. "城乡发展不均衡"(占比4.9%)。如有校长提出存在教育不公问题,说"教育的不均衡,导致普通人家的孩子无选择,希望均衡配备教师,打造家门口的好学校!"

之外,诸如"人事任免缺乏督导"(占比3.3%),"随意调配教师"(占比4.9%)、"默许无证办学"(占比1.6%)等,也是校长们反映教育行政中存在的违法行为。其中,初中校长主要列了两种,"随意调配教师"(占比9.1%)和"乱收培训费"(占比9.1%);高中校长也主要列了两种,即"凭关系和收礼提拔干部"(占比11.1%)、"默许无证办学、无照经营"(占比11.1%)等。

---

① 此处"占比",指认为有其他违法行为的校长人数,以下同。

四、校长视角：教育领域的常见、典型违法行为

通过上述对校长的问卷调查结果的整理与分析，我们可以看出校长视角教育领域违法行为的特点：其一，大多数违法行为公办学校存在，民办学校也存在；小学、初中存在，高中也存在；其二，违法主体范围广泛，涉及学校的举办者（政府和民办学校的举办者）、教育行政机关、政府其他职能部门、学校、学校所在社区、一些社会组织和个人；其三，相对而言，民办学校的自主管理权要大一些，遭遇到的不法侵害少一些，而公办学校的自主管理权则要小些，遭遇到的不法侵害多一些。具体的，校长视角教育领域常见、典型违法行为如下：

（一）举办者（含民办学校）的违法行为

1. 未足额拨付或者克扣、挪用教育经费

在调查中，合计有21.2%的公办校长、41.2%的民办校长（参见表三十六）认为学校经费不能被足额拨付，或者被克扣、挪用，比例上虽然不占多数，但教育经费是办学的根本，该违法行为的存在会严重影响到这一部分学校的教育教学活动的正常进行，必须引起相关部门的高度注意。

2. 不及时维修、保养校舍、场地

学校的校舍、场地既关系到师生的安全又关系到学校教育教学活动的正常进行，在调查中，有31.9%的公办校长和35.3%的民办校长（参见表三十八）认为举办者没能积极对校舍、场地进行维修、保养。

3. 未充分保障校园安全

在调查中，有21.0%的公办校长和11.8%的民办校长（参见表三十九）表现出对学校安全的担忧，对此，举办者应予以重视。

（二）学校管理中的违法行为

1. 校长资质问题

（1）多数中小学校长缺乏必备的教育法律知识。如有57.1%的公办校长、

82.4%的民办校长,不明了教育行政部门是否有执法权(参见表三十)。

(2)占比相当高的中小学校长缺乏权利意识。表现在仅有占比为1.2%的公办校长,准确表述了学校自主办学的权利内容(参见表三十五)。

2. 自主管理依据问题

表现在学校章程还远未成为学校自主管理依据的占比还相当高——公办学校为71.1%,民办学校为52.9%(参见表三十三)。

3. 维权机构设置问题

未专门设置"学生申诉委员会"的学校占比,公办学校的占比高达86.0%,民办也高达76.5%(参见表四十二)。

4. 违规收费问题

表现在公办学校"择校生"的违规招收并收费的占比还不低,其占比达到了42.7%(参见表三十三)。

5. 校园安全问题

校园安全既是举办者的职责,又是学校管理的重要内容。表三十九数据表明"校园安全"目前仍是存在的一个突出问题,其在学校办学各大困扰中的占比虽低于"经费短缺"和"各种检查",但仍有24.0%的小学校长、14.0%的初中校长和15.0%的高中校长选择了"校园安全"这一选项,凸显了这一问题的严峻性。

(三)教育行政中的违法行为

1. 侵犯学校的自主办学权

从表四十可以看出,认为学校自主办学权权限"很小""几乎没有""不清楚"的合计占比,公办校长为58.3%,民办校长为35.3%,可见相当一部分校长认为学校自主权是不能充分行使的。

而表三十九也显示:校长们所选择的学校办学中最大的困扰的综合排序(不区分中小学、也不区分公办民办,计算出各项占比)依次为:经费短缺(占比30.5%)、各种检查(占比29.8%)、校园安全(占比20.6%)、无用人权(占比19.1%)。这些数据表明表中所涉及的学校的各项自主办学权均遭受了不法侵害。围绕学校办学自主权遭受侵犯的状况,有一部分校长在对"问答题一题"的回答中做了进一步补充,比如有的校长直接指出教育行政机关"干预管理自主权",有的则委婉地指出"占用休息时间开会、加班""文件、检查太多""人事任免缺乏督导""随意调配教师"等。

2. 向学校乱收费、乱摊派

从表四十四中,可以看到合计36.1%的公办校长、17.7%的民办校长认为学校被乱收费、乱摊派的现象"有、越来越少和不清楚";而根据表四十五,我们前文已经指出"对学校进行乱收费、乱摊派的机构排名顺序依次为:政府其他职能部门、教育主管部门、社会团体和所在社区。"可见,不仅教育行政机关,政府其他职能部门、社会团体和所在社区都将手伸向了本就不堪重负的学校,其中尤以政府其他职能部门为最(公办校长的占比为54.1%、民办校长的占比为64.7%),对此理应给予足够的重视。

3. 非法干涉学校教育教学活动

在对学校办学中的最大的困扰的调查中,"各种检查(占比29.8%)"是排在第二名的困扰,仅次于"经费短缺"(参见表三十九)。在对"问答题一题"的回答中,同样有校长指出"文件、检查太多"。显然,这些成为办学的困扰的"各种检查"应当已经超出了正常检查的范围,妨害了学校正确的教育教学活动。

4. 执法缺位

如有校长指出教育行政机关存在"默许无证办学""凭关系和收礼提拔干部"等违法行为,说明了教育行政机关的执法缺位。同时,表三十一中,相当占比——57.1%的公办校长、82.4%的民办校长不清楚教育行政机关有无执法权,也从一个侧面反映了教育行政机关执法缺位或者不作为,以至于这么高比例的校长们都不能肯定其有行政执法权。

(四)其他主体的违法行为

除了上述几类主体存在教育违法行为外,本次调查中还涉及了政府其他职能部门、社会团体和所在社区等主体的违法行为。

1. 政府其他职能部门

此次调查中主要出现在"乱收费、乱摊派"的主体中,且在所列四类向学校"乱收费、乱摊派"主体的占比中排在第一位——公办校长的占比为54.1%、民办校长的占比为64.7%(参见表四十五)。

2. 社会团体和所在社区的违法行为

这两类主体也主要出现在"乱收费、乱摊派"的主体中。其中,社会团体的占比位列主体的第三位——公办学校30.1%、民办学校17.7%);所在社区的占比则位列第四位——公办学校15.4%、民办学校为17.0%(参见表四十五)。

3. 不特定主体的违法行为

此次调查中,"学校最易被侵占、被损毁的财产"(参见表三十七)调查项目中的侵害主体并不特定,"学校办学中的最大困扰"(参见表三十九)中所列"校园安全"的侵害主体不特定、"各种检查"的实施主体不特定等等,诸如此类,都是不特定主体(任何组织和个人)侵害学校权利的违法行为,要根据具体的侵害事实才能最终确定。

五、校长的质疑与建议

(一)质疑

问卷中"问答题二题"为"您对教育主管部门的执法现状是否满意?有何改进意见?"对此问题的调查结果显示①:校长对教育主管部门执法现状满意度的回答大致区分为"满意""比较满意""基本满意""不太满意"四项,表四十六即对此进行总结整理之后的结果(表中样本总数仅指此问题的有效答卷)。

其中,对教育主管部门执法现状"满意"校长的占比——小学为17.1%、初中为21.7%、高中为22.2%;"比较满意"校长的占比——小学为7.3%、初中为17.4%、高中为0%;对教育主管部门执法现状"基本满意"校长的占比——小学为14.6%、初中为39.1%、高中为44.4%;对教育主管部门执法现状"不太满意"校长的占比——小学为61%、初中为21.7%、高中为33.3%。进行比较可以看出,校长们对教育主管部门执法现状的"基本满意"和"不太满意"的比例(合计71.2%)远远超过"满意"和"比较满意"的占比(合计28.8%)。

---

① 由于民办校长对此问题没有做出明确回答,所以此处统计的全是公办校长的答卷。

表四十六:校长(公办)对教育主管部门执法现状满意度的调查结果

选项\学校	小学		初中		高中		公办	
	人数	百分比	人数	百分比	人数	百分比	人数	百分比
满意	7	17.1	5	21.7	2	22.2	14	19.2
比较满意	3	7.3	4	17.4	0	0.0	7	9.6
基本满意	6	14.6	9	39.1	4	44.5	19	26.0
不太满意	25	61	5	21.7	3	33.3	33	45.2
合计	41	100	23	100	9	100	73	100

(二)建议

部分校长(本部分所涉及有效答卷全部出自公办校长,其中小学32份、初中23份、高中10份)提出了各种改进意见,主要有:

1. 加强执法

如有小学校长建议"将各项制度落到实处"(占比12.5%。此处占比指"此种改进意见在所有有效提出改进意见的答卷中所占的比例,下同")、"加大执法力度"(占比25.0%)、

"加强行政管理"(占比12.5%),有初中校长建议"加大执法力度"(占比17.4%)、

"多关心农村教育"(占比12.5%);"加强管理"(占比8.7%);有高中校长建议"严格管理,加大查处力度"(占比22.2%);"依法行政,依法办学"(占比11.1%);"对公参民规范管理"(占比22.2%)等。

2. 加强监督

如有初中校长提议如有小学校长建议"加强招生、收费等监督"(占比3.1%),有初中校长建议"加强招生、公费使用等的监督"(占比17.4%)等。

3. 减少不必要的干涉

如有小学校长建议"少检查,多办实事"(占比12.5%),有初中校长建议"减少检查"(占比8.7%)等。

4. 其他

如有小学校长建议"提高教师待遇"（占比 15.6%）；"下放人事任免权"（占比 6.3%），有初中校长建议"提高工资待遇"（占比 8.7%），有高中校长建议"客观实际，不能一刀切"（占比 22.2%）；"增加教育投入"（占比 33.3%）等。

报告四

公务员问卷调查结果与分析

一、调查问卷编制

调查问卷编制的依据,是依课题组所列出的太原市教育行政机关行政职权与行政执法权限清单,根据《教育法》《义务教育法》《行政处罚法》《行政许可法》《行政强制法》等法律及《山西省实施〈义务教育法〉办法》《教育行政处罚暂行实施办法》等法规、规章,对公务员①行使行政职权、履行教育行政执法职责应有的法律素养,及国家关于依法行政的相关要求而进行编制的。调查问卷编制的原则,是在坚持调查内容覆盖面广的同时,又强调突出问卷调查的重点内容。调查问卷的内容主要涉及教育行政公务员对依法行政应知、应会的基本法律知识的认知,及对教育行政执法主体、教育行政执法对象、教育行政执法依据、教育行政执法权限、行政行为②、教育行政执法监督等履行教育行政执法职责的专业素养方面。

---

① 本问卷所指公务员同于《公务员法》第 2 条所规定的公务员,是特指在教育行政机关依法履行公职、纳入国家行政编制、由国家财政负担工资福利的工作人员。

② 此处的行政行为是指行政主体在实施行政管理活动、行使行政职权过程中所做出的具有法律意义的行为。也就是说,无论行政机关制定和发布普遍性的规范文件,还是针对某一具体事件或特定人所做的处理决定,凡是具有法律后果的行政管理行为,都有属于行政行为。罗才,湛中乐. 主编. 行政法学[M]. 北京:北京大学出版社,2012:113。

（一）关于行政主体认知的问卷

1. 教育行政执法主体

教育行政执法主体是行政主体，但不是所有的行政主体都是教育行政执法主体，只有行政主体中哪些依法具有教育行政执法权力、实施教育行政执法行为的组织才是教育行政执法的主体。具体而言，是指具有教育行政执法权力，能以自己的名义实施教育行政执法行为，并承担由此而产生的相应责任的组织。①

明晰享有教育行政执法权的主体，是教育行政执法行为得以进行的先决条件。为此，设计了"你认为教育行政机关是否有执法权（选项：有、没有、不知道）"一个单项选择题，以此作为考察公务员对行政执法主体认知的一个维度。同时，结合太原市教育系统的机构设置情况，有针对性地设计了"下列哪些单位有行政执法权（选项：语委办、市政府督导室、市现代信息技术中心、市招生考试中心）"一个多项选择题，考察公务员对除教育行政机关之外的其他具有行政执法权能的行政主体的认知。

2. 行政复议的主体

行政复议是一种行政监督行为，是行政主体所做出的行政行为，且也只能由行政主体做出，这是行政行为的主体要素。为此，设计了"行政复议是谁的监督行为（选项：行政监察部门、行政系统内部、人民法院、人民检察院）"一个单项选择题，作为对教育行政执法人员对行政行为主体了解程度考察的另一个维度。

（二）关于依法行政意识的问卷

1. 管理、监督学校的依据

教育行政执法是推进依法治教、依法治校的关键和核心，加强执法队伍建设是教育行政执法的重中之重。为考察行政执法人员对依法治教、依法治校依据的了解和掌握情况，设计了"教育行政机关管理、监督学的依据（选项：规

---

① 国家教育委员会人事司组织编写. 教育法制概论［M］. 北京：教育科学出版社，1997：133.

范性文件、法律法规、学校章程、不清楚)""我国目前已经制定的教育法律有(选项:6部、7部、8部、10部、不知道)"两个单项选择题。

2. 依法行政的行政行为

行政机关所做出的行为是否为行政行为,是否为合法有效的行政行为,无论对行政机关还是相对方都有具有十分重要的意义。因为它涉及对行政主体行为合法性的最终评判,同时也关涉到对行政相对方的权益保护问题,还关系到依法治教的进程问题。为此,问卷中设计了"下列属于行政行为的是(选项:规范性文件的制定、行政许可、行政处罚、公文转送)"一个多项选择题,以考查公务员对行政行为的认识与把握程度。

3. 行政执法的司法监督

司法审查是人民法院对行政主体所实施具体行政行为的合法性进行审查的国家司法活动,该制度在保障行政相对人合法权益的同时,也有利于推动行政机关的依法行政。为此,问卷中一个单项选择题,即"教育行政部门能否成为行政诉讼的被告人(选项:能、不能、不清楚)的设计,就是为了考察公务员对行政行为是否受司法监督及行政职权行使边界的知悉程度。

4. 行政执法的相对人

行政相对人是行政主体行使行政权所指向的一方当事人,也是行政法律关系中与行政主体相对应的一方主体,是依法治教、依法治校活动的重要参与者。问卷中设计的一个多项选择题"能成为教育行政相对人的是(选项:学校、教师、学生、法人或其他组织、公民或其他自然人、下级教育行政机关)",就是为了考察公务员对行使行政权所指向主体的明了程度,及行政相对方在行政法律关系中享有权利与承担义务的主体地位问题。

(三)关于行政执法能力的问卷

行政执法是在行政管理过程中,针对特定的人或事所采取具体措施的行政行为。因其行为的内容和结果将影响某一个人或组织的权益,法律在对其职权范围进行明确界定和对其职权的行使设定严格程序的同时,还将该类行为设定为行政复议监督与行政诉讼审查的对象。我国《行政诉讼法》《行政复议法》等规定的具体行政行为,一般包括行政许可与确认行为、行政奖励与行政给付行为、行政征收行为、行政处罚行为、行政强制行为、行政监督行为、行政裁决行为等。为考察行政执法人员的执法能力与法律素养,选取了行政许可、行政处罚、行政强制等具体行政行为进行了问卷设计。

1. 行政许可

行政许可是一种授益性行政行为,是在法律一般禁止的情况下,行政主体根据行政相对人的申请,通过颁发许可证或执照等形式,依法赋予特定的行政相对方从事某种活动或实施某种行为的权利或资格的具体行政行为。为考察公务员对行政许可法的熟悉程度及行政许可作为一种重要管理手段在实际工作中的理解和运用状况,设计了"依法取得的行政许可可否转让(选项:可以;一律不得;不得,除非法律、法规有特别规定;不清楚)""市、区政府及其部门制定规范性文件是否可以设定行政许可(选项:不得;可以;可以,在法律法规的授权范围内;不清楚)"两个单项选择题。

2. 行政处罚

行政处罚是一种负担性行政行为,是行政主体依法定权限和程序对违反行政法律规范尚未构成犯罪的相对方给予行政制裁的具体行政行为。因惩戒违法是行政处罚的目的,所以行政处罚具有制裁性,表现为对违法相对方权益的限制、剥夺,或是对其课以新的义务。可见,行政处罚的实施,直接关涉到行政违法相对方的权益。

为考察公务员对《行政处罚法》的掌握程度及在实践中对行政处罚适用的情况,结合太原市为省会城市所在地市的实际情况,设计了"违法行为在几年内未被发现的,不再给予行政处罚(选项:1年、2. 年、5年、10年)""我市欲制定一地方性教育法规,对某项行为进行行政处罚,根据有关法律法规规定,该法规不得创设的行政处罚措施是(选项:罚款、没收违法所得、责令停止招生、吊销办学许可证)"两个单项选择题;"下列选项中,属于行政处罚措施有(选项:警告、罚金、没收违法所得、责令停止招生、吊销办学许可证)"一个多项选择题。

3. 行政强制

行政强制是羁束的行政行为,它是行政主体为了保证行政管理活动的正常进行,对不履行行政主体做出的行政处理决定或课以行政义务的相对方依法采取各种强制手段,以迫使其执行行政处理决定或履行行政义务的具体行政行为。为此,设计了"行政强制的主体是(选项:市人大常委、学校、行政机关、人民法院)"一个单项选择题,"当事人逾期不履行行政处罚决定的,教育行政部门可以(选项:申请法院强制执行、加处罚款、单独强制执行、联合公安强制执行)"一个多项选择题,以此考查公务员对《行政强制法》的了解及保证行政管理活动正常进行的相应手段和措施的熟练运用程度。

(四)关于依法行政困惑与建议的问卷

对于教育领域中依法行政、教育行政执法等存在着的急需解决的问题,抑或是教育行政执法队伍建设中应及时给予关注的迫切问题,作为执法人员的公务员最为洞悉和了解,也最有发言权。为使对国家教育行政执法体制改革的建议具有针对性和实效性,问卷在设计的客观题外,又设计了在"您在依法行政工作中最大的困惑是什么""您对依法治教、依法治校活动的建议"两个简答题。

二、调查问卷样本

问卷调查以该市范围内的太原市教育局和所辖区、县(市)教育局的科级、处级、局级共 155 公务员为调查对象;参与问卷调查的公务员 155 人,收回问卷 155 份,有效问卷 155 份。其中,客观题有效问卷 155 份,有效率 100%;主观题一题收回问卷 33 份,有效率 21.29%;主观题二题收回问卷 58 份,有效率 37.42%。

参与问卷调查的公务员,以单位的行政级别不同有:太原市教育局机关公务员 65 人,各区、县(市)教育局机关公务员 90 人;以公务员的职位级别不同有:局级公务员 12 人,处级公务员 26 人,科级公务员 117 人。

三、调查问卷结果分析

(一)行政主体认知问卷调查结果

1. 行政执法主体

(1)教育行政机关

即教育行政部门,依《教育法》关于其主管本行政区域内的教育工作之规定,只有国家教育行政机关可以行使国家教育行政权力,是教育行政执法主体。

表四十七中,在市、区两级教育行政机关参与调查的公务员155人中,选项教育行政机关"有"执法权的106人,平均占比68.3%,远高于"没有"或"不知道"选项人数的平均占比31.6%;其中,从职位级别上看,局级公务员占比为91.7%,高于占比为84.6%的处级与62.4%的科级;从行政单位级别上看,市局(太原市教育局)的占比为70.8%,高于其所辖区县(市)教育局66.7%的占比。表明公务员对教育行政机关为行政主体、具有行政执法权限的认知已占有相当大的比例,而且这一占比是与公务员的职位级别和行政单位的级别高低成正比的。

表四十七:公务员对教育行政机关执法权认知情况的调查结果

级别 选项	局级		处级		科级		市局		区县(市)局	
	人数	百分比	人数	百分比	人数	百分比	人数	百分比	人数	百分比
有	11	91.7	22	84.6	73	62.4	46	70.8	60	66.7
没有	1	8.3	4	15.4	40	34.2	18	27.7	27	30.0
不知道	0	0	0	0	4	3.4	1	1.5	3	3.3
合计	12	100	26	100	117	100	65	100	90	100

(2)授权的其他组织

教育行政机关是教育行政执法主体,但教育行政执法主体不限于教育行政机关。除教育行政机关外,一定的行政机构和其他社会组织,依照法定授权,也可以成为教育行政主体。

相对于表四十七中对教育行政机关享有行政执法权选项人数较高的平均占比,表四十八中对教育行政机关之外的法律法规授权的其他组织为教育行政执法主体的选项人数,其平均占比则要低得多。虽然勾选"市政府督导室"依法有行政执法权的选项人数较多——市局与区、县(市)局两级的占比为92.8%,但勾选"语委办"依法有行政执法权选项人数的占比仅为14.4%;特别是全部勾选"语委办""市政府督导室""市现代信息技术中心""市招生考试中心"为行政授权主体"有行政执法权"人数只有11人,亦即正确选项人数的平均占比仅为7.1%,充分说明对法律法规授权其他组织为行政执法主体认识不全面的公务员人数占比还相当大,对行政执法主体的认识还存在着严重的偏狭,这也从另一个角度说明了教育行政执法在教育法律实施中的缺位。

从公务员职位级别上看,"市政府督导室"选项人数的占比都居首位——局级100%、处级96.2%、科级33.3%;占比居第二位的选项则有区别,其中,局级、科级的选项为"市招生考试中心"——占比分别为58.3%、57.3%,而处级的选项则是"语委办",占比46.2%;占比第三位的选项,局级与科级的是"语委办",分别是50.0%的占比与33.3%的占比,而处级则是"市招生考试中心",占比为34.6%;"市现代信息技术中心"选项人数的占比,都居末位。而正确选项人数的占比,虽然局级居首位,但整体上各级别的占比都不理想;特别是市局机关远低于区、县(市)局机关的占比,很让人跌眼镜。

表四十八:哪些单位依法有行政执法权的调查结果

级别＼选项	局级		处级		科级		市局		区县(市)局	
	人数	百分比	人数	百分比	人数	百分比	人数	百分比	人数	百分比
语委办	6	50.0	12	46.2	39	33.3	25	38.5	32	35.6
市政府督导室	12	100	25	96.2	107	91.5	60	92.3	84	93.3
市现代信息技术中心	2	16.7	1	3.8	21	17.9	5	7.7	19	21.1
市招生考试中心	7	58.3	9	34.6	67	57.3	33	50.8	50	55.6
正确选项(11人)	1	8.3	1	3.8	9	7.7	2	3.1	9	10.0
样本总数	12		26		117		65		90	

2. 行政复议主体

行政复议是国家行政机关监督行政的一种重要形式,是上级国家行政机关对下级国家行政机关的行政活动进行层级监督的一种制度化、规范化的行政行为,也是国家行政机关系统内部为依法行政而进行自我约束的重要机制。即承担行政复议职责的主体只能是国家行政机关。但在表四十九市局与区、县(市)局两级教育行政机关中,认为行政复议是"行政系统内部"监督行为的占比只有30.5%,充分表明还有平均占比近70%的公务员对行政复议行为主体的认识错误。这其中,从职位级别上看,正确选项人数占比最高的是处级,为42.3%;其次是局级,为33.3%;科级最低,为26.5%。从单位级别上看,市局机关高于区、县(市)机关近十个百分点。

但两级教育行政机关公务员中,勾选是"行政监察部门"监督行为选项的占比最高——为42%,这说明对行政复议是行政机关内部的监督行为有一定的认识,只是对行政复议行为与行政监察行为所形成的行政法律关系区别不清。前者是对行政机关与行政相对方发生外部行政法律关系时作为管理者实施的具体行政行为是否合法、合理进行的监督;而监察监督则是行政机关与公务员发生内部行政法律关系时行政机关作为雇主行为是否合法、合理的监督。即二者监督制度适用的行政活动的领域不同,复议监督是一种间接的、独立的监督形式。

表四十九中,勾选是"人民法院"与"人民检察院"监督行为的占比也不低,分别是15.4%与12.2%,这表明有一定比例的公务员对行政复议的救济性质有一定的认识,只是对行政复议作为救济是行政系统内部救济还是来自行政机关外部的救济,认识模糊而已。行政复议具有行政救济性,体现在行政复议就是对违法或不当的具体行政行为进行补救而建立起来的一种行政救济制度,它不同于来自行政机关外部的如国家审判机关对国家行政机关所做出的具体行政行为的合法性和合理性进行符合法定程序的审查。它是国家行政机关自身的一种内部约束机制,履行行政复议职责属于行政机关行使行政职权的范围。

表四十九:行政复议是谁的监督行为的调查结果

级别 选项	局级		处级		科级		市局		区县(市)局	
	人数	百分比	人数	百分比	人数	百分比	人数	百分比	人数	百分比
行政监察部门	6	50.0	10	38.5	48	41.0	30	46.2	34	37.8
行政系统内部	4	33.3	11	42.3	31	26.5	23	35.4	23	25.6
人民法院	1	8.3	3	11.5	21	17.9	7	10.8	18	20
人民检察院	1	8.3	2	7.7	17	14.5	5	7.7	15	16.7
合计	12	100	26	100	117	100	65	100	90	100

(二)公务员依法行政意识问卷调查结果

1. 管理、监督学校的依据

(1)学校章程

学校章程是学校依照法律和学校实际制定的,为了保证学校正常运行,就办学的重大、基本问题,做出全面规范的自律性文件。[①]"按照章程自主管理"是教育法第 28 条赋予学校的一项基本权利。学校章程上承国家法律法规下辖学校各项规章制度的地位,决定了它是教育行政机关管理、监督学校办学的依据。

但表五十中,虽然从职位级别上看,"学校章程"选项人数的占比与职位级别的高低呈现出正相关性,即局级最高为 25.0%、处级次之为 23.1%、科级最低为 0.9%;也与单位级别高低一致,市局机关为 12.3%,高于区、县(市)机关的 2.2%。但管理、监督学校办学依据"法律法规"选项人数的平均占比 59.6%、与"规范性文件"选项人数的平均占比 31.5%,远高于"学校章程"选项人数的平均占比 7.3%,说明学校章程作为教育行政机关管理、监督学校的依据,还远未成为绝大多数教育行政管理者的共识,教育部开展依法治校示范校活动的成效显然不及于教育行政机关。

不过值得一提的是,作为管理、监督依据的"法律法规"高于"规范性文件" 28.1% 的平均占比,说明国家推动的依法治教、教育法治建设对教育行政机关公务员已产生了相当大的观念变革。

表五十:教育行政机关管理、监督学校依据调查结果

级别 选项	局级		处级		科级		市局		区县(市)局	
	人数	百分比	人数	百分比	人数	百分比	人数	百分比	人数	百分比
规范性文件	1	8.3	7	26.9	41	35.0	20	30.8	29	32.2
法律法规	8	66.7	13	50.0	72	61.5	37	56.9	56	62.2
学校章程	3	25.0	6	23.1	1	0.9	8	12.3	2	2.2
不清楚	0	0	0	0	3	2.6	0	0	3	3.3
合计	12	100	26	100	117	100	65	100	90	100

---

① 张丽著. 教育法律问题研究[M]. 北京:法律出版社,2007:168.

（2）教育法律

有法可依是教育法治的前提条件,我国的教育法律体系虽还在进一步的完善中,但已颁布的《教育法》《教师法》《高等教育法》《职业教育法》《义务教育法》《民办教育促进法》《学位条例》等七部教育法律,为教育领域的依法治理提供了法律依据。

但表五十一中,我国目前已制定教育法律"7 部"的选项人数——市局与县、区(市)局两级行政机关的平均占比23.6%,说明各级教育行政公务员对依法治教、依法治校所依据的教育法律了解得不够准确,特别是"不知道"选项人数的平均占比19.2%,表明国家依法治教的任务仍任重道远,因为知法是守法前提,更是执法者执法的必备条件,不知法何来的执法! 更遑论执法者的依法执法! 只不过在两级机关中,市局级机关正确选项人数高于区县级机关20.5%的平均占比及市局级机关"不知道"选项人数低于区县级机关26%的平均占比,说明市、区两级公务员对行政执法依据的认识上还存在着差异,总体上说,是市级机关好于区县级机关公务员。

从职位级别上看,选项正确人数的占比处级最高,为46.2%;局级次之,为41.7%;科级则以低于局级超30%的占比居末位。反映出行政执法队伍中的新生力量对教育法律的认识还有待于进一步深化。

表五十一:我国目前已制定几部教育法律的调查结果

级别 选项	局级		处级		科级		市局		区县(市)局	
	人数	百分比	人数	百分比	人数	百分比	人数	百分比	人数	百分比
6 部	1	8.3	8	30.8	33	28.2	17	26.2	25	27.8
7 部	5	41.7	12	46.2	17	14.5	22	33.8	12	13.3
8 部	5	41.7	3	11.5	29	24.8	16	24.6	21	23.3
10 部	1	8.3	2	7.7	6	5.1	6	9.2	3	3.3
不知道	0	0	1	3.8	32	27.4	4	6.2	29	32.2
合计	12	100	26	100	117	100	65	100	90	100

2. 依法行政的行政行为

行政行为是行政机关在实施行政管理活动、行使行政职权过程中所做出的具有法律意义的行为。以其对象是否特定为标准,分为抽象行政行为与具体行政行为。抽象行政行为是指以不特定的人或事为管理对象,制定具有普遍约束力的规范性文件的行为;而具体行政行为则是在行政管理过程中,针对特定的人或事所采取具体措施的行为,其行为的内容或结果将影响一个人或组织的权益。① 具体行政行为一般包括行政许可与行政确认、行政奖励与行政给付行为、行政征收行为、行政处罚行为、行政强制行为、行政监督行为、行政裁决行为等。其中,具体行政行为是我国行政复议和行政诉讼的对象,部分抽象行政行为有条件地也可以成为行政复议的对象。

表五十二中,尽管市局与区、县(市)两级机关"行政许可"选项人数的平均占比87.1%、"行政处罚"选项人数的平均占比78.7%、"规范性文件的制定"选项人数的平均占比64.5%都不低,但正确选项人数的平均占比——只有24.5%,这充分表明只有不及四分之一的公务员对依法行政所指的"行政行为"的认识准确,再加之还有"公文转送"属于行政行为选项人数之和的平均占比23.9%,说明仍有相当大占比的公务不明了依法行政的"行政"所指为何。基于此结果的分析,依法行政的推进与法治政府的建设,仍应还是国家法治建设的重中之重。

从职位级别上看,正确选项人数的占比与职位级别的高低正好成反比,即职位级别低的科级,其正确选项的人数占比最高,为29.1%;处级居中,为11.5%;而职位级别高的局级,其占比仅为8.3%,居于末位。

表五十二:哪些行为属于行政行为的调查结果

级别 选项	局级		处级		科级		市局		区县(市)局	
	人数	百分比	人数	百分比	人数	百分比	人数	百分比	人数	百分比
规范性文件 的制定	10	83.3	21	80.8	69	59.0	47	72.3	53	58.9
行政许可	11	91.7	21	80.8	103	88.0	57	87.7	78	86.7
行政处罚	9	75.0	20	76.9	93	79.5	50	76.9	72	80.0
公文转送	5	41.7	8	30.8	24	20.5	13	20.0	24	26.7
正确选项(38人)	1	8.3	3	11.5	34	29.1	14	21.5	24	26.7
样本总数(155人)	12		26		117		65		90	

---

① 罗家才,湛中东主编. 行政法学(第三版) [M]. 北京:北京大学出版社,2012:125.

3. 行政行为的司法监督

司法监督是国家设立的监督行政行为的监督制度之一。对行政行为进行监督的国家机关称之为监督主体。监督主体和行政主体在监督与被监督的过程中形成的法律关系,是监督行政法律关系。我国行政监督法律关系的主体主要有国家立法机关、负责进行监督的国家行政机关、国家司法机关以及被监督的特定的行政主体。监督行政法律关系中就包含着行政诉讼法律关系,它是审判机关为监督主体的监督行政法律关系中的主要关系。

表五十三中,教育行政部门"能"成为行政诉讼被告选项人数的平均占比——高达85.2%,表明绝大多数公务员知悉审判机关对行政机关行政行为享有司法监督权,明了行使国家行政权力的行政行为是司法监督的对象。特别是职位级别为处级选项人数百分之百的占比,还是很让人欣慰的,因为他们在教育行政执法中的作用是主导性的。

表五十三:教育行政部门能否成为行政诉讼被告人的调查结果

级别 选项	局级		处级		科级		市局		区县(市)局	
	人数	百分比	人数	百分比	人数	百分比	人数	百分比	人数	百分比
能	10	83.3	26	100	96	82.1	58	89.2	74	82.2
不能	2	16.7	0	0	14	11.96	7	10.7	9	10.0
不清楚	0	0	0	0	7	5.98	0	0	7	7.8
合计	12	100	26	100	117	100	65	100	90	100

4. 行政相对人

行政法治要求与行政主体相对的另一方当事人,即行政相对人也是行政法上权利的享有者和义务的承担者,是行政法律关系中与行政主体相对应的一方主体。也就是说,无论是包括行政机关在内的国家机关、还是公民、法人或其他组织以及无国籍人、外国组织,都可以作为行政法律关系的行政相对人一方主体参加行政法律关系。具体到教育行政执法来说,学校、教师、学生、法人或其他组织、公民或其他自然人都可以成为教育行政相对人。

但表五十四中,在能成为教育行政相对人的选项人数中,虽然市局与区、县(市)级机关人数之和的平均占比都不低——"学校"76.8%、"教师"65.8%、"学生"55.5%、"法人或其他组织"56.8%,但选项正确人数之和的平均占比——只有7.7%,说明绝大多数公务员还欠缺对行政相对人在行政法律关系中的地位和作用的准确认识,是依法行政的另一障碍所在。特别是"公民或其他自然人"能成为教育行政相对人——选项人数之和的平均占比才29.7%,与"下级教育行政机关"也能成为教育行政执法相对人——选项人数之和的平均占比不低的55.5%,说明对教育行政执法的对象还存在着严重误区。上下级教育行政机关之间的领导关系,决定下级教育行政机关不可能成为行政相对人,而公民或其他自然人也有可能成为行政相对人,如举办培训机构的不具备相应资质的公民个人。

从职位级别上看,正确选项人数的占比局级略高于处级、科级的占比——局级为8.3%、处级与科级均为7.7%;从单位级别上看,市局机关正确选项人数的占比则高于区、县(市)局机关的占比近八个百分点——市局为12.3%、局级为4.4%。

需要特别说明的是,现代行政法在承认行政主体在行政法律关系中的主体资格和主体地位的同时,也赋予了行政相对人在行政法律关系中制约行政权力的主体资格和监督行政行为的主体地位,体现在行政复议、行政诉讼程序的进行都是基于行政相对人的申请启动的。

表五十四:能成为教育行政相对人的调查结果

级别 选项	局级		处级		科级		市局		区县(市)局	
	人数	百分比	人数	百分比	人数	百分比	人数	百分比	人数	百分比
学校	9	75.0	20	76.9	88	75.2	49	75.4	70	77.8
教师	9	75.0	16	61.5	77	65.8	46	70.8	56	62.2
学生	9	75.0	11	42.3	66	56.4	36	55.4	50	55.6
法人或其他组织	6	50.0	12	46.2	70	59.8	32	49.2	56	62.2
公民或其他 自然人	4	33.3	8	3.8	34	29.1	16	24.6	30	33.3
下级教育 行政机关	9	75.0	15	57.7	62	53.0	32	49.2	54	60.0
正确选项 (12人)	1	8.3	2	7.7	9	7.7	8	12.3	4	4.4
样本总数	12		26		117		65		90	

(三)公务员行政执法能力问卷调查结果

1. 行政许可

(1)行政许可的转让

行政许可是行政机关根据公民、法人或者其他组织的申请,经依法审查,准予其从事特定活动的行为(《行政许可法》第 2 条)。依此规定来理解,行政许可是行政机关对申请人是否符合行使许可权利的法定条件进行审查和解除,进而决定批准或不批准,申请人因为得到许可并且行使被许可的权利,从而获得相关利益。即行政许可作为一种具体行政行为,其性质在形式上是普遍禁止的解除,赋予行政相对方权利和资格。直接目的是将那些对社会及公民来说是必要的或者是有益的,但同时又可能对社会或者公民个人带来某些不利后果甚至危害性的活动纳入规范化的管理,置于行政部门的监管之下。所以,依法取得的行政许可,不得转让。除非法律、法规规定依照法定条件和程序可以转让的除外。这是行政许可证法第 9 条的规定。

表五十五中,依法取得的行政许可"不得转让,除非法律、法规有特别规定"选项人数与"一律不得"转让选项人数之和达 96.8% 的平均占比,表明公务员对行政许可的性质有着明确的认识。只不过在准确性的把握上还有待提高,表现在"不得转让,除非法律、法规有特别规定"选项人数的平均占比只有 54.2%。

从职位级别上看,正确选项人数的占比处级与科级均在 55% 以上,远高于局级的占比 33.3%;从单位级别上看,区、县(市)局级机关正确选项人数的占比 60.0%,高于市局机关的占比 46.2%。说明执法者的能力并不一定与执法者的职位级别、所在单位的级别成正比。

表五十五:依法取得行政许可可否转让的调查结果

级别 选项	局级		处级		科级		市局		区县(市)局	
	人数	百分比	人数	百分比	人数	百分比	人数	百分比	人数	百分比
可以	0	0	0	0	4	3.4	2	3.1	2	2.2
一律不得	8	66.7	11	42.3	47	40.2	33	50.8	33	36.7
不得,除特别规定	4	33.3	15	57.7	65	55.6	30	46.2	54	60.0

选项\\级别	局级		处级		科级		市局		区县(市)局	
	人数	百分比	人数	百分比	人数	百分比	人数	百分比	人数	百分比
不清楚	0	0	0	0	1	0.8	0	0	1	1.1
合计	12	100	26	100	117	100	65	100	90	100

(2)行政许可的设定

根据我国《行政许可法》的规定,行政许可设定的主体,原则上是全国人大及其常委会与国务院,同时在一定条件下,也包括较大的市以上的地方人大及其常委会以及省级人民政府。除此以外,国务院各部委和其他地方人民政府一律不得设定行政许可。可见,在我国行政许可设定属于立法性行为,它既由一般意义上人大立法规定,也由国务院行政立法规定,还可以在一定条件下,由地方性法规和地方政府规章(仅限于省级政府规章)规定。依此看来,太原市与区、县(市)两级政府及其部门制定的规范性文件不得设定行政许可。

而表五十六中,市、区两级政府及其部门制定规范性文件"不得"设定行政许可选项人数之和的平均占比——只有20.6%,表明公务员队伍中还有近五分之四的多数人不了解行政许可设定的主体。"可以,在法律法规授权范围内"选项人数之和的平均占比——高达61.3%,也表明教育行政执法人员对政府规章与规范性文件的关系认识存在误区。

政府规章与规范性文件虽都是由政府制定的,但政府规章属于法律体系的一个层级,是法源性规范文件,它只能由有制定权的行政机关制定;而规范性文件则是法源性规范文件与非法源性规范性文件的上位概念,非法源性规范性文件即不能构成法的渊源的规范性文件。就行政立法来讲,根据《立法法》规定,只有行政机关制定的行政法规、地方政府规章是法源性规范性文件,而省、市、县级政府各工作部门以及无立法权的市、县、乡政府只能制定非法源性规范性文件。

从职位级别上看,处级正确选项人数的占比最高——为50.0%,高于局级的占比25.0%与科级的占比13.7%;从单位级别上看,市局机关正确选项人数的占比33.8%,远高于区、县(市)级机关的占比11.1%。

表五十六：市、区政府及其部门可否制定规范性文件设定行政许可的调查结果

级别 选项	局级		处级		科级		市局		区县(市)局	
	人数	百分比	人数	百分比	人数	百分比	人数	百分比	人数	百分比
不得	3	25.0	13	50.0	16	13.7	22	33.8	10	11.1
可以	2	16.7	0	0	12	10.2	5	7.7	9	10.0
可以,在法律法规授权范围内	7	58.3	12	46.2	76	65.0	36	55.4	59	65.6
不清楚	0	0	1	3.8	13	11.1	2	3.1	12	13.3
合计	12	100	26	100	117	100	65	100	90	100

2. 行政处罚

(1)行政处罚的时效条件

行政处罚是一种以惩戒违法行为为目的的具有制裁性的具体行政行为,其实施的后果是对违法相对方权益的限制、剥夺,或是对其科以新的义务。所以,法律规定了行政处罚的适用条件。也就是说,行政处罚的适用必须具备一定的条件,否则即为违法或无效的行政处罚。一般认为,行政处罚适用的条件包括前提条件、主体条件、对象条件和时效条件。其中,行政处罚适用的时效条件,是对行为人实施行政处罚,还需其违法行为未超过追究时效。超过法定的追究违法者责任的有效期限,则不得对违法者适用行政处罚。我国《行政处罚法》第 29 条规定:违法行为在 2 年内未被发现的,不再给予行政处罚。这是行政处罚适用的一般时效条件。

表五十七中,违法行为在"2 年"内未被发现不再给予行政处罚选项人数的平均占比只有32.9% ,说明有超三分之二多数的公务员对行政处罚的适用条件不清楚。从职位级别上看,正确选项人数的占比与职级的高低正好相反,即科级最高,为 35.0% ;处级次之,为 26.9% ;局级则最低,为 25.0% 。从单位级别上看,区、县(市)局机关正确选项人数的占比也高于市局机关的占比,分别为 36.7% 与 27.7% 。

表五十七:违法行为在几年内未被发现不再给予行政处罚的调查结果

级别\选项	局级		处级		科级		市局		区县(市)局	
	人数	百分比	人数	百分比	人数	百分比	人数	百分比	人数	百分比
1 年	1	8.3	6	23.1	8	6.8	9	13.8	6	6.7
2 年	3	25.0	7	26.9	41	35.0	18	27.7	33	36.7
5 年	5	41.7	8	30.8	21	17.9	19	29.2	15	16.7
10 年	3	25.0	5	19.2	47	40.2	19	29.2	36	40.0
合计	12	100	26	100	117	100	65	100	90	100

(2)行政处罚的设定

行政处罚必须依法进行即处罚法定,是行政处罚的原则,是行政合法性原则在行政处罚中的具体体现和要求。它包含实施处罚的主体法定、处罚的依据法定、处罚的程序法定三个方面。其中,处罚的依据法定,要求实施处罚必须有法律、法规、规章的明确规定。"法定"中的"法",从行政处罚的规定看,包括法律、行政法规、地方性法规和规章,但它们又是分层次的,效力有高低、大小之别。《行政处罚法》确定行政处罚设定权的总原则是:行政处罚基本由中央设定,即由法律、行政法规设定,地方性法规和规章作为补充。在地方,以地方性法规设定为主,地方政府的规章为补充。依该法第11条之规定,地方性法规可以设定除限制人身自由、吊销企业营业执照以外的行政处罚。

表五十八中,地方性教育法规不得创设的行政处罚措施中,"吊销办学许可证"正确选项人数的平均占比25.2%,充分说明近四分之三的公务员对行政处罚设定的理解还存在着错误认识。其中,市级教育行政机关正确选项人数的平均占比只有12.3%,远低于区、县(市)级教育行政机关选项人数的平均占比34.4%,说明作为上级的市局机关在行政执法能力方面并不一定比下级的区、县(市)机关就强。从职位级别上看,局级正确选项人数的占比只有8.3%,不仅低于处级的占比15.4%,更低于科级的占比29.1%,也再次说明职级高的对法律的理解和掌握不一定就比职级低的强。

表五十八：我市地方性教育法规不得创设行政处罚措施的调查结果

级别 选项	局级		处级		科级		市局		区县(市)局	
	人数	百分比	人数	百分比	人数	百分比	人数	百分比	人数	百分比
罚款	4	33.3	11	42.3	44	37.6	29	44.6	30	33.3
没收违法所得	5	41.7	9	34.6	29	24.8	21	32.3	22	24.4
责令停止招生	2	16.7	2	7.7	10	8.5	7	10.8	7	7.8
吊销办学许可证	1	8.3	4	15.4	34	29.1	8	12.3	31	34.4
合计	12	100	26	100	117	100	65	100	90	100

（3）行政处罚的种类

《行政处罚法》用明确列举式和授权式两种方式规定了行政处罚的种类，明确列举的行政处罚的种类有六种：(一)警告；(二)罚款；(三)没收违法所得、没收非法财物；(四)责令停产停业；(五)暂扣或者吊销许可证、暂扣或者吊销执照；(六)行政拘留。

《教育行政处罚暂行实施办法》第9条明确教育行政处罚的种类有九种：(一)警告；(二)罚款；(三)没收违法所得，没收违法颁发、印制的学历证书、学位证书及其他学业证书；(四)撤销违法举办的学校和其他教育机构；(五)取消颁发学历、学位和其他学业证书的资格；(六)撤销教师资格；(七)停考,停止申请认定资格；(八)责令停止招生；(九)吊销办学许可证。

表五十九中,市级机关与区、县(市)级机关选项人数之和不低的平均占比——"责令停止招生"82.6%、"警告"81.9%、"吊销办学许可证"76.8%、"没收违法所得"56.8%,表明公务员对行政处罚措施的种类有相当的了解。但"罚金"选项人数之和的平均占比59.4%,特别是选项全部正确人数的平均占比只有7.7%,表明公务员对行政处罚种类的准确性理解还有待加强。从职位级别上看,正确选项人数的占比都很低,均在8.0%左右;从单位级别上看,区、县(市)局机关的正确选项人数占比则达10.0%,高于市局机关的占比4.6%。

罚金与罚款虽都属于金钱处罚,但两者存在很大差别。罚金是刑法中的附加刑,由人民法院依刑事法律规范对犯罪分子判处的刑罚;而罚款是一种行政处罚,由有关行政管理机关对违反行政法律规范的人或其他组织适用的处罚形式,其惩罚程度要比罚金轻。

表五十九:属于教育行政处罚措施的调查结果

级别 选项	局级		处级		科级		市局		区县(市)局	
	人数	百分比	人数	百分比	人数	百分比	人数	百分比	人数	百分比
警告	9	75.0	23	88.5	95	81.2	52	80.0	75	83.3
罚金	6	50.0	12	46.2	74	63.2	32	49.2	60	66.7
没收违法所得	7	58.3	10	38.5	71	60.7	29	44.6	59	65.6
责令停止招生	10	83.3	22	84.6	93	79.5	56	86.2	72	80.0
吊销办学许可证	10	83.3	23	88.5	87	74.4	54	83.1	65	72.2
正确选项(12人)	1	8.3	2	7.7	9	7.7	3	4.6	9	10.0
样本总数	12		26		117		65		90	

3. 行政强制

(1)行政强制的主体

我国《行政强制法》第2条规定:本法所称行政强制,包括行政强制措施和行政强制执行。行政强制措施,是指行政机关在行政管理过程中,为制止违法行为、防止证据损毁、避免危害发生、控制危险扩大等情形,依法对公民的人身自由实施暂时性限制,或者对公民、法人或者其他组织的财物实施暂时性控制的行为。行政强制执行,是指行政机关或者行政机关申请人民法院,对不履行行政决定的公民、法人或者其他组织,依法强制履行义务的行为。可见,行政强制的主体是作为行政主体的行政机关或法律、法规授权的组织。

表六十中,市级机关和区、县(市)级机关两级"行政机关"选项人数之和的平均占比46.5%,说明有当比例的公务员对行政强制的主体有着较为清楚的认识。但"人民法院"选项人数平均占比43.9%,也表明对行政强制主体存在模糊认识的人员不在少数。模糊认识的原因之一,在于认为行政机关申请人民法院强制执行属于司法强制,这也是学界在《行政强制法》颁布前的观点之一。这种观点随着《行政强制法》的通过实施,已在立法上被否定,即将行政机关申请人民法院强制执行纳入了行政强制的范畴。

从职位级别上看,科级正确选项人数的占比最高,为48.7%;处级最低,为38.5%;局级则居中,为41.2%;从单位级别上看,市局机关正确选项人数的占比与区、县(市)局机关的占比大体持平,均在46.0%以上,区别不明显。

表六十:行政强制主体的调查结果

选项 \ 级别	局级		处级		科级		市局		区县(市)局	
	人数	百分比	人数	百分比	人数	百分比	人数	百分比	人数	百分比
市人大常委	2	16.7	5	19.2	6	5.1	7	10.8	6	6.7
学校	0	0	0	0	2	1.7	1	1.5	1	1.1
行政机关	5	41.2	10	38.5	57	48.7	30	46.2	42	46.7
人民法院	5	41.2	11	42.3	52	44.4	27	41.5	41	45.6
合计	12	100	26	100	117	100	65	100	90	100

(2)行政处罚的强制执行

行政处罚决定做出后,当事人应当在法定期限内自觉履行行政处罚决定所设定的义务,如果当事人没有正当理由逾期不履行,则导致强制执行。根据《行政强制法》第12条关于行政强制执行方式的规定,及第13条"行政强制执行由法律设定。法律没有规定行政机关强制执行的,做出行政决定的行政机关应当申请人民法院强制执行"的规定,对不履行行政处罚决定的教育行政部门能采取的措施有:(一)加处罚款或者滞纳金;(二)划拨存款、汇款;(三)拍卖或者依法处理查封、扣押的场所、设施或者财物;(四)排除妨碍、恢复原状;(五)代履行;(六)申请法院强制执行。

表六十一中,市局与区、县(市)局两级教育行政机关"申请法院强制执行"选项人数之和的比例最高——平均占比85.8%;其次是"联合公安强制执行"——平均占比73.5%;再次"单独强制执行"——平均占比18%;最后"加处罚款"——平均占比10%。从这一数据可以看出公务员对行政处罚的强制执行措施有着一定程度的知悉,但仍有很大一部分公务员不清楚行政处罚决定的执行措施,或是对行政处罚决定的执行措施的了解不全面,这在一定程度上影响了教育行政执法的效果。特别是选项正确人数的占比——只有5.8%,间接地说明了教育行政执法力薄弱的症结所在。

正确选项人数的占比虽整体太低,但体现在职位级别上,还是有区别的。其中,科级正确选项人数的占比虽只有6.8%,但相比较于处级的占比3.9%、局级的占比为0,还算是高的占比。体现在单位级别上,区、县(市)局机关正确选项人数的占比 6.7% ,也高于市局机关的占比 4.6% 。

表六十一:教育行政部门对不履行行政处罚决定可采取措施的调查结果

级别 选项	局级		处级		科级		市局		区县(市)局	
	人数	百分比	人数	百分比	人数	百分比	人数	百分比	人数	百分比
申请法院强制执行	11	91.7	21	80.8	101	86.3	58	89.2	75	83.3
加处罚款	1	8.3	1	3.9	22	18.8	7	10.8	17	18.9
单独强制执行	2	16.7	6	23.1	18	15.4	12	18.5	1	1.1
联合公安强制执行	10	83.3	23	88.5	81	69.2	50	76.9	64	71.1
正确选项(9人)	0	0	1	3.9	8	6.8	3	4.6	6	6.7
样本总数	12		26		117	65	90			

四、公务员视角:教育行政执法队伍的现状

徒法不足以自行。教育行政执法者的法律素养直接决定着教育行政执法的效果,但问卷调查结果中执法者的能力和水平状况却让人堪忧。这主要体现在:

1. 法定职权不清

在教育行政机关参与调查的公务员 155 人中,认为"有"行政执法权的 106人,占比为 68.4% ;认为"没有"执法权的 45 人,占比为 29.0% ;"不知道"的 4人,占比为 2.6% 。不知有执法权,何来的执法,这也就不难理解教育行政执法的缺位了(见表四十七)。

2. 管理依据不明

在教育行政机关管理监督学校依据的调查中,只有 10 人选择学校章程是管理学校的依据,占 155 人的比例 6.5% ,而"不清楚"管理依据的还有 3 人,占比为 1.9%(见表五十)。这一占比也就说明了教育行政不依法行政的症结之所在,管理学校的手段还停留在微观的检查、评比上,未完全适应依法行政的需要,转到依据法律法规、章程的治理轨道上来。

3. 法律素养不高

一方面体现在问卷调查中正确选项人数的平均占比都不高,最高的占比才是54.2%,最低的占比则为5.8%(见表六十二)。另一方面则体现为正确选项人数的占比在职位级别与单位级别上的异化。其中,正确选项人数的占比并不与因职位级别的提高而呈递增趋势,也不因单位级别的差异,上级机关就一定强于下级机关。如表五十二、表五十七、表五十八、表六十一等表中,科级正确选项人数的占比都高于处级与局级,区、县(市)局机关的正确选项人数的占比也都高于市局机关的占比。

4. 执法能力欠缺

为准确了解行政执法者的执法水平,在对教育公务员的调查问卷中,设计了行政执法者应知应会的10个选择题,正确选项人数的结果如表六十二:

表六十二:教育行政执法人员法律知识问卷结果

题目	正确选项人数(总人数155)	有效百分比
我国目前已制定的教育法律有哪几部	34	21.9
违法行为在几年内未被发现不再给予行政处罚	51	32.9
依法取得的行政许可可否转让	84	54.2
市、区政府及其部门制定规范性文件可否设定行政许可	32	20.7
谁能成为行政强制的执行主体	72	46.5
省会城市制定地方性教育法规不得创设哪些行政处罚措施	39	25.2
属于行政行为的行为	38	24.5
行政处罚的措施	12	7.7
对当事人逾期不履行行政处罚决定的行为可采取的措施	9	5.8
可以成为教育行政相对人的主体	12	7.7

知识不等于能力,但其作为能力的基础,却还是必须有的。表六十二中,正确选项人数的平均占比仅为22.8%,足以说明了教育法律的"软"与相当部分行政执法者执法能力欠缺或低下的正相关性。而且教育活动中的违法行为不能依法处理、及时纠正,侵犯学生、教师合法权益的行为不能坚决制止,学校办学自主权的行使不能保障,严重损害着人们对法律的认同与法律信仰的确立,进而影响了教育法治的进程。可见,推动依法治教,确保教育法律的实施,

当务之急是需建设一支能力强、素质高的教育行政执法专职队伍,即在从事行政管理的事务类公务员中,专设执法监管类公务员队伍,由其集中统一行使教育行政执法权,这也是法治政府对提高政府治理能力的要求。

五、公务员的困惑与建议

(一)依法行政中的困惑

在有效收回主观题一题的 33 份问卷中,公务员在依法行政工作中最大的困惑,主要集中在以下几个方面。

1. 执法难

有 33.33% 的公务员提出最大的困惑是执法难,如"上级领导""对亲戚、朋友等亲情、友情有所顾忌""有执法权,但在执行过程中阻力太大""有法不依,有法难依""教育行政执法难度较大""行政处罚主体责任不够明确,社会对依法行政认识不够,在依法行政过程中效果不显著。""有法不依,高高在上,情大于法""不太好执行,有些甚至执行不下去""执行难"等。

2. 职权不清

有 22.22% 的公务员提出最大的困惑是主体不明、权责不明。如:"不知有何行政权力""不清楚自己的权利范围""职责不太明确""没有执法权""权利、义务不清楚""非法办学的治理责任应该由哪些部门承担""行政范围不明确""职权不明""行政处罚主体责任不够明确""行政执法范围不明确,什么是可为的什么是不可为的分不清楚"等。

3. 法律意识淡薄

有 22.22% 的公务员提出工作中最大的困惑是法律意识淡薄,如:"法律意识、法治观念与依法行政的要求还不适应""各级领导法律意识淡薄,不拿法律当回事""都对法规理解不渗透(透彻),不能相互配合""个别人法律意识、法律观念淡薄""与法相关的事,好像只是法制机构的事,法治思维地树立很难"等。

4. 无执法权

有 11.11% 的公务员提出最大的困惑是在执法过程中无执法权。如"教育部门的行政执法权的权限,需要联合执法时明显力度不够""行政执法力度不够,执法主体效力弱""执行力不强""依法行政中最大的困惑是无法执行处罚意见""教育部门没有执法权,许多学校周边的问题很难解决""执法力度不够大""没有执法资格,所颁布的《执法资格证》是摆设""查处违规违纪行为时,没有执法权,不好查处""有法可依,但没有执法权力。""行政执法权的界线模糊,都认为是联合执法,没有独立的教育执法权,应该建立真正意义上的教育执法队伍""没有处罚权,没有保障""作为教育行政人员,非法办园的单位,我们没有处罚权,只有警告,也不能没收财产,也不能贴封条,这给我们的工作带来许多困惑"等。

5. 法律可操作性差

相当一部分公务员认为行政执法的最大困惑是执法依据的可操作性差。如"执行的可行性不强,没有后盾和保证""各项法律法规的要求不具体,可执行性差""法定解释缺乏,执法措施和条件不够""教育法律体系不完备,许多工作无法可依""我在依法行政工作中最大的困惑是没法可依,主要是学生家长也没理可讲""强制力不够""在执行过程中,具体的依据不好找""法律规定较粗,缺乏可操作性的实施条例、规章性文件""法律规范不够细""法律的制定条款比较宽泛,执行依据不具有强制性"等。

6. 执法能力欠缺

如"度的把握不到位""如何保证执法实施""执法能力弱,执法执行难""不知道怎么执法""不知道怎么执法,执法无具体手段""如何有效依法行政""县区教育局没有专业的法律人员,在依法行政过程中,操作难度很大。""群众对教育行政执法的不认可,教育行政机关没有专职的执法队伍""法律学习不足""好多人不懂法,自己也不是太专业,需要加强学习""对法律知识的系统研究""遇到一些讲不清道理的人很郁闷"等。

7. 观念机制落后

如"落后的行政观念,制约实施""落后的观念带来的消极影响,制度上的不完善,监督机制的不健全""行政制度上的不完善,监督机制的不健全,落后的观念导致的消极影响!""行政体系上的不完善,观念落后导致的消极影响,督制约体质的不健全"等。

8. 执法目标不明

如"行政执法人员究竟是用来干什么的,他们的职责是不是真正为老百姓服务。""在实际工作中,实施依法行政实际上是一种理想状态。有法不依的人得不到追究""我们工作的目的、目标要达到什么样的要求和水平,一切工作要围绕我们工作的最终目标服务。""依法行政怎么能起到教育作用,而不仅是为了惩罚,使人们做正确的事。""依法更要依真理正义。局部依法,全局违法。依法不依宪法。依人定的法,不依天定的法"等。

(二)建议——务实

在收回主观题二题的 58 份的有效调查问卷中,公务员对依法治教、依法治校活动的建议,最具代表性的是"依法治教、依法治校落到实处是最好",即"务实"。具体来说:

1. 在依法治教方面

(1)健全教育法律体系,使法律具有可执行性

如"进一步建立健全和完善教育法规体系""尽快制定《学校法》,特别是制定尽职免责的条文,为学校减负""制定切实可行的法律法规,公正客观,遵从民意""要制定出台操作性强的制度,要让违法者付出代价,要从教师从教行为入手""法律应相对具体化""制定相关条例规定""加强教育法规的解释和监督、落实""进一步规范制度"等。

(2)依法行政,严格执法并强化监督

如"严格依法办事,对违规违法人员要严格按法处理,不能姑息,杜绝说情之类的事情""加强执法力度""加大对违法行为的处罚力度""按章依法办事""转变行政管理职能,切实做到依法行政;加强制度建设,依法加强管理;推进民主建设,完善民主监督""进一步加大和推进执法力度""严格执行法律法规""强化对法律、法规和相关工作制度的监督执行""注重执法效果""有了法律重在落实,重在执法,否则将流于形式""加强对学校依法办学的监督""明确依法治教的责任、权限、做法"等。

(3)转变行政职能,减少行政干预

如"依法履行职责,减少干预,上级教育局及各科(处、室)和其他相关部门的工作安排过于烦琐,基本让学校处于忙碌应付,应整合现有的工作活动的安

排,让学校潜心依照教育规律搞好学校教育""更好地服务于教师和学生""发挥百姓和社会的监督""加强教育行政部门的监督与管理力度,规范办学行为,依法治校""要真正实行政务公开,做到凡事有人监督,如教师评职称、新生招生、重大项目……""各种培训、讲座要深入教学一线""对学校减少务虚的活动,把依法治校工作落到实处"等。

(4)加强教育执法制度、执法队伍建设

如"进一步建立健全教育法规体系,加强教育执法制度和队伍的建设""进一步细化和强化岗位职责""加强对全系统人员的执法培训""加强培训,强化交流""定期组织专项培训、学习活动""加强国家教育法律法规学习,明确岗位要履行的职责,依法行政,依法办事""应熟悉本部门、工作的法律法规"等。

2. 在依法治校方面

最突出的建议是提出法制教育要落到实处。如:"法制教育不要流于形式""加大宣传教育力度和方式方法""加大宣传,提高法治意识,现在学校及师生,特别是校级领导,法制观念不强""加强学校宣传和普及工作,使广大师生进一步知法守法""加强法制教育,提高法律素质""真正让法律走进学校走进课堂"等。

3. 其他方面的建议

集中在任免、奖惩机制上,如"校长普选,不要上级任命,因为上级任命水分100%""加大考核力度,真正引起校长的重视""调动教师积极性,提高管理水平,实现公平公正""真正多奖励付出多的一线教师""请真正保护老师的利益""做到教育要有法律依据,保护师生的合法权益"。也有对学校的建议,如"希望学校及教师切实做到依法治教,依法治校,按照国家教育部门规定教学,使学生能得到全面的素质教育,使教育真正达到均衡发展。""加强学校的自身建设"等。

| 案例分析篇 |

本篇的案例是根据教育行政机关的职权分类,从中国裁判文书网和法源网选取的,个别案例是根据有影响的社会新闻编写的。每个案例分为三部分:案情简介、案例评析和风险提示。案情简介部分,基本采纳判决书中认定的事实;案例评析部分,是将判决书的说理部分和编者对案例中涉及的法律问题的认识结合起来写成的;风险提示部分,则是从教育行政主管机关行政执法的角度提出需要特别予以注意的法律问题,促进教育行政主管机关更好的行政执法。

案例分为四类:一是教师管理类纠纷案例,共选择了15个案例,涉及教师资格的取得、撤销,教师录用中的学科认定、身高歧视,调动、除名、教学事故的认定、考试作弊、教师职称、师德等问题。二是学生管理类纠纷案例,共选择了6个案例,涉及学生转学、入学资格、考试成绩复核、违规收取押金等问题。三是学校管理类纠纷案例,共选择了14个案例,涉及公办学校违反校务公开行为的投诉及处理、民办学校发布虚假广告、民办学校举办者身份确认、办学许可证、政府对民办学校补贴的信息公开、招生简章备案、违规招生责令停止办学、行政不作为、行政给付、出租出借办学许可证、特殊机构的民办学校办学许可等。四是培训机构管理类纠纷案例,共 4 个案例,涉及虚假宣传的处罚、艺术培训机构监管空白、办学许可、退费等问题。

案例一

教师管理类纠纷案例

一、教师被撤销教师资格案①

【案情简介】

2014年教师节,黑龙江哈尔滨某县高级中学高二十七班学生未给科任教师买礼物,该班班主任冯某对此极为不满,在班里公然向学生索要礼物并谩骂学生一节课时间。这段录音由冯某班级同学在课堂上录制,由一位对此不满的家长向媒体举报而被曝光。报道引起哈尔滨市委、市政府领导高度重视。

哈市纪委监察局按照市领导要求立即组成专案组,会同市教育局、该县纪委开展了调查。9月17日,某县教育局依据相关规定,给予冯某撤销教师资格处分,清除出教师队伍。某县纪委给予某县高级中学校长、党总支书记宿某党内严重警告、行政记大过处分,某县委组织部免去了宿某校长职务,某县教育局党委免去了其党总支书记职务。某县纪委给予某县高级中学负责师德工作的党总支副书记王某党内严重警告处分。哈市纪委监察局决定对责任人某县教育局局长、党委书记张某,教育局党委副书记陈某,教育局纪委书记张某,分别给予党内警告处分。经哈市政府批准,给予某县分管教育工作的政府副县长行政警告处分。哈市纪委对某县纪委书记丁某进行了诫勉谈话,责令某县委、县政府主要领导做出了深刻检查。

---

① 怀若谷. 索礼谩骂学生教师被撤销教师资格,人民网 http://society. people. com. cn/n/2014/0914/c1008 - 25655798. html[2015 - 7 - 31].

【案例评析】

1. 师德是教师应该具备的道德素质

师德是教师为了维护社会公共利益应该遵守的社会公共道德,是教师和一切教育工作者在从事教育活动中必须遵守的道德规范和行为准则,以及与之相适应的道德观念、情操和品质。为规范教师的师德,教育部、中国教科文卫体工会全国委员会 2013 年重新修订了《中小学教师职业道德规范》,其中第 5 条规定"为人师表。坚守高尚情操,知荣明耻,严于律己,以身作则。衣着得体,语言规范,举止文明……作风正派,廉洁奉公。自觉抵制有偿家教,不利用职务之便谋取私利。"

本案中,哈尔滨某县高级中学高二十七班班主任冯某因为学生没有给其和科任教师买教师节礼物,就公然谩骂学生,不以收受礼物为耻,反而变本加厉用脏话和语言侮辱、逼迫学生,使学生非常不情愿的凑钱为老师买礼物,严重违反《中小学教师职业道德规范》的要求造成了恶劣的社会影响,应该受到严惩。

2. 收受学生礼物是违法行为

《中小学教师职业道德规范》既是对教师提出的道德规范要求,也是教育部以规章形式对教师提出的法律要求。为进一步明确对教师收受学生礼物礼金行为的禁止性,教育部发布了教监[2014]4 号《严禁教师违规收受学生及家长礼品礼金等行为的规定》,严禁以任何方式索要或接受学生及家长赠送的礼品礼金、有价证券和支付凭证等财物。广大教师要大力弘扬高尚师德师风,自觉抵制收受学生及家长礼品礼金等不正之风。对违规违纪的,发现一起、查处一起,对典型案件要点名道姓公开通报曝光。情节严重的,依法依规给予开除处分,并撤销其教师资格;涉嫌犯罪的,依法移送司法机关处理。

本案中,冯某在学生没有主动给其和科任老师买教师节礼物时,采取不恰当的方式,给学生造成很大压力,学生班长组织同学集资,花费 296 元购买了 6 箱牛奶,分别送给了冯某等 6 名授课老师的行为,违反了《严禁教师违规收受学生及家长礼品礼金等行为的规定》,并影响恶劣。所以,给予冯某撤销教师资格的处分是适当的。

3. 教育主管部门的领导责任

当前,教师违规收受礼品礼金、接受吃请等问题,已经严重损害了人民教师的光辉形象。《严禁教师违规收受学生及家长礼品礼金等行为的规定》是教育部首个针对教师违规收受礼品礼金等问题进行认定和处理的部门规章,明确提出"六个严禁",重点列举了收受礼品礼金、接受宴请、参加由学生及家长付费的娱乐活动、让学生及家长支付或报销应由教师个人或亲属承担的费用、通过商业服务获取回扣等5个方面的禁止性内容。同时,明确了兜底条款,凡是利用职务之便谋取不正当利益的其他行为,都在《规定》禁止的范围内。

为推动《规定》的贯彻落实,《规定》还要求采取有效形式,大力开展宣传教育活动,使广大教师充分认识廉洁从教的重要意义,切实规范从教行为,做到内化于心、外化于行,使自觉抵制收受礼品礼金等不正之风成为教师的普遍认同和自觉行动。本案中,教育部《规定》颁发后,9月5日该县教育局召开全县教育系统会议进行了学习传达,要求各学校校长将会议精神传达到每位教师,但该县高中没有传达和贯彻。正是由于学校校长没有按照全县教育系统会议的要求传达和贯彻《规定》,因此该县纪委给予学校领导层处分是应当的。同时,对发生教师违规收受礼品礼金等问题的地方和学校,实行"一案双查",既追究当事人的责任,又要追究学校或教育部门主要负责人的领导责任。所以本案中,不仅给予当事人冯某的处罚,而且还追究学校、教育部门主要负责人、分管教育工作的政府副县长、县纪委书记等人的领导责任。

【风险提示】

这起发生在教育系统和教师队伍中的严重违纪案件,性质十分严重,影响十分恶劣,对广大教师和教育行政主管部门都敲响了警钟。勿以善小而不为,勿以恶小而为之,虽然教师收到的礼品并不昂贵,但它损害的是人民教师的形象,摧毁的是学生的价值观,每个教师都应该从中吸取教训,树立良好师德。教育行政部门在管理教师队伍、纠正不正之风工作中存在薄弱环节,在抓师风师德教育和教师队伍管理上没有采取长效管理措施,在执行制度规定上失之于宽、失之于软,特别是对社会上存在的教师收受礼金、礼品的不正之风缺乏警觉,丧失了警惕性,思想教育和监督管理不到位。

教育行政主管部门要进行认真反思和对照剖析,查找和整改隐形不正之风,对哪些看起来"小",却是涉及群众切身利益的"大"问题,要早抓、深抓,防微杜渐。在系统内开展彻底排查,进行广泛的警示教育,使每一名党员干部、教职员工都能自觉抵制歪风邪气并成为自觉行动,形成常态和固态,要加强学校领导班子建设和教师队伍管理,培养一支师德高尚、业务精湛、高素质专业化的教师队伍,造就一批有理想信念、有道德情操、有扎实学识、有仁爱之心的好老师。

二、吴某被吊销教师资格证纠纷案①

【案情简介】

吴某,高中学历,1982 年至 1988 年 11 月在龙岩市新罗区大池学区任教。1988 年 11 月,吴某调到龙岩矿务局从事计划生育工作和龙岩矿务局幼儿园工作,1998 年在龙岩矿务局退管办工作。吴某在龙岩矿务局工作期间,虽不是在职任教的教师,但龙岩矿务局仍将吴某作为教师确认其专业技术职务。1996 年 6 月,吴某在实施首批教师资格过渡工作中以在职的教师参加评定,并取得教师资格证书。

1998 年 6 月,龙岩市新罗区分离国有企业办学校工作领导小组在审查人员接收时认为吴某不是在职教师,不符合接收条件,决定不予接收。1998 年 12 月 28 日新罗区教育局以吴某的小学教师资格证书属欺骗取得,为此做出龙新教字(1998)第 265 号行政处罚决定,吊销吴某的小学教师资格证书。但在做出决定前,未告知吴某有陈述、申辩等权利。

吴某对被告的行政处罚决定不服于 1999 年向龙岩市新罗区人民法院提起诉讼,要求撤销该决定并赔礼道歉。龙岩市新罗区人民法院认为新罗区教育局在做出决定前,未告知吴某有陈述、申辩等权利,程序违法,故判决,一、撤销龙岩市新罗区教育局做出的龙新教字(1998)第 265 号关于吊销吴某同志小学教师资格证的决定。二、驳回吴某要求被告龙岩市新罗区教育局赔礼道歉的诉讼请求。一审宣判后,吴某不服,提出上诉,龙岩市中级人民法院于 1999 年 7 月 13 日判决驳回上诉,维持原判。

---

① 福建省龙岩市新罗区人民法院:行政判决书(1999)岩行终字第 18 号,北大法宝 http://www.pkulaw.cn/case/pfnl_117461881.html? match = Exact[2015 - 7 - 31].

【案例评析】

1. 吴某能否取得教师资格?

《教师法》第10条规定国家实行教师资格制度。第11条对教师资格设定的条件包括中国公民身份、思想品德条件、学历条件和教育教学能力的条件四个方面。国家教委教人［1995］110号制定的《教师资格认定的过渡办法》中规定申请教师资格过渡的,必须是《教师法》施行之日前已在各级各类学校和其他教育机构中从事教育教学工作的教师(统称在职教师)及承担教育教学任务的其他专业技术人员和教育职员(统称其他人员)。

吴某在认定教师资格过渡时已经不在学校工作,既不属于在职教师,也不属于承担教育教学任务的其他专业技术人员和教育职员,但龙岩矿务局将吴某作为教师确认其专业技术职务。1996年6月,吴某在实施首批教师资格过渡工作中以在职的教师参加评定,并取得教师资格证书的行为是不符合法律规定的。1998年12月28日新罗区教育局以吴某的小学教师资格证书属欺骗取得,为此做出龙新教字(1998)第265号行政处罚决定,吊销吴某的小学教师资格证书在实体法上是没有问题的。

2. 龙岩市新罗区教育局是否有权做出吊销吴某的小学教师资格证书的行政处罚决定

《教师资格条例》第19条第1款规定弄虚作假、骗取教师资格的,由县级以上人民政府教育行政部门撤销其教师资格。由于吴某在认定教师资格时已经不是在职教师,不符合《教师资格认定的过渡办法》中的条件,但仍以在职教师的身份参加评定,并取得教师资格证书可以被认为符合以上第1款,属于弄虚作假、骗取教师资格,龙岩市新罗区教育局作为县级以上人民政府教育行政部门具有撤销其教师资格的法定职权。

3. 龙岩市新罗区教育局做出的处罚决定为什么被撤销?

根据《教师资格条例》第19条第1款之规定,龙岩市新罗区教育局在本行政区域内具有吊销教师资格证书的法定职权。但是具有这一职权,是否意味着吊销教师资格证书的决定就必然合法有效呢?

《行政处罚法》第31条规定:"行政机关在作出行政处罚决定之前,应当告知当事人作出行政处罚决定的事实、理由及依据,并告知当事人依法享有的权利。"第32条规定"当事人有权进行陈述和申辩。行政机关必须充分听取当事人的意见,对当事人提出的事实、理由和证据,应当进行复核;当事人提出的事实、理由或者证据成立的,行政机关应当采纳。""行政机关不得因当事人申辩而加重处罚。"这两条要求行政机关在做出行政处罚决定之前,必须告知当事人其违法事实、给以行政处罚的理由和依据,并告知当事人依法享有的权利,听取当事人的陈述和申辩。

该法第41条规定"行政机关及其执法人员在作出行政处罚决定之前,不依照本法第三十一条、第三十二条的规定向当事人告知给予行政处罚的事实、理由和依据,或者拒绝听取当事人的陈述、申辩,行政处罚决定不能成立;当事人放弃陈述或者申辩权利的除外。"之所以做这样规定,一是可以使行政机关在做出行政处罚决定时,注意以事实为根据、以法律为准绳,防止和减少错误。二是事先告诉当事人,由当事人申辩和听证,有利于当事人维护自己的合法权利。三是符合重在教育的原则,使当事人知道自己哪些行为违反了法律,有利提高法制观念。本案中,龙岩市新罗区教育局在做出吊销吴某小学教师资格证书决定之前,未告知吴某有陈述、申辩等权利,违反了行政处罚法的相关规定,程序方面存在瑕疵,导致其行政处罚被撤销。

同时,《行政处罚法》第42条还规定"行政机关作出责令停产停业、吊销许可证或者执照、较大数额罚款等行政处罚决定之前,应当告知当事人有要求举行听证的权利;当事人要求听证的,行政机关应当组织听证。"听证程序是针对责令停产停业、吊销许可证或者执照、较大数额罚款以及其他案情复杂、对事实认定有分歧,当事人要求听证的重大行政处罚案件而实行的特别程序,是维护行政处罚相对人权益的重要程序。

本案中,吴某的教师资格证书被吊销符合要求举行听证的事项,如果吴某提出听证的要求,龙岩市新罗区教育局应当组织听证,但是由于龙岩市新罗区教育局在做出吊销吴某小学教师资格证书决定之前,未告知吴某有陈述、申辩等权利,吴某要求听证的权利也无从行使。正是因为龙岩市新罗区教育局在做出吊销吴某小学教师资格证书决定之前,遗漏了告知吴某有陈述、申辩、听证等权利这一环节,程序违法,行政处罚决定不能成立,理应依法予以撤销。

4. 龙岩市新罗区教育局是否需向吴某被告赔礼道歉?

《民法通则》第120条规定"公民的姓名权、肖像权、名誉权、荣誉权受到侵害的,有权要求停止侵害,恢复名誉,消除影响,赔礼道歉,并可以要求赔偿损失。"第121条规定"国家机关或者国家机关工作人员在执行职务中,侵犯公民、法人的合法权益造成损害的,应当承担民事责任。"《国家赔偿法》第30条进一步明确规定行政机关只有在违法拘留或者违法采取限制公民人身自由的行政强制措施、非法拘禁或者以其他方法非法剥夺公民人身自由,并造成受害人名誉权、荣誉权损害的情形下,才以消除影响,恢复名誉、赔礼道歉的方式承担责任。

被告龙岩市新罗区教育局做出的龙新教字(1998)第265号关于吊销吴某同志小学教师资格证的决定,该决定只是抄报、抄送相关单位,并无对外宣传,没有在公众场所曝光,如登报、上电视等;更没有对原告采取限制人身自由的行政强制措施,原告的名誉权、荣誉权并没有受到损害,因此吴某要求龙岩市新罗区消除影响、书面赔礼道歉缺乏法律依据,诉讼请求没有得到支持。

【风险提示】

本案中,龙岩市新罗区教育局是有权做出龙新教字(1998)第265号关于吊销吴某小学教师资格证的决定的,但是行政机关在做出行政决定不仅要注意实体的合法性还要注意程序的合法性。正是因为龙岩市新罗区教育局在做出行政决定时没有告知吴锦华有权进行陈述和申辩,也未给予吴锦华进行陈述和申辩的机会,从而导致龙岩市新罗区教育局的行政决定被撤销。

本案提示行政机关在进行行政处罚时要转变重实体、轻程序的旧观念,一定要严格按照《行政处罚法》的规定,履行应有的程序,不能忽略其中的任何一个环节,否则将承担处罚决定被法院撤销的后果。

三、难圆的"教师梦"①

【案情简介】

2010年6月,小蔡从福建省考入浙江某高校涉外英语本科专业学习。在浙江上学期间,她没有办理户口随迁手续,只是把人事档案迁至位于杭州的大

---

① 李剑平. 一名女大学生的"教师梦"陷入"死循环"[N]. 中国青年报,2015-4-26
(2).

学中。小蔡决定在大学期间完成教师资格考试,以期毕业后去当一名教师。

浙江省教育行政部门决定,从 2011 年下半年起,凡浙江省内(含户籍或人事档案在浙江省)申请幼儿园、小学、初级中学、高级中学、中等职业学校教师资格和中等职业学校实习指导教师资格的人员须参加国家教师资格考试,考试合格后在教育考试院领取中小学幼儿园教师资格考试合格证明(非成绩单),而后申请认定。相关材料在规定时间内经审核通过后即可领取教师资格证书。《中小学教师资格考试合格证明》是申请教师资格认定的必备条件之一,具体进行教师资格认定的日期和要求,请关注本省教师资格认定部门的有关通知。

2013 年下半年,小蔡提供人事档案与杭州高校在校生证明,报考了全国统考的初级中学英语教师资格考试。2014 年 1 月 20 日,小蔡拿到了教育部考试中心颁发的中小学教师资格考试合格证明(初级中学英语)并拿到了国家普通话二级乙等证书。等领到普通话水平测试合格证书,她已从杭州某高校毕业半个月了,人事档案关系也随之转回原籍福建省。到了规定的 2014 年下半年教师资格申请时间,小蔡向杭州市教育行政部门申请领取教师资格证,被告知必须在户籍或者人事档案所在地进行申请,即她不能在浙江领取教师资格证,只能回福建领取相关证书。

2014 年确认无法在浙江省申领证书后,小蔡又拿着自己参加全国考试的中小学教师资格考试合格证明、普通话水平测试等级证书,向福建省中小学教师资格认定指导中心咨询领取教师资格证书事宜。工作人员告知她,在杭州考的成绩不能在福州领证,笔试、面试都要重新考,她也无法在福建申领到教师资格证。

【案例评析】

1. 教师资格是公民获得教师岗位的法定前提条件

我国教师资格制度是国家对教师实行的特定的职业许可制度。教师资格是国家对专门从事教育教学人员的最基本要求,是公民获得教师岗位的法定前提条件。教师资格制度全面实施后,只有依法取得教师资格,持有教师资格证书者,才能在教育行政部门依法批准举办的各级各类学校和其他教育机构中从事教育教学工作。本案中,小蔡想成为一名教师必须取得教师资格,否则,小蔡的教师梦就无法实现。

2. 教师资格考试合格证明是申请教师资格认定的必备条件之一

我国对教师资格设定了国籍、思想品德、学历、教育教学能力等条件,并且要求通过国家教师资格考试。2011 年中小学教师资格考试改革率先在浙江、湖北两省启动,2015 年我国全面推行教师资格全国统考。

本案中,按照浙江省的规定,从 2011 年下半年起,凡浙江省内(含户籍或人事档案在浙江省)申请幼儿园、小学、初级中学、高级中学、中等职业学校教师资格和中等职业学校实习指导教师资格的人员须参加国家教师资格考试,小蔡在杭州就读期间将人事档案迁至位于杭州的大学中,因此可以参加浙江省的国家教师资格考试,并通过了考试。教育部教师资格认定中心于 2012 年 8 月 28 日颁发了《关于中小学和幼儿园教师资格考试全国有效的通知》,明确规定"中小学和幼儿园教师资格考试全国有效",因此,小蔡的《中小学教师资格考试合格证明》无论是在浙江还是在福建都是有效的,已具备了申请教师资格认定的必备条件之一。

3. 小蔡的教师资格申请应由福建省教育行政部门受理

《教师资格条例》第 13 条规定"幼儿园、小学和初级中学教师资格,由申请人户籍所在地或者申请人任教学校所在地的县级人民政府教育行政部门认定"。小蔡在准备齐全规定的材料后就可以向户籍所在地或任教学校所在地人民政府教育行政部门认定提出认定申请,教育行政部门应该在 30 天内做出决定。本案中,小蔡的教师资格认定不能被教育行政部门受理的原因在于她考试合格的地方和户籍所在地不统一。她在浙江考试合格,成绩也在有效期内,只因为到规定的 2014 年下半年教师资格申请时间时,她已从杭州某高校毕业半个月,人事档案关系也随之转回原籍福建省,所以,依《教师资格条例》第 13 条规定,浙江省教育行政部门不受理小蔡的教师资格申请是符合法律规定的。

福建省从 2015 年 1 月起,首次实施教育部教师资格统一考试,与全国教师资格考试进行衔接。此前,该省一直以地方主导"两学"考试为主,即福建省教育考试院面向社会举行的认定教师资格的教育学和心理学考试。2014 年 3 月 17 日,有关部门还特地提示说,福建省"两学"合格证明只在本省有效。福建省"两学"合格证明于 2016 年底失效,失效前,考生可以用"两学"合格证明自愿多次参加面试,取得面试合格证后,按照《教师资格条例》规定申请不同的教师资格。面试合格证有效期为两年。对全日制高校在籍学生,福建省中小学教师资格认定指导中心告示,如果多次参加面试,请认真研究以上条件,并计算好时间,避免取得面试合格证后因为户籍、任教学校不在我省或者因面试合格证有效期限制而无法申请教师资格。小蔡之所以在福建不能申请教师资格是因为她获得的不是福建省"两学"合格证明。但是,福建省教育行政部门不受理小蔡的教师资格申请就是不合法的,虽然她取得的不是福建省"两学"合格证明,但她的国家教师资格合格证是全国有效的,以地方标准否定国家考试的效力是违反法律规定,需要承担责任的。

【风险提示】

教师资格认定是涉及许多参加教师资格考试者切身利益的事,从教育治理的立场来看,教育管理方式应该秉承服务性理念,从对事务的管理转向对人的管理,一切以有利于服务对象的利益为重。只要贯彻服务理念,教育行政部门就会想方设法为相对人提供便利,相对人的利益就能更好地实现。教育行政部门应该维护国家法律的统一性,坚决执行教育法、教师资格条例的相关规定,维护国家考试的效力,不能再设一些所谓的"地方标准",进行严格的区划划分、户籍壁垒,因地方利益而向统一的教师标准"叫板",使国家统一标准无法实现。

四、郭某诉教育局接收其退休归属纠纷案①

【案情简介】

郭某从 1959 年 5 月参加工作至 1963 年上半年在株洲硬质合金厂 601 小学担任小学语文、数学等科目的教学工作。1963 年下半年,因参加工厂劳动不慎受伤后(已作工伤处理),学校安排其在教导处从事管理工作。1972 年,中、小学分部,郭某被分配至初中部工作直至 1980 年 12 月退休。郭某在初中部一直从事管理工作,没有从事教学工作。

---

① 湖南省株洲市中级人民法院:行政判决书(2011)株中法行终字第 37 号,北大法宝 http://www.pkulaw.cn/case_es/pfnl_1970324837812532.html? match = Exact[2015 – 7 – 31].

2005 年 8 月 11 日,株洲市教育局与株洲硬质合金集团有限公司签订《株洲硬质合金集团有限公司子弟中学移交协议书》,双方就株洲硬质合金集团有限公司子弟中学移交株洲市教育局管理达成协议:中学离退休人员的移交待省里政策出台后统一执行。2005 年 9 月 28 日,湖南省教育厅、国有资产监督管理委员会、劳动和社会保障厅、财政厅、人事厅、经济委员会联合发出湘教发〔2005〕101 号《关于妥善解决国有企业办中小学退休教师待遇问题的实施意见》文件。2006 年 3 月 24 日,上述部门联合发出湘教发〔2006〕23 号《关于解决国有企业办中小学退休教师待遇有关问题的补充通知》文件。郭某认为,根据其本人的实际情况,可以比照普通中小学退休教师解决归属问题和退休待遇,并向株洲市教育局提出要求解决退休待遇的报告。

株洲市教育局于 2011 年 6 月 1 日作出答复,根据湘教发〔2005〕101 号文件规定,国有企业办中小学退休教师是指在国有企业办中小学教学岗位上退休的教师。国有企业办中小学退休教师的认定:对在 1996 年前在国有企业办中小学教学岗位上退休的教师,以原企业或原企业主管部门以及当地教育部门出具的相关档案资料为依据;1996 年实行教师资格证制度后,在教学岗位上退休的教师,需持有教育部门颁发的教师资格证为依据。因此,按照有关政策规定,郭某暂不属于移交范围。

郭某不认可株答复起诉至法院,要求株洲市教育局接收其退休归属。法院经审理后认为,原告不属于教学岗位上退休的教师,故要求按退休教师接收其退休归属的理由不能成立,判决驳回原告郭某的诉讼请求。郭某提出上诉,被驳回。

【案例评析】

1. 郭某是否享有教师资格

由于郭某已于 1980 年退休,当时尚未实行教师资格制度,因此没有取得教师资格。1996 年教育部颁布的《教师资格认定的过渡办法》中对人员范围作出规定"申请教师资格过渡的,必须是《教师法》施行之日前已在各级各类学校和其他教育机构中从事教育教学工作的教师(统称在职教师)及承担教育教学任务的其他专业技术人员和教育职员(统称其他人员)。"从《过渡办法》中将"教师"和"承担教育教学任务的其他专业技术人员""教育职员"分别列举的表述来解释,可以获得教师资格的不仅仅限于教师,教育职员也可以取得教师资格。

教育部 2001 年《关于首次认定教师资格工作若干问题的意见》第 12 条规定,关于早期退(离)休教师认定教师资格问题。考虑到部分早期离(退)休教师要求认定教师资格的愿望,各地对于 1993 年 12 月 31 日以前办理手续的退(离)休教师,可以视同具备教师资格认定条件。本案中,结合两者的规定,郭某一直在学校从事管理工作,可以视为教育职员,取得教师资格。

2. 郭某是否应该享受退休教师待遇

按照以上分析,郭某应该被认定为教师,享受退休教师待遇。郭某之所以提出诉讼,原因在于企业的退休待遇和移交到教育部门的原国有企业办中小学退休教师待遇差距拉大,留在企业的退休教师的待遇偏低。为解决这一问题,国务院办公厅国办发〔2004〕9 号《关于妥善解决国有企业办中小学退休教师待遇问题的通知》规定,从 2004 年 1 月 1 日起,在企业办中小学移交地方政府管理时,企业退休教师一并移交。在职人员的移交要在核定的编制限额内进行。移交后,退休教师退休金待遇按照当地政府办中小学同类人员标准执行。

株洲市教育局与株洲硬质合金集团有限公司签订《株洲硬质合金集团有限公司子弟中学移交协议书》是在 2005 年 8 月 11 日,应该适用国务院的规定"在企业办中小学移交地方政府管理时,企业退休教师一并移交"。株洲市教育局根据湘教发〔2005〕101 号文件规定,将国有企业办中小学退休教师仅限于在国有企业办中小学教学岗位上退休的教师,排除承担教育教学任务的其他专业技术人员和教育职员,与《教师资格认定的过渡办法》不符,应该认定郭某退休教师的身份,按照国务院的《通知》的规定一并移交给教育局,使其享受退休教师的待遇。

3. 本案是否具有可诉性

行政行为可以分为抽象行政行为和具体行政行为。抽象行政行为是指国务院制定、发布的行政法规,国务院各部委制定、发布的部门行政规章,地方省级人民政府、省政府所在地的市的人民政府和国务院批准的较大的市的人民政府制定、发布的地方行政规章,各级各类行政机关发布的具有普遍约束力的决定、命令等。当事人对任何抽象行政行为不服,都不得直接地或在起诉具体行政行为时附带地向法院提起诉讼。具体行政行为是指国家行政机关和行政机关工作人员、法律法规授权的组织、行政机关委托的组织或者个人在行政管理活动中行使行政职权,针对特定的公民、法人或者其他组织,就特定的具体事项,作出的有关该公民、法人或者其他组织权利义务的单方行为。

株洲市教育局 2011 年 6 月 1 日的答复是由行政机关针对特定公民郭某请求接收其退休归属的具体事项做出的,对郭某的权利产生直接的影响,应该被认为是具体行政行为,属于行政诉讼的范畴。同时,《行政诉讼法》第 12 条规定人民法院受理公民、法人或者其他组织提起的诉讼中包括"认为行政机关没有依法支付抚恤金、最低生活保障待遇或者社会保险待遇的",因此,株洲市教育局辩称答复不是具体行政行为,不具有可诉性是不成立的。

【风险提示】

国有企业办中小学退休教师待遇牵扯到的人数众多,情况复杂,政策性强,若不能妥善解决将引发社会问题。各级人民政府和教育行政主管部门要高度重视,加强领导,切实从当地实际情况出发,抓紧制定具体的政策措施和工作方案,精心组织,周密部署,认真实施,将国有企业办中小学退休教师的待遇问题妥善解决好,维护社会稳定。教育行政主管部门要尊重历史,认可教师资格制度实施之前在职和退休教师的教师资格,不要缩小法律法规的适用范围,将教育职员排除在外,伤了这些一辈子从事教育事业的老教师的心。

五、高校教师违背师德案①

【案情简介】

2014 年 10 月 24 日,举报人刘某给北京大学纪检网站等发送举报邮件,实名举报北大国际关系学院副教授余某,诱骗北大在读女留学生发生不正当关系,刘某和该女留学生要求北大对余某"双开"。

女留学生王静(化名)于 2013 年就读北京大学国际关系学院,认识了讲授选修课——"美国外交研究"的老师余某。2014 年 7 月,余某要求王静参加一

---

① 李江涛. 弄大学生肚子——北大余万里被撤销教师资格. 中国在线 http://www.chinadaily. com. cn/dfpd/dfshehui/2014 – 11 – 24/content_12768098. html[2015 – 7 – 31].

个课题会并来到了王静的宿舍,侵犯了王静。此后王静和余某保持了长期的性关系。在这期间,王静并不知道余某已经结婚。在知道余某已经结婚的事实之后,王静不能接受这种不伦关系,但受到余某性虐待、拍裸照威胁,怀孕后又被逼迫堕胎。11月21日,北京青年报报道了北京大学国际关系学院副教授余某与女留学生发生关系导致其怀孕一事。22日晚,北京大学新闻网发布了《关于余某处理的通告》。

通告称:根据举报,学校迅速调查、核实相关情况,按照查清事实、认定责任、严肃处理的原则展开工作。经调查,我校教师余某与女学生王某发生不正当性关系,并造成不良后果,影响恶劣。根据学校教师管理的相关规定,经院系及学校党委研究决定,给予余某开除党籍、撤销教师职务、撤销教师资格处分,开除出教师队伍,成为2014年教育部专门为高校教师的师德行为列出"红七条"以来,首名受到处分的北京高校教师。

【案例评析】

1. 北京大学是处理余某违纪事件的责任单位

根据《教师资格条例》的规定,受国务院教育行政部门或者省、自治区、直辖市人民政府教育行政部门委托的高等学校,负责认定在本校任职的人员和拟聘人员的高等学校教师资格。北京大学作为国务院教育行政部门委托的高等院校,负责认定在本校任职的人员和拟聘人员的高等学校教师资格,余某的高等学校教师资格由北京大学认定。在余某违纪事件发生后,北京大学具有撤销其高等学校教师资格的权力。

2. 余某违背高校教师师德应该受到处罚

教育工作的根本任务是立德树人。育有德之人,靠有德之师。针对少数高校教师理想信念模糊,育人意识淡薄,甚至学术不端,言行失范、道德败坏等,特别是极少数高校教师失德行为的出现,教育部教师〔2014〕10号《关于建立健全高校师德建设长效机制的意见》中对高校教师师德划出"七条红线",其中明确规定不得对学生实施性骚扰或与学生发生不正当关系。有违师德规定,依法依规分别给予警告、记过、降低专业技术职务等级、撤销专业技术职务或者行政职务、解除聘用合同或者开除,对严重违法违纪的要及时移交相关部门。

本案中,余某在自己已经结婚的情况下,与学生发生不正当关系,违反了高校教师师德的规定。根据学校教师管理的相关规定,经院系及学校党委研究决定,给予余某开除党籍、撤销教师职务、撤销教师资格处分,开除出教师队伍的处分是恰当的。

3. 撤销教师资格的程序

根据《〈教师资格条例〉实施办法》第26条规定,应当被撤销教师资格者,由县级以上人民政府教育行政部门按教师资格认定权限会同原发证机关撤销资格,收缴证书,归档备案。被撤销教师资格者自撤销之日起5年内不得重新取得教师资格。本案中,按照《教师资格条例》第19条,余某因道德品质等原因被撤销教师资格。

撤销教师资格的具体程序是:第一,根据当事人所在单位的建议及有关法律法规规定,在当事人的《教师资格认定申请表》的备注栏内注明撤销原因及处理意见并加盖批准撤销的机构的公章。第二,将撤销教师资格的决定书面通知当事人。第三,收缴当事人的教师资格证书,在证书的备注页中注明撤销教师资格的时间,同时在教师资格管理信息系统中做相应的记录,并报省级教育行政部门备案。第四,当事人5年后再次申请教师资格时,需要提供与撤销教师资格有关的证明材料,并按规定重新认定。

【风险提示】

师德是教育者必须具有的品德,但绝不仅止于品德,它也是教师必须遵守的行为规范。中华人民共和国教育部、中国教科文卫体工会全国委员会于2011年12月23日颁布了《高等学校教师职业道德规范》,2014年10月9日教育部制定《关于建立健全高校师德建设长效机制的意见》,划出被称为"红七条"的师德禁行行为。教育行政主管机关对于违反师德的行为必须予以严惩,撤销教师资格,注意对事实的认定和法定程序的遵守,并给予被处罚者陈述、辩解和申诉的权利。

六、陈某诉教育局资格认定通知纠纷案①

【案情简介】

某市公务员局于 2013 年 11 月 14 日发出漳人综(2013)161 号《某市部分县(市)2013 年小学英语、信息技术学科新任教师专项招聘方案》,拟向社会公开招聘小学英语、信息技术学科新任教师。招聘方案附件对小学英语的招聘职位条件要求的专业是"英语、英语教育、小学教育(英语方向)、初等教育(英语方向)、教育学(英语方向)、应用英语(师范类)"。

陈某以网上报名方式报考了某市小学英语教师的职位并通过了某市教育局的资格初审和笔试,但在复核时,某市教育局 2014 年 1 月 10 日向陈某做出通知,认为根据《某市部分县(市)2013 年小学英语、信息技术学科新任教师专项招聘方案》,陈某提供的教师资格证书(证书号码××××××××××××)中任教学科为"外语",而在网上报名登记表"教师资格任教学科"一栏中填写为"小学英语",任教学科与本次招考方案要求不一致。陈某对该通知不服,向法院提起行政诉讼,要求撤销某市教育局所做的通知。

【案例评析】

1. 教育局的资格审查行为属于具体行政行为

具体行政行为,是指国家行政机关和行政机关工作人员、法律法规授权的组织、行政机关委托的组织、或者个人在行政管理活动中行使行政职权,针对特定的公民、法人或者其他组织,就特定的具体事项,作出的有关该公民、法人或者其他组织权利义务的单方行为。《事业单位公开招聘人员暂行规定》第 6 条"政府人事行政部门是政府所属事业单位进行公开招聘工作的主管机关。政府人事行政部门与事业单位的上级主管部门负责对事业单位公开招聘工作进行指导、监督和管理"以及第 15 条"用人单位或者组织招聘的部门应对应聘

---

① 福建省漳州市中级人民法院:行政判决书(2014)漳行终字第 38 号,中国裁判文书网 http://wenshu. court. gov. cn/content/content? DocID = 87489bc1 - eb00 - 40fd - 95d6 - 88325e1880c2[2015 - 7 - 31].

人员的资格条件进行审查,确定符合条件的人员"的规定。

本案中,某市教育局是本次招聘的事业单位的上级主管部门,负有对本次公开招聘工作进行指导、监督和管理的职责,某市教育局是以自己的名义向陈某做出有关其任教学科与本次招考方案的要求不一致的《通知》,并不是以招聘单位的名义做出,故其该行为应视为其对招聘工作所做的监督管理行为,并对陈某的合法权益产生了实际影响,因此某市教育局对陈某的《通知》属于具体行政行为。

2. 具体行政行为需有具体、明确适用的法律、法规

行政机关做出具体行政行为必须事实清楚、证据充分,适用法律、法规正确,不违反法定程序。根据《行政诉讼法》第70条,行政行为有下列情形之一的,人民法院判决撤销或者部分撤销,并可以判决被告重新做出行政行为:(一)主要证据不足的;(二)适用法律、法规错误的;(三)违反法定程序的;(四)超越职权的;(五)滥用职权的;(六)明显不当的。被诉具体行政行为所明确适用的具体法律、法规及规章的条文,是判断被诉具体行政行为适用法律、法规是否正确的前提。

本案中,某市教育局的《通知》仅有认定事实部分,却未援引相关法律、法规及其具体条文款项,因此无法判断其是根据哪一部具体法律、法规或规章的具体条款做出被诉具体行政行为,故应属适用法律、法规错误,法院最终判决撤销某市教育局于2014年1月10日对陈某做出的《通知》。

【风险提示】

教育行政机关是学校的上级主管机关,对学校公开招聘工作负有指导、监督和管理的职责,对入选人员进行资格复核是其指导、监督和管理工作的一部分,并且以自己的名义做出通知,对相对人的权利义务发生影响的行为应该属于具体行政行为。只要是具体行政行为就应该指明依据的法律、法规及其具体条文款项,否则应属于适用法律、法规错误,将会被法院撤销。

七、梁某诉教育局行政行为违法纠纷案①

【案情简介】

2009 年 8 月 12 日,鹤城区委、区政府成立怀化市鹤城区公开招考幼儿教师工作领导小组,决定采取"公开、公正、定岗"的形式向社会招考幼儿教师,并制定了《怀化市鹤城区 2009 年公开招考幼儿教师实施方案》。领导小组由区委、区政府及区直有关职能部门的领导担任组长、副组长和成员。领导小组下设办公室,办公室设在区教育局,负责报名、资格审查、命题、制卷、监考、阅卷、统分、试教、初定录用人员等日常工作。办公室根据笔试、面试成绩的总成绩提出初定名单,交领导小组审核后予以公示。《实施方案》第 3 条报考对象及条件规定了报考对象身高在 1.5 米以上。该规定是参照湖南省教育厅于 2009 年 6 月 22 日制定的《湖南省农村义务教育阶段学校教师特设岗位计划招聘办法(试行)》(湘教发〔2009〕31 号)"身体健康,五官端正,身高男性 160cm,女生 150cm 以上,无传染病和精神病史"的规定而制定的。

梁某报名参加考试并顺利通过笔试和面试,笔、面试成绩折算后总分为 78.90 分,在所有参考生中名列第二。但在后来的体检过程中,由于她的身高达不到 1.5 米,不符合鹤城区《实施方案》和省教育厅《招聘办法》中的有关身高规定,未能通过体检而没有被录取。梁某认为怀化市鹤城区教育局制定的《怀化市鹤城区 2009 年公开招考幼儿教师实施方案》中规定幼儿教师身高为 1.5 米的限定违法,诉至鹤城区人民法院,请求法院判决被告取消录用其为幼儿教师的具体行政行为违法,并责令录用梁某为幼儿教师。

【案例评析】

1. 怀化市鹤城区教育局是适格被告

《行政诉讼法》第 26 条规定,公民、法人或者其他组织直接向人民法院提起诉讼的,做出行政行为的行政机关是被告。本案中,教育行政部门作为一级

---

① 怀化市鹤城区人民法院行政判决书(2010)怀鹤行初字第 27 号:北大法宝,http://www.pkulaw.cn/case_es/pfnl_1970324837395263.html? match = Exact〔2015 - 7 - 31〕.

政府的职能部门,其职能是政府职能在教育领域的具体化,根据《怀化市鹤城区 2009 年公开招考幼儿教师实施方案》第一条、第十条的规定,"领导小组下设办公室,办公室设在区教育局","办公室负责报名、资格审查、命题、制卷、监考、阅卷、统分、试教、初定录用人员等日常工作",是对鹤城区教育局在本次招考工作中主要职能的细化;"领导小组办公室根据笔试(含优惠分)和面试成绩的总成绩提出初定名单,交领导小组审核后予以公示,接受民主监督",领导小组对鹤城区教育局提出的初定名单进行审核只是其内部审批程序,而直接对招考对象即梁某的招考结果进行公示的具体行政行为则由鹤城区教育局做出,因此鹤城区教育局关于其主体不适格的理由不能成立。

2. 身高歧视侵犯公民的就业平等权

《宪法》第 33 条第 2 款规定,中华人民共和国公民在法律面前一律平等;第 42 条第 1 款规定,中华人民共和国公民有劳动的权利和义务。《就业促进法》第 3 条规定,劳动者依法享有平等就业和自主择业的权利,不因民族、种族、性别、宗教信仰等不同而受歧视;第 62 条规定,违反本法规定实施就业歧视的,劳动者可以向人民法院提起诉讼。平等就业权受到歧视与限制的,劳动者有权诉诸司法救济,法院不得拒绝裁判。

本案中,梁某报考幼儿教师,该岗位不以身高为必要条件,而以专业知识、心理素质、礼仪技巧等素养为必需,梁某参加考试并顺利通过笔试和面试,在所有参考生中名列第二,说明她完全具备幼儿教师岗位的素质要求,应该被录取。

身高歧视是由来已久的现象,在"不同行业有且应当有自己的职业要求"的思维定式下,关于身高的限制存在普遍性。法律并不保障绝对的平等,可以设定条件进行差别对待,但是分类的标准必须是与目的具有直接而紧密的联系,具备合理性。用人单位若因应聘者身高不达标而拒之门外,就应该说明身高与工作的关系。不是特定行业,招聘时通常不能对应聘人的自然属性,比如身高、性别、民族、年龄等进行限制,因为这些属性都是自然状态的,是人不能选择的。如果特殊行业有特殊需要,对应聘者的年龄、身高确实有要求,也应当履行公示的原则,把限制内容的合理性和必要性予以充分说明。本案中,幼儿教师的身高限制与能否胜任幼儿教师的工作之间没有直接的联系,因而属于不合理的差别对待,侵犯了梁某的就业平等权。

3.《实施方案》内容违法

歧视性规定违反了我们国家很多层次的法律:首先是宪法第 33 条规定公民在法律面前一律平等;其次是《教师法》第 10 条规定,中国公民凡遵守宪法和法律,热爱教育事业,具有良好的思想品德,具备本法规定的学历或者经国家教师资格考试合格,有教育教学能力,经认定合格的,可以取得教师资格。根据法律的规定,成为一名教师并没有身高的限制,可以取得教师资格,但却在学校录用时被拒之门外是不合理的。因此,即使怀化市鹤城区教育局认为《实施方案》第三条关于报考对象身高在 1.5 米以上的规定是参照湖南省教育厅于 2009 年 6 月 22 日制定的《湖南省农村义务教育阶段学校教师特设岗位计划招聘办法(试行)》(湘教发[2009]31 号)"身体健康,五官端正,身高男性 160cm,女生 150cm 以上,无传染病和精神病史"的规定而制定,但是由于该规定与《宪法》和《教师法》的冲突而违法。

【风险提示】

教育行政主管机关享有制定规则的权力,但是在行使权力的时候必须与上位法保持一致,包括宪法、法律、行政法规,法无明文禁止的事项,教育行政主管机关不能自设限制。教育行政主管机关在制定规则时,若对公民的权利构成限制,必须公示限制的事项与目的之间的合理联系,否则就会构成歧视,成为行政诉讼的被告。如果制定规则时需要遵照上位法,必须考察上位法是否与更高的上位法,直至宪法相一致,如果不一致就应该以更高的上位法为依据,而不能不考察上位法的合法性、合理性直接拿来就用。

八、魏某要求教育局履行法定职责纠纷案①

【案情简介】

1999 年 1 月 29 日,上海奥利安娜号观光娱乐有限公司(以下简称公司)向幼教第一学区发出要求调动魏某至公司工作的商调函,长宁区教育局于 1999

---

① 上海市第一中级人民法院:行政判决书(2001)沪一中行终字第 126 号,北大法宝 ht-tp://www. pkulaw. cn/case/pfnl_a25051f3312b07f3e7c53c5c187eb3c7d4af4b7e6ad7a6d3bdfb. html? match = Exact[2015 - 7 - 31].

年1月29日开具魏某至公司工作的干部调动介绍信和工资转移单。1999年2月至8月间,魏某在公司工作,公司支付劳动报酬,并缴纳"四金"。

1999年8月10日,公司函告幼教第一学区,称公司无调配权,曾发出的商调函无效,魏某不能以调动形式在公司工作,将魏某的调动介绍信退回幼教第一学区。魏某找长宁区教育局要求回原单位工作,长宁区教育局表示不能让魏某回原单位工作。魏某根据《教师法》第39条的规定,于2000年12月18日向长宁区教育局提出申诉,要求长宁区教育局:(1)安排魏某回新华路幼儿园工作。(2)补发魏某1999年9月至今每月工资。(3)按规定为魏某缴纳调动至今的"四金"。

长宁区教育局认为魏某不是教师,且与原单位新华路幼儿园已解除劳动合同,对魏某的申诉不予处理。2001年2月9日,魏某向上海市长宁区人民法院提起行政诉讼,要求判令长宁区教育局履行法定职责,依法处理魏某行政调动遗留问题。本案经过上海市长宁区人民法院和上海市第一中级人民法院的审理,最终驳回了魏某的诉讼请求。

【案例评析】

1. 教育行政部门的法定职权

《教师法》第39条规定:"教师对学校或者其他教育机构侵犯其合法权益,或者对学校或者其他教育机构做出的处理决定不服的,可以向教育行政部门提出申诉,教育行政部门应当在接到申诉的三十日内,做出处理。"

由于申诉范围,没有具体的解释,应从宽掌握,只要是侵犯了教师的合法权益或者教师对处理决定不服,均可提出申诉,教育行政部门具有在三十日内做出处理的法定职责。本案中,魏某认为自己在调动未成,也不能回原单位工作,劳动权受到侵犯的情况下向上海市长宁区教育局提出申诉是魏某的权利。

2. 存在劳动关系是教育行政主管部门履行职责的前提

劳动关系是劳动者与用人单位建立的法律关系,教育行政主管部门处理教师的申诉必须建立在教师和用人单位存在合法劳动关系的基础上。

本案中魏某自行联系到公司工作,并且已到公司工作。由于公司是企业,不能采用调动的方式办理魏某的劳动关系,要求魏某另行办理退工用工手续。1999年2月至8月间,魏某在公司工作,由公司支付劳动报酬,并缴纳"四金",公司与魏某已实际建立劳动关系,魏某与新华路幼儿园的劳动关系也已实际解除。魏某再向长宁区教育局申诉,要求安排工作,因长宁区教育局已失去了履行法定职责的前提条件,长宁区教育局明示拒绝,并无不当。

3. 教育行政部门履行法定职责的对象是在职教师

教师法适用于在各级各类学校和其他教育机构中专门从事教育教学工作的教师,具体包括各级人民政府举办的幼儿园,普通小学,特殊教育学校,工读学校,技工学校,普通中学,职业中学,中等专业学校,全日制普通高等学校,高等职业学校,成建制初、中、高等成人学校的教师。少(青)年宫、少年之家、少年科技站、电化教育机构中的教师,省、市(地)、县级的中小学教研室的教学研究人员,学校中具备教师资格、具有教师职务、担负教育教学工作的管理人员或者其他专业技术人员。是否适用教师法与干部或者工人编制无关,魏某原系新华路幼儿园工勤人员,不是教师,因此长宁区教育局对其申诉不予处理并无不当。

【风险提示】

教育行政主管部门在受理教师关于劳动关系的申诉时需要注意可以提出申诉的必须是在职教师。第一,教育行政主管部门只能接受教师的申诉,在学校或其他教育机构工作但不是教师的人提起的申诉,教育行政主管部门是不能接受的。第二,教育行政主管部门只能审查存在的劳动关系是否应该解除,对于已经解除的劳动关系没有审查的职责。

九、杨某诉教育局行政决定纠纷案[①]

【案情简介】

杨某于1997年5月从重庆市经济管理干部学院调入成都大学任教。1999年6月,杨某向所属的成都大学企管系(现改为工商管理系)提交了"请调报告"。1999年9月30日,成都大学对杨某做出《关于杨某予以除名的决定》,该决定载明:工商管理系教师杨某自开学以来不假不到,擅自离岗。经1999年9

---

① 四川省成都市中级人民法院:行政判决书(2005)成行终字第70号,法律图书馆 ht-tp://www.law - lib.com/cpws/cpws_view.asp? id = 200401224175[2015 - 7 - 31].

月 22 日,党委会研究决定,对杨某予以除名,由学校人事处报成都市人事局下编。2000 年 7 月,杨某得知自己被成都大学除名,并由学校人事处报市人事局下编,杨某向学校人事处交纳档案管理费 360 元。

2002 年 12 月,杨某向成都市教育局提出申诉,成都市教育局于 2003 年 2 月做出《教师申诉处理意见书》。该意见书认定,杨某在开学后未向学校请假连续旷工 15 日以上,事实清楚。但成都大学未将除名决定送达杨某,违反了《四川省国家行政机关、全民所有制事业单位辞退工作人员暂行办法》的相关规定,且"除名"一词提法欠妥。成都大学收取杨某档案管理费于法无据。遂做出处理意见:(一)撤销成都大学做出的《关于对杨某予以除名的决定》(成大校人字(1999)7 号文件),责令其依法重新做出决定;(二)成都大学退还收取杨某的档案管理费 360 元;(三)对杨某的其他申诉请求不予支持。申诉处理意见书自送达之日起生效。申诉人和被申诉人对本意见若有不服,可向成都市人民政府申请复核。

杨某不服该意见书,于 2004 年 6 月 21 日向成都市青羊区人民法院提起行政诉讼,后经成都市中级人民法院二审,判决:(一)撤销被告成都市教育局2003 年 2 月 23 日作出的《教师申诉处理意见书》。(二)成都市教育局在判决生效后 30 日内重新作出具体行政行为。

【案例评析】

1. 本案是否属于行政诉讼法规定的受理范围

成都市教育局认为其对杨某做出的《教师申诉处理意见书》属调解行为,根据最高人民法院《关于执行〈行证诉讼法〉若干问题的解释》第 1 条第 1 款第(三)项关于"公民、法人或其他经济组织对下列行为不服提起诉讼的,不属于人民法院行政诉讼的受案范围:(三)调解行为以及法律规定的仲裁行为"的规定,不具有可诉性。

调解是指双方或多方当事人就争议的实体权利、义务,在人民法院、人民调解委员会及有关组织主持下,自愿进行协商,通过教育疏导,促成各方达成协议、解决纠纷的办法,而成都市教育局按照《教师法》第 39 条做出处理的行为不具备调解的特征,应该属于具体的教育行政行为。根据国家教委《关于〈教师法〉若干问题的实施意见》和《行政复议法》第 12 条的规定,杨某可以依法选择提起行政诉讼。

2. 成都市教育局对杨某的申诉是否具有做出处理决定的行政职权

成都市教育局认为成都大学是普通高等学校，其教育行政部门按级别管辖应为四川省教育厅，因此其无权做出《教师申诉处理意见书》。根据《教师法》第 2 条关于教师的规定，杨某作为成都大学的一名教师，属《教师法》调整范围，依第 39 条的规定，教师对学校做出的处理不服的，可以向教育行政部门提出申诉，但没有规定向哪一级的教育部门提出申诉，《四川省实施〈教师法〉条例》第 36 条则进一步规定了教师对学校提出的申诉，由其所在的行政区域的教育行政部门受理。

成都大学是由成都市人民政府主办，实行"省市共建共管，以市为主"的办学体制，因此，成都大学所在的行政区域的教育行政部门应为成都市教育局，成都市教育局对杨某的申诉具有做出处理决定的行政职权。

3. 成都市教育局适用《四川省国家行政机关、全民所有制事业单位辞退工作人员暂行办法》的规定对杨某做出辞退处理是否正确

《教师法》是 1993 年 10 月 31 日第八届全国人民代表大会常务委员会第四次会议通过的法律，《四川省实施〈教师法〉条例》是四川省人大常务委员会于 1995 年 4 月 26 日颁布的地方性法规，而《四川省国家行政机关、全民所有制事业单位辞退工作人员暂行办法》只是四川省人民政府批准，四川人事厅发布的规范性文件，从法律位阶看，《教师法》和《四川省实施〈教师法〉条例》法律位阶高于《四川省国家行政机关、全民所有制事业单位辞退工作人员暂行办法》；其次，《教师法》和《四川省实施〈教师法〉条例》调整的范围是各级各类学校的教师，且该两个法律规范中明确规定了对教师给予行政处分或解聘的情形。

杨某作为一名教师，对其申诉处理应优先适用特别法即《教师法》和《四川省实施〈教师法〉条例》的有关规定。因此，成都市教育局适用《四川省国家行政机关、全民所有制事业单位辞退工作人员暂行办法》对杨某做出《教师申诉处理意见书》适用法律错误。

4. 成都市教育局做出的《教师申诉处理意见书》的行政程序是否合法

根据《教师法》第 39 条之规定，成都市教育局于 2002 年 12 月 23 日受理杨某的申诉，于 2003 年 2 月 26 日、27 日向当事人送达处理意见，其做出的《教师申诉处理意见书》已超过了该规定三十日的法定期限，属于程序违法。成都市教育局作为教育行政管理部门，应严格按照法律、法规规定的程序实施具体行

政行为,其行使公权力只能以是否符合法律规范的规定或者正当程序的要求为标准,而不能视相对人是否同意而随意处置法定程序。

【风险提示】

教育行政主管机关在处理类似问题时需要注意,第一,在法律规定的时限内做出行政行为,不得以行政相对人的意见而随意对待法律时限,否则将会导致行政行为无效。第二,正确适用法律,国家法律法规和地方性法规做出规定的事项,不得以地方政府规章为依据做出行政行为。第三,正确认识行政行为的性质,区分行政调解与其他行政行为。第四,明确教育行政争议的管辖原则和范围,正确履行对教育行政争议的管辖权,既不推诿也不滥用。

十、孔某诉教育厅行政赔偿处理决定纠纷案①

【案情简介】

2014 年 4 月 4 日,山东省人民政府做出鲁政复决字(2011)178 号《行政复议决定书》,确认山东省教育厅在 2011 年中专学校高级讲师职称评审时,对孔某做出非国民教育大学本科学历而不具备参评资格的认定行为,违反了中等专业学校教师职务评定工作的相关规定。

孔某于 2014 年 9 月 3 日向山东省教育厅邮寄了《要求行政赔偿书》,其主要内容为:因山东省教育厅对孔某做出非国民教育大学本科学历而不具备参评资格的认定行为和发放省内承认的学历证书的行为违法,孔某要求山东省教育厅赔偿其损失 424000 元。山东省教育厅于 2014 年 11 月 4 日做出《行政赔偿申请答复意见》,未给予孔某赔偿。孔某不服,在法定期限内向济南市历下区人民法院提起行政赔偿诉讼。济南市历下区人民法院作出的(2015)历行初字第 16 号行政赔偿判决书,驳回了孔某的行政赔偿要求。孔某不服一审判决,上诉于济南中级人民法院,该院作出的(2015)济行终字节第 156 号行政判决书,判决驳回上诉,维持原判。

---

① 济南中级人民法院:行政判决书(2015)济行终字第 156 号,中国裁判文书网 http://wenshu. court. gov. cn/content/content? DocID = 0f0510d0 - a841 - 47f1 - 829d - ab03cd672ca0[2015 - 7 - 31].

【案例评析】

1. 行政赔偿诉讼的提出需满足法定条件

根据《行政诉讼法》第41条、第67条,《国家赔偿法》第9条、第13条的规定,行政赔偿请求人提起行政赔偿诉讼应当具备如下条件:(1)原告是行政侵权行为的受害人。(2)行政赔偿诉讼的被告是执行行政职权违法,侵犯公民、法人或其他组织的合法权益,并造成损害的行政机关及法律法规授权的组织。(3)原告提起赔偿诉讼,必须有明确具体的诉讼请求,提供有关证据材料。(4)属于人民法院受案范围及受诉人民法院管辖。(5)原告单独提出赔偿请求的,必须经过赔偿义务机关的先行处理,这是提起行政赔偿诉讼的前提条件。(6)在法律规定的时效内起诉。

《国家赔偿法》规定,当事人提出赔偿请求的时效为2年,从侵害行为被确认为违法之日起计算。对赔偿义务机关逾期不予赔偿或对赔偿数额有异议的,应当在赔偿义务机关处理期限届满后的3个月内向人民法院提起诉讼。一并请求赔偿的时效按照行政诉讼的规定进行。《最高人民法院关于审理行政赔偿案件若干问题的规定》第2条规定:"赔偿请求人对行政机关确认具体行政行为违法但又决定不予赔偿,或者对确定的赔偿数额有异议提起行政赔偿诉讼的,人民法院应予受理。"

本案中,孔某是山东省教育厅违法行为的受害人,明确提出了赔偿损失484000元的诉讼请求,并且在起诉前已向山东省教育厅提出了《要求行政赔偿书》,山东省教育厅做出《行政赔偿申请答复意见》,未给予孔某赔偿。孔某在山东省教育厅做出不予赔偿决定后三个月内向法院提起行政赔偿诉讼,是行政诉讼的受案范围,人民法院应予受理。

2. 行政赔偿诉讼的范围是直接损失

《国家赔偿法》第28条的规定:侵犯公民、法人和其他组织的财产权造成损害的,按照下列规定处理:(一)处罚款、罚金、追缴、没收财产或者违反国家规定征收财物、摊派费用的,返还财产;(二)查封、扣押、冻结财产的,解除对财产的查封、扣押、冻结,造成财产损坏或者灭失的,依照本条第(三)、(四)项的规定赔偿;(三)应当返还的财产损坏的,能够恢复原状的恢复原状,不能恢复原状的,按照损害程度给付相应的赔偿金;(四)应当返还的财产灭失的,给付相应的赔偿金;(五)财产已经拍卖的,给付拍卖所得的价款;(六)吊销许可证和执照、责令停产停业的,赔偿停产停业期间必要的经常性费用开支;(七)对财产权造成其他损害的,按照直接损失给予赔偿。

孔某认为自己已在教师岗位任教 30 年,1993 年取得讲师资格,1996 年被学校聘任为讲师,在讲师岗位教学 20 年。2011 年上诉人参加成人中专学校高级讲师职称评定,经专家组评审,取得学校量化赋分总分第一名的成绩,学校按法定程序,将评审材料由济南市报给上诉人。当年学校参加高级讲师职称评定者入围 5 人,现其中 3 人(当年学校量化赋分总分第二名至第四名)已取得高级讲师资格并被学校聘任。如不是被上诉人违反了中等专业学校教师职务评审工作的相关规定且发放省内承认的学历证书违法,上诉人当年就会顺理成章地、合理合法地取得高级讲师资格,已被学校聘为高级讲师。正是因为山东省教育厅违反了中等专业学校教师职务评审工作的相关规定和发放省内承认学历证书违法,造成上诉人丧失高级职称待遇损失 324000 元,因精神打击身体日益衰弱损失 100000 元,共计 424000 元。

但按照《专业技术资格评定试行办法》(人职发(1994)14 号)、《中央职称改革工作领导小组关于认定专业技术职务任职资格的原则意见》以及《企事业单位评聘专业技术职务若干问题暂行规定》明确规定专业技术任职资格(职称)不与工资等待遇挂钩,上诉人主张的因职称评审产生的工资待遇损失无法律依据,其损失是建立在孔某被聘为高级讲师的前提下才能产生的,只是间接损失而非直接损失,不符合《国家赔偿法》给予行政赔偿的范围。

【风险提示】

行政赔偿是指行政主体违法实施行政行为,侵犯相对人合法权益造成损害时由国家承担的一种赔偿责任。教育行政机关属于行政机关的一种,行使着众多的行政权力,实施着各种行政行为,这些行政行为必须在法律法规的范围内,否则就会成为违法的行政行为。违法行政行为若给行政相对人造成物质损失和直接损失,将会引起行政赔偿。所以,教育行政机关的行政行为必须慎之又慎。

十一、吴某诉教育局职称评审纠纷案①

【案情简介】

吴某系永定县高陂中学二级教师。1999 年 11 月 8 日,永定县教育局职改办在征得永定县职称改革领导小组办公室同意后,下达"永定县中学一级职数调整方案",该方案核定吴某所在的永定县高陂中学当年度可用中学一级教师职数为 3 名。高陂中学对本校申报对象的资历、学历、考核、教学成绩等方面情况进行量化评分,吴某因积分排列第 7 名而未获得永定县中学教师初级职务评审委员会的评审推荐。

吴某认为,由于永定县教育局对省职改文件规定的职责不作为,剥夺他中教一级的申报评审权,要求永定县教育局确定吴某相应职称,补发吴某应得而未得的工资待遇,而向福建省永定县人民法院提出诉讼,法院最终驳回起诉。

【案例评析】

1. 永定县教育局不是适格被告

永定县法院经审理认为,根据福建省职称改革领导小组、福建省人事局《福建省关于专业技术职务评审组织及评审工作的若干规定》第 1 条"专业技术职务评审委员会是负责考核评议专业技术人员是否符合相应专业技术职务任职资格条件的组织,其职责是:根据国家和省关于职称改革的政策规定,对被推荐的专业技术人员的任职资格条件进行评审,提出具备任职条件的评审或推荐意见"和第 3 条第 3 款"初级职务评委会由县和相当于县级单位组建,负责……对未取得相应初级职务任职资格的评审推荐工作"的规定,永定县教育局不是中学一级教师职务任职资格的法定评审推荐机构,没有承担中学一级教师职务任职资格评审推荐的法定义务,而只有永定县中学教师初级职务评审委员会才是中学一级教师职务(中级职务)任职资格评审推荐组织,评审

---

① 福建省永定县人民法院:行政判决书(2002)永行初字第 5 号,北大法宝 http://pku-law.cn/case/pfnl_1970324837021237.html? match = Exact[2015 - 7 - 31].

委员会与永定县教育局没有隶属关系。由于永定县教育局不具备评审和推荐中学一级教师职务的法定义务,所以永定县教育局不是适格被告。这也是法院最终驳回吴某起诉的理由。

2. 本案属于行政诉讼的受案范围

根据《行政诉讼法》第 12 条的规定,人民法院不受理行政机关对行政机关工作人员的奖惩、任免等决定而提起的诉讼。最高人民法院《关于执行〈行政诉讼法〉若干问题的解释》第 4 条明确了"对行政机关工作人员的奖惩、任免等决定"中所指的行政机关工作人员仅限于行政机关的公务员,行政机关的非公务员或非行政机关的一般工作人员不适用该条规定。本案中,吴某系中学教师,不属于行政机关公务员,不适用该条规定的主体范围。

职称制度却是专业技术人员特有的,职称评审的程序、组织、标准及性质等均与行政机关工作人员的奖惩和任免不同。根据《公务员条例》的规定,公务员的奖惩、任免有其特定的内容,因此,不能把职称评审行为等同于行政机关工作人员的奖惩和任免行为。人民法院也不能因此把职称诉讼当作行政机关对工作人员的奖惩、任免而排除在受案范围之外。

《行政诉讼法》第 11 条规定,人民法院受理公民、法人和其他组织认为行政机关侵犯其他人身权、财产权的行政行为提起的诉讼。人身权保护包括人格权和身份权,职称是一种特殊的身份权,如果职称评审管理部门应当严格管理而没有严格管理,并导致职称评审严重不公,使当事人的合法权益受到侵犯,被侵权人有通过人民法院获得救济的权利。

人民法院受理职称诉讼更符合行政诉讼法保障公民、法人和其他组织合法权益的目的。职称评审是特定行政部门的义务和职责,因此职称评审委员会所实施的职称评审行为属于行政行为。《宪法》第 41 条规定:公民"对于任何国家机关和国家工作人员的违法失职行为,有向有关国家机关提出申诉、控告或者检举的权利"。可见,行政管理部门未履行应尽的义务,侵犯公民获得职称的合法权益,当事人向人民法院寻求救济,属于公民的基本权利。

【风险提示】

职称评审是涉及每位教师切身利益的事,教育行政主管部门必须慎重对待。对于职称评审中出现的争议,属于人民法院行政诉讼的受案范围,教师可以提起行政诉讼,如果教育行政主管部门不能公平公正的处理职称评定问题将会成为行政诉讼的被告。

十二、陈某不服教育局撤销决定纠纷案①

【案情简介】

陈某系天津滨海职业学院教师,因对2012年3月1日天津滨职院(2012)12号《关于对陈某同志事故处理的通报》和2013年1月25日津滨职院(2013)9号《关于对陈某同志教学事故重新处理的通报》的处理不服,向天津市滨海新区教育局提出申诉。天津市滨海新区教育局于2013年4月2日做出津滨教申决字(2013)1号《教师申诉处理决定书》,维持了天津滨海职业学院对陈某做出的"二级教学事故"的处理。

陈某不服,向南开区教育局提起行政复议,南开区教育局于2013年4月18日做出津教委法复决字(2013)1号《行政复议申请不予受理决定书》,认为陈某的诉求不属于行政复议的范围。后陈某起诉要求撤销南开区教育局作出的《行政复议申请不予受理决定书》,并责令南开区教育局受理陈某行政复议申请,法院最终驳回了陈某的诉讼请求。

【案例评析】

1. 教师享有申诉权

教师申诉制度是《教师法》第39条确立的维护教师合法权益的行政救济程序的制度,即教师在其合法权益受到侵害时,依照法律、法规的规定,向主管的行政机关申诉理由、请求处理维护自己合法权益的制度,是宪法关于公民申诉权利规定在教师身上的具体体现。

《国家教委关于〈教师法〉若干问题的实施意见》也有关于教师申诉的规定,其中(二)行政机关对属于其管辖的教师申诉案件,应当及时进行审查,对符合申诉条件的,应予受理;对不符合申诉条件的,应以书面形式决定不予受理,并通知申诉人。行政机关对受理的申诉案件,应当进行全面调查核实,根

---

① 天津市第一中级人民法院行政判决书(2014)一中行终字第22号:中国裁判文书网,http://wenshu.court.gov.cn/content/content? DocID = 2a3e1990 - 62c2 - 4299 - 86e2 - e0dd0f8ba754[2015 - 7 - 31].

据不同情况,依法做出维持或者变更原处理决定、撤销原处理决定或者责令被申诉人重新做出处理决定。

本案中,陈某对津滨职院(2012)12 号《关于对陈某同志事故处理的通报》和 2013 年 1 月 25 日津滨职院(2013)9 号《关于对陈某同志教学事故重新处理的通报》的处理不服,向天津市滨海新区教育局提出申诉,是教师申请权的体现。天津市滨海新区教育局于 2013 年 4 月 2 日做出津滨教申决字(2013)1 号《教师申诉处理决定书》,维持了天津滨海职业学院对陈某做出的"二级教学事故"的处理,符合国家教委关于《中华人民共和国教师法》若干问题的实施意见中关于教师申诉的规定,"行政机关对受理的申诉案件,应当进行全面调查核实,根据不同情况,依法做出维持或者变更原处理决定、撤销原处理决定或者责令被申诉人重新做出处理决定。"

2. 内部管理行为不属于行政复议的范围

行政复议法的目的是解决行政机关在行使行政权的过程中与管理相对人之间产生的行政争议,是为行政管理相对人提供的一项权利救济途径,是解决外部行政行为争议的一项法律制度。内部管理行为是发生在管理主体和其组织成员之间的争议,按照《行政复议法》第 6 条关于行政复议范围的规定,将内部管理行为排除在行政复议范围之外。

本案中,天津市教育委员会作为本市教育行政主管机关,依据《行政复议法》的相关规定,依法具有对行政复议申请人提出的复议申请作出受理或者不予受理决定的法定职权。天津滨海职业学院因教学问题对陈某给予二级教学事故处理的通报,属于学院内部管理范畴。陈某不服向该学院的行政主管机关天津市滨海新区教育局提出申诉,而天津市滨海新区教育局作出的《教师申诉处理决定书》,系维持了天津滨海职业学院对陈某作出的二级教学事故的处理,该《教师申诉处理决定书》并未改变学院的通报内容,更未对上诉人创设新的权利义务,对上诉人的权利义务不产生实际影响。陈某向天津市教委提出行政复议申请,天津市教委认为不属于行政复议受案范围,作出《行政复议申请不予受理决定书》正确。

3. 陈某可以继续通过行政复核维护自己的权益

对于内部管理行为,虽然不能通过行政复议和行政诉讼解决争议,但是其他的有关法律、行政法规也做出了相应的规定,如 1957 年全国人大常委会批准,国务院颁布的《国家行政机关工作人员的奖惩暂行规定》中规定,国家行政机关工作人员对所受纪律处分不服的时候,应该在接到通知后一个月内,向处理机关要求复议,并且有权直接向上级行政机关申诉。根据国家公务员条例的规定,国家公务员对涉及本人的人事处理决定不服的,可以在接到处理决定之日起三十日内向原处理机关申请复核,或者向同级人民政府人事部门申诉,其中对行政处分决定不服的,可以向行政监察机关申诉。《国家教委关于〈教师法〉若干问题的实施意见》关于教师申诉的规定(四)行政机关做出申诉处理决定后,应当将申诉处理决定书发送给申诉当事人。申诉处理决定书自送达之日起发生效力。申诉当事人对申诉处理决定不服的,可向原处理机关隶属的人民政府申请复核。

本案中,陈某的行政复议申请不予受理并不意味着陈某的救济手段终结,陈某还可以向天津市人民政府申请复核。

【风险提示】

教育行政机关是对当地教育行政事务实施监督管理的机关,具有法定的职权。教育行政机关实施的具体行政行为将会对行政机关外部的行政相对人的权利和义务发生影响,行政相对人可以提起行政复议和行政诉讼。对于内部管理行为,由于不是发生在行政机关与外部行政相对人之间,因此不属于行政复议的受案范围,教育行政主管机关可以建议相对人提起行政复核维护权益。

十三、李某不服省教育委员会行政处罚案[①]

【案情简介】

1999 年 10 月 16、17 日,李某参加了江苏省教育委员会组织的江苏省中小学教师学前教育专科自学考试,考完之后李某通过电话查询得知参加考试的三门学科均无成绩,李某经向考点询问称李某有作弊行为,李某对以上问题提

---

① 江苏省南京市鼓楼区人民法院:行政判决书(2000)鼓行初字第 31 号,北大法宝 ht-tp://www. pkulaw. cn/case/pfnl _1970324837206975. html? match = Exact[2015 - 7 - 31].

出异议并要求调查。

1999 年 11 月 15 日,建邺区教委教师进修学校报名处受江苏省教育委员会委托,公布南京市中小学教师自学考试领导小组办公室(下称自考办)于 1999 年 11 月 1 日签发的通报,并附 1999 年(下)中小学教师自学考试违纪舞弊人员名单,名单中有李某及第三人孙某的姓名,对李某及第三人做出了当次考试各科成绩作废,并对李某做了一年内不准报考的行政处罚。在此之后,李某接电话通知,对其做出一年之内不准报考的决定。

通报依据的是《江苏省自学考试违纪处罚暂行规定》第 5 条的规定。江苏省教育委员会苏教复告字(1999)1 号告知书告知李某应提出复议申请,李某于 1999 年 11 月 28 日向江苏省人民政府申请行政复议,要求变更教育行政部门对其出的取消考试成绩的决定。

复议机关在法定复议期限内未向申请人送达过行政复议中止审查决定书,故李某向法院提起行政诉讼,请求撤销江苏省教育委员会的行政处罚,赔偿损失 1200 元,同时根据《行政诉讼法》第 44 条第 1 款第(二)项的规定,请求停止该行政处罚的执行。法院判决撤销江苏省教育委员会对李某做出的当次考试各科成绩作废,一年内不准报考的行政处罚。撤销江苏省教育委员会对孙某做出的当次考试各科成绩作废的行政处罚。

【案例评析】

1. 江苏省教育委员会的通告属于行政处罚

行政处罚是指行政机关或其他行政主体依法定职权和程序对违反行政法规尚未构成犯罪的相对人给予行政制裁的具体行政行为。尽管江苏省教育委员会并未以处罚决定的形式对行政管理相对人做出处罚,但江苏省教育委员会系教育行政部门,受教育部授权组织该项考试,具有实施该具体行政行为的主体资格,自考办发布通报的行为是江苏省教育委员会委托的行为,对李某做出的"当次考试各科成绩作废(三门功课),一年内不准报考",以及对第三人孙某实施的"当次考试功课成绩作废(两门功课)"的具体行政行为具有一定的惩戒性,并且对李某及孙某的权益进行了一定的限制与剥夺,符合行政处罚的必备条件。

江苏省教育委员会依据的苏教考(1993)1 号《江苏省自学考试违纪处罚暂行规定》第 5 条规定及其出具的苏教复告字(1999)1 号告知书也说明了被告

的行为构成行政处罚。

2. 行政处罚需严格遵守法定程序

根据《行政处罚法》第31条规定,行政机关在做出行政处罚决定以前,应当告知当事人做出行政处罚决定的事实、理由及依据,并告知当事人依法享有的权利。第32条规定:当事人有权进行陈述和申辩。行政机关必须充分听取当事人的意见,对当事人提出的事实、理由和证据,应当进行复核;当事人提出的事实、理由或者证据成立的,行政机关应当采纳。第41条规定,行政机关及其执法人员在做出行政处罚决定之前,不依照本法第三十一条、第三十二条的规定向当事人告知给予行政处罚的事实、理由和依据,或者拒绝听取当事人的陈述、申辩,行政处罚决定不能成立;当事人放弃陈述或者申辩权利的除外。第39条规定,行政机关依照本法第三十八条的规定给予行政处罚,应当制作行政处罚决定书。

本案中,李某在得知行政处罚结果后经向考点询问才知行政处罚的事实和理由是自己有作弊行为,江苏省教育委员会实施行政处罚之前未履行告知程序,也没有制作行政处罚决定书,因此行政处罚决定不能成立。

3. 行政处罚相对人享有陈述权、申辩权、行政复议和行政诉讼权

《行政处罚法》第6条规定,公民、法人或者其他组织对行政机关所给予的行政处罚,享有陈述权、申辩权;对行政处罚不服的,有权依法申请行政复议或者提起行政诉讼。第41条的规定,行政机关及其执法人员在做出行政处罚决定之前,未履行告知程序,或者拒绝听取当事人的陈述、申辩,行政处罚决定不能成立。

本案中,李某和孙某并未在处罚前被告知处罚的事实和理由,也就无从谈起行使陈述权和申辩权。江苏省教育委员会在对行政管理相对人进行处罚时,既未依法告知,听取当事人的申辩,又未依法做出行政处罚决定书,告知当事人救济程序。根据《行政处罚法》第3条的规定,江苏省教育委员会处罚行为并未遵守法定程序,行政处罚应属无效。

江苏省教育委员会苏教复告字(1999)1号告知书告知李某应提出复议申请,李某于1999年11月28日向江苏省人民政府申请行政复议。江苏省教育委员会认为李某已申请江苏省人民政府行政复议,故应依法驳回李某起诉,但根据《行政复议法》第31条规定,超出60日仍未做出决定的,经批准可以适当

延长,并告知申请人和被申请人。由于复议部门没有向申请人告知,根据《最高人民法院关于执行〈行政诉讼法〉若干问题的解释》第 22 条的规定,复议机关在法定期限内没有做出复议决定,相对人依法向人民法院起诉的应当受理。李某起诉的并非针对复议机关的不作为,而是起诉做出原具体行政行为的江苏省教育委员会,所以人民法院应当受理。

【风险提示】

1996 年,我国颁布了《行政处罚法》,对行政处罚行为做出了全方位的规范,行政机关在做出行政处罚时必须遵守《行政处罚法》的规定,尤其是需要转变重实体,轻程序的观念,注重对程序的规范。本案中,江苏省教育委员会之所以败诉,主要是因为在做出行政处罚前没有履行告知程序,侵犯了行政相对人的陈述和申辩权,也没有制作行政处罚决定书,而是用很不规范的通告代替。

十四、陶某要求享受养老金优惠待遇纠纷案①

【案情简介】

陶某某于 1974 年 5 月经上海市虹口区长春路街道安排,至该区山阴路第一幼儿园任保健员。1979 年 4 月,陶某某顶替其父亲至原宝山县胜利学校工作,后于同年 9 月进宝山教师进修学院卫生保健班学习,1980 年 1 月结业后于同年 2 月进上海市行知中学(以下简称行知中学)担任卫生保健员,工作性质为"以工代干",并于 1984 年 12 月被批准转为国家干部。

1984 年 2 月至 1986 年 12 月,陶某某脱产进修于上海市公共卫生学校,后取得医士任职资格,1992 年 12 月取得医师任职资格。1996 年 12 月 28 日,陶某某取得中学一级教师职务任职资格。陶某某在行知中学工作期间,主要从事卫生保健工作,有给该校初中、高中一年级学生每周 3、4 教时教授卫生知识课程的记录,并以讲座、宣传、板报等形式对学生等进行健康卫生教育。

---

① 上海市浦东新区人民法院,行政判决书(2011)浦行初字第 237 号,北大法宝 http://www.pkulaw.cn/Case/pfnl_118449943. html? match = Exact[2015 - 7 - 31].

陶某某于 2007 年 12 月退休后,认为其未享受养老金优惠待遇,向相关行政机关信访,又以有 34 年工龄即有相同年限的教龄为由,要求宝山教育局确认其具有女教师退休时享受养老金优惠待遇的资格、并申报上海市社会保险事业基金结算管理中心。宝山教育局于 2010 年 8 月 5 日以信访形式受理后,于同年 9 月作出信访答复,告知陶某某经审核其档案等材料,根据国家关于教龄等相关文件规定,其不符合享受退休女教师养老金优惠待遇的条件。本案经过上海市宝山区人民法院和上海市第二中级人民法院的审理,陶某某的诉讼请求没有得到支持。

【案例评析】

1. 工龄不能简单地等同于教龄

工龄是职工参加工作的年限,教龄是从事教育工作的年限,两者是不能等同的。若从一开始就从事教师工作,则教龄与工龄相同;若已经开始参加工作后,由非教师岗位调任教师岗位,则教龄必定短于工龄。1989 年 9 月,上海市教育局等部门经上海市人民政府同意,决定对本市从事中、小学教育工作满三十年的合格教师,退休后给予奖励。教师工作年限的按沪人(1986)字第 14 号文件执行。教龄是教师直接从事学校德、智、体、美教育工作的年限,故认定为教龄需满足两个条件:一是属于教师,二是直接从事教育工作。

1998 年 6 月,上海市劳动和社会保障局、上海市教育委员会又规定在学校工作时间累计满二十五年教龄的中小学女教师退休时享受养老金优惠待遇,对原男、女教师一律三十年教龄才享受养老金优惠待遇的政策做了调整,另规定教龄累计满二十年以上,工作成绩优良,因工作需要或特殊原因(如体育、音乐教师因年龄关系等)调任学校其他工作的,在学校工作时间累计满二十五年及以上的中小学女教师也可享受养老金优惠待遇。关于教龄的计算,按照相关规章和政策规定,其主体须为经考核取得教师专业技术职务资格、且直接从事学校德、智、体、美教育工作的专职任课教师,其任课时数一般应达到教师编制标准规定的相应工作量的条件。教师编制标准规定的相应工作量,"其他学科"为初中每周 14 课时,高中每周 12 课时。

本案中,陶某某在幼儿园担任保健员期间的工作性质,按照《国家教委、卫生部关于学校卫生保健人员有关政策性问题的规定》,应按职员或工人对待;陶某某顶替其父亲参加工作后,于 1984 年 12 月被批准转为国家干部,经上海市公共卫生学校三年脱产学习,取得医士任职资格期间的工作(学习)性质,不符合上述规章规定的教师标准、不可能取得相应教龄;陶某某担任行知中学专职保健人员期间,虽于1996年底具备教师职务任职资格,每周教授3、4课时卫生知识课程,但其工作仍不符合规章和政策规定的专职任课教师的性质,且未达到教师编制标准规定的相应工作量。陶某某认为其参加工作后的工龄即为教龄,以及其工作一直处于市、区先进行列,只需二十年教龄即可享受养老金优惠待遇的意见,缺乏相应的事实和法律、政策依据。

2. 专职保健教师不适用(86)教体字018号《国家教委、卫生部关于学校卫生保健人员有关政策性问题的规定》

陶某某认为自己自卫生保健教师培训班学习结业后,在行知中学担任专职保健教师直至退休,具有教师资格,属于教师系列,应该依照(86)教体字018号《国家教委、卫生部关于学校卫生保健人员有关政策性问题的规定》享受教龄津贴,符合沪劳保业二发[1998]34号文规定的在教育系统工作25年,教龄累计满20年,工作成绩优良的女教师可享受养老金优惠待遇的条件。但是,(86)教体字018号文第一点规定,学校内从事卫生保健工作者,凡属医学院校毕业或获得医士(护士)以上职称的,属于卫生技术人员系列,凡属师范院校或其他非医学院校毕业的教师,因工作需要而从事学校卫生保健工作,担任专职或兼职保健教师的,仍属于教师系列。

对照该文件的规定与陶某某的学习、工作经历,陶某某认为其进入行知中学后即属教师系列,教龄应自1980年起算的主张难以成立。虽于1996年取得教师资格,但并未达到沪人(1986)字第14号文规定的可享受教龄津贴年限和授课时间,不属于教师系列,不符合享受养老金优惠待遇的条件。

3. 陶某某的请求属于行政诉讼的受案范围

宝山区教育局作为其辖区内主管教育工作的行政机关,具有对陶某某享受退休女教师养老金优惠待遇问题做出答复的法定职权,因此宝山区教育局发出对陶某某信访的《受理告知单》,并于2010年9月做出信访答复。宝山区教育局所做答复设定了陶某某的权利义务,属可诉的具体行政行为。

【风险提示】

教育行政主管机关在处理此类问题时需要注意工龄和教龄的区别,不能将工龄等同为教龄,严格按照教龄适用法律法规和政策。对教师身份的认定不能只以是否在学校工作为标准,还必须结合其是否实际从事教育工作,达到要求的工作量和授课时数。教育行政主管部门要积极履行对辖区内教师事项的法定职权,不能敷衍推诿,既能维护教师的合法权益、也要勇于杜绝教师的不合理要求。

十五、张某兰诉 A 市教育局不履行教育行政合同案①

【案情简介】

1997 年 10 月 20 日,张某兰与 A 市教育局双方签订了一份"1997 年接受师资类定向、委培合同书"(以下简称"合同书")。该"合同书"约定,张某兰愿意录取为委培生,在学校期间的费用一律由自己交,毕业后由 A 市教育局统一分配到乡(镇)学校任教,服务期限十年以上方可考虑调动。后张某兰于 2000 年 7 月学成毕业。

在此期间,A 市政府为解决该批委培(捐资)毕业生的就业问题,进行了专题研究并形成了"会议纪要"。A 市教育局根据"会议纪要"精神,制定了"录用测试工作方案",并通知张某兰报名参加录用测试。该方案明确了参加测试对象、考试内容与形式及录用与安排。张某兰报名并参加了 2001 年 8 月 27 日由 A 市教育局、人事局、监察局、编委办组织的测试,后原告因测试成绩达不到录用标准而未被录用。张某兰认为 A 市教育局拒不履行原合同约定的分配义务,损害了自己的合法权益,于是向法院提起诉讼,要求判令被告 A 市教育局履行分配自己任教工作的义务。

一审法院经判决驳回原告的诉讼请求。张某兰不服,提起上诉。二审法院则以"张某兰报名参加择优考试并不意味着接受要约,同意被上诉人变更合同"为由,判决如下:(一)撤销 A 市人民法院(2002)漳行初字第 7 号行政判决。(二)判令被上诉人 A 市教育局在 2003 年 1 月 31 日前履行 1997 年 10 月 20 日与上诉人签订的委培合同书。(三)二审受理费 50 元,由被上诉人 A 市

---

① 福建省龙岩市中级人民法院:行政判决书(2002)岩行终字第 68 号,司法库网 http://sifaku. com/falvanjian/6/zazb6z9ee050. html[2015 – 4 – 28].

教育局负担。变更一审受理费 50 元,由被上诉人 A 市教育局负担。

【案例评析】

1. A 市教育局是否具备和张某兰签订委培合同的主体资格

我国《合同法》第 2 条明确规定"本法所称合同是平等主体的自然人、法人、其他组织之间设立、变更、终止民事权利义务关系的协议。"本案例中的委培合同,从双方约定的内容即"张某兰愿意录取为委培生,在学校期间的费用一律由自己交,毕业后由 A 市教育局统一分配到乡(镇)学校任教,服务期限十年以上方可考虑调动"来看,是张某兰与 A 市教育局在双方地位平等的基础上签订的有关委托培养的协议。但 A 市教育局作为行政机关,是否有资格签订该合同呢?

行政机关作为实施国家行政权的机关,为了行使行政职能,实现特定的行政管理目标,与公民、法人和其他组织,经过协商,双方意思表示一致所达成的协议,是行政合同。本案中,A 市教育局依据 1997 年省、市下达给 A 市委培生的指标,具备和张某兰签订委培合同的主体资格。从双方当事人签订的合同的条款看,按当时的实际情况也符合有关规定,并未超越职权,且双方意思表示一致,应为合法有效的行政合同。

2. 张某参加录用测试能否视为同意变更原合同的履行方式

不能。一审法院判决驳回原告的诉讼请求,正是基于此种理由。一审认为:被告 A 市教育局为履行与原告签订的"合同书"所约定的分配原告任教的义务,根据 A 市政府教育工作专题会议的精神,会同 A 市编委办、人事局、监察局组织了 2000 届师范委培(捐资)毕业生录用测试。被告将此次录用测试的参加对象、报名及考试时间、考试内容与形式和录用与安排的条件明确地告诉了原告,被告的行为应视为向原告发出了要约,原告自愿报名并参加了被告组织的录用测试,原告的行为应视为对被告发出要约的承诺。原、被告的行为,应视为双方同意终止原"合同书"所约定的条款,重新达成了用人协议。被告的做法,符合当前国家录用公务员的普遍做法,是社会发展所需要的,亦符合《教师法》第 13 条、第 17 条的规定"。

而二审法院则以张某兰报名参加择优考试并不意味着接受要约,同意被上诉人变更合同为由,支持了张某兰的诉求。因为行政合同有别于民事合同,行政相对人与行政机关的地位并不平等,况且 A 市教育局测试方案中并无明确参加择优考试,即为放弃原委培协议的分配形式的意思表示,一审判决以张某兰报名参加考试未被录用,应视为张某兰同意变更委培合同内容的承诺是错误的。

特别需要指出的是原审仅凭 A 市教育局所述,在没有证据证明以及张某兰否认的情况下,认定 A 市教育局派专人通知张某兰报名以及在测试前宣读了录用测试工作方案的全部内容,这属认定事实错误。

3. 行政主体是否有权单方随意变更行政合同

无权。行政合同虽是合同,但它不同于民事合同。与民事合同相比较,行政合同是一种由行政机关采取的行政行为,行政机关在行政合同的执行中具有优益权,民事法律中的契约自由、意思自治原则不完全适用于行政合同。作为行政主体,教育行政主管部门在行政合同中享有行政优益权,即有权单方变更合同内容,但这种单方变更合同内容的权利只有在某些特定的情形下才能行使。这些特定情形包括国家法律、政策发生变化,履行合同会给国家利益或者社会公共利益带来损失,行政主体没有履行合同能力等等。如果行政主体单方变更合同内容给相对人合法权益造成损害的,必须承担相应法律责任。

A 市教育局虽举出国务院振兴教育计划的通知及省政府的实施意见、省政府办公厅转发的关于做好 2000 年中等师范毕业生就业工作意见的通知,但这些规范性文件并无明确规定委培生需要择优录用。A 市教育局在无明确政策法律规定的情况下,仅凭不具有法律约束力的 A 市政府(2001)23 号"市教育工作专题会议纪要"及"2000 年届师范委培(捐资)毕业生录用测试工作方案",单方变更合同约定的分配方式显然是违反法律的规定,A 市教育局单方变更合同约定的行为应属无效。

【风险提示】

在日常管理中,教育行政主管部门有可能根据工作需要,与相对人签订行政合同。行政合同是行政主体为了实现行政管理目标,与相对人之间经过协商一致所达成的协议,即行政合同是以契约的形式规范行政主体与行政相对方之间双方的权利义务。与其他行政行为相比较,行政合同行为是通过契约的方式交国家所要达到的行政管理目标固定化、法律化,并要合同中规范双方当事人的权利和义务。在行政合同的履行过程中,行政机关根据国家法律、政策或计划的变更,以及公共利益的需要,有权变更或解除合同,但这种权利的行使是有限制条件的。具体是:第一,这种权力只能在公共利益需要的限度内行使;第二,不能解除或变更与公共利益无关的条款;第三,对相对方因变更或解除合同所造成的损失应予以补偿;第四,行政机关多方面的变更超过一定的限度或接近一个全新的义务时,相对方可请求另订合同。当然,相对方由于行政机关的"特权"行为而造成或增加的全部损害,不论合同中有无约定,都可以请求行政机关给予补偿,即相对方享有损失求偿权。因此,在行政合同的履行过程中,各主管部门对于行政合同的变更要慎之又慎。

案例二

学生管理类纠纷案例

十六、考生不服中考舞弊决定行政复议案①

【案情简介】

2015年6月21日上午7时50分左右,太原某中学考生张某参加在太原市实验中学校举行的山西省2015年中考数学考试。开考后30分钟左右,监考老师检查张某放置在课桌左上角的透明笔袋时,发现有记载数学公式的纸条时,予以没收,但未做任何说明、也未中止张某继续考试。监考教师将这一情况在"山西省2015年中考考场情况报告单"中的"考场情况纪要"一栏进行了记载,内容为"考生张某,考号×××××××××,夹带,及时发现被没收。"并有两位监考教师的签名。

2015年7月6日,太原市招生考试管理中心做出《关于对考生张某2015年中考舞弊行为的处理决定》,内容为"根据监考老师没收的夹带和《山西省2015年中考考场情况报单》记载,准考证号为×××××××××的太原市某中学考生张某,6月21日上午,在太原市实验中学校举行的山西省2015年中考数学考试中,携带了与考试内容相关的夹带。违反了教育部《国家教育考试违规处理办法》第二章第6条(一),其行为认定为考试作弊。根据山西省高中阶段教育招生考试《考务管理工作规定》和教育部《国家教育考试违规处理办法》第二章第九条规定,该考生报名参加考试的各科成绩无效;但是,考虑中考

---

① 该案例是作者作为法律顾问为顾问单位处理的一起纠纷案。

考生系未成年人,故做出从轻处理决定:数学成绩记为'0分'"。同日,就这一处理决定做出了《2015年中考违纪考生处理决定告知书》,向考生张某及其监护人送达。并告知"你如果对本处理决定有异议,可在接到本告知书之日起十五日内,携带相关证据资料和书面申述材料到太原市教育局监察室提请行政复议"。

考生张某及监护人认为该行政行为决定存在三项错误:(1)行政执法错误;(2)考试程序实施错误;(3)认定事实不当。于2015年7月12日提出行政复议,要求撤销被申请人太原市考试管理中心《处理决定》。

【案例评析】

1. 考生张某考试夹带行为违法

《国家教育考试违规处理办法》第6条规定"考生违背考试公平、公正原则,在考试过程中有下列行为之一的,应当认定为考试作弊:(一)携带与考试内容相关的材料或者存储有与考试内容相关资料的电子设备参加考试的;"第9条第2款"考生有第六条、第七条所列考试作弊行为之一的,其所报名参加考试的各阶段、各科成绩无效;参加高等教育自学考试的,当次考试各科成绩无效。"依此规定,张某的行为应认定为作弊,太原市考试中心关于考生张某数学成绩记"0"的处理决定内容是正确的。

2. 对考生张某处罚的行政行为程序违法

根据《国家教育考试违规处理办法》第18条第1款、第2款之规定,监考老师对在考试过程中发现张某的作弊行为,及时予以纠正并如实记录,无疑是正确的;但依第3款"考试工作人员应当向违纪考生告知违规记录的内容,对暂扣的考生物品应填写收据"的规定来看,未向违纪考生告知违规记录的内容,是程序违法的一个方面。

程序违法的另一个方面,是同一天时间做出的《处理决定》和《告知书》,剥夺了考生张某申辩的权利。《国家教育考试违规处理办法》第25条"教育考试机构在对考试违规的个人或者单位做出处理决定前,应当复核违规事实和相关证据,告知被处理人或者单位做出处理决定的理由和依据;被处理人或者单位对所认定的违规事实认定存在异议的,应当给予其陈述和申辩的机会。"

【风险提示】

程序公正是法律公正的核心。本行政复议案中,就是因为程序意识的缺乏,才导致《处理决定》的被撤销。

十七、黄某不服教育局开除学籍纠纷案①

【案情简介】

黄某于 1997 年 9 月经考试合格进入乌丹一中高中一年级就读,同年 12 月 31 日上午黄某去学校水房打水途中遇见同年级高一六班的学生张某,黄某用葱打在张某的脸上,二人发生口角打了起来,后被人拉开。第一节课下课后,黄某又同同班的其他几名同学到学校的排球场,并让一名同学将张某唤到排球场,黄又用木棒追打张某,将张某手臂、后背等处打伤。当时到翁牛特旗人民医院治疗,花去医疗费 24.8 元。

乌丹一中根据以上事实,结合黄某平时表现,于 1998 年 1 月 6 日决定给予原告开除学籍处分。对此,黄某的法定代理人黄大安(以下简称黄父)多次找乌丹一中及翁旗教育局交涉,被告翁旗教育局考虑黄某尚属未成年人,平时虽有违纪,但学习成绩较好。因此,对乌丹一中开除黄某学籍的决定未履行审批手续,只做了情况说明,并在黄某法定代理人与乌丹一中共同协商后,翁旗教育局同意乌丹一中为黄某出具转学手续,使其转入赤峰四中就读,重新获得了受教育的机会。

此后,黄大安又以乌丹一中无权开除学生学籍、翁旗教育局应当履行法定职责为由,多次到市旗有关部门上访,并分别于 1998 年 11 月 21 日和 1999 年 6 月 7 日以要求乌丹一中赔偿损失;要求撤销乌丹一中对黄某开除学籍处分为由,两次向内蒙古自治区翁牛特旗人民法院提起诉讼。经审查后,内蒙古自治区翁牛特旗人民法院对其两次诉讼均裁定不予受理,并经赤峰市中级人民法院裁定维持。

黄父在两级法院未受理其诉讼的情况下,又于 1999 年 10 月 14 日向翁牛特旗人民政府申请复议,翁旗人民政府以其申请超过法定复议期限为由,于

---

① 内蒙古自治区翁牛特旗人民法院:行政判决书(2000)翁行初字第 9 号,北大法宝 http://pkulaw.cn/case_es/pfnl_1970324836981318.html? match=Exact[2015-8-1].

1999 年 10 月 30 日做出不予受理裁决,黄某不服,向内蒙古自治区翁牛特旗人民法院提起行政诉讼,内蒙古自治区翁牛特旗人民法院于 2000 年 7 月 6 日做出维持政府不予受理裁决的判决。

黄父在此期间多次向赤峰市政府、市教委上访,赤峰市教委于 1999 年 11 月 15 日和 1999 年 12 月 21 日两次向翁牛特旗教育局发出教育行政执法监督通知书,要求翁旗教育局在一定期限内对乌丹一中开除黄某学籍问题做出有关决定。翁旗教育局 1999 年 11 月 30 日做出翁教发(1999)81 号处理意见后,又于 1999 年 12 月 30 日做出了翁教发(1999)95 号处理决定,处理意见和处理决定内容为:翁旗教育局本着对黄某负责的原则,应原告家长请求,协调乌丹一中保留原告学籍,并为其出具转学证明,不再做其他处理意见。原告接到处理决定后,向赤峰市教委申请复议,赤峰市教委于 2000 年 4 月 29 日做出撤销翁旗教育局翁教发(1999)95 号决定,仍要求教育局接到复议决定之日起 15 日内,履行其对乌丹一中开除黄某学籍的审批义务。

翁旗教育局于 2000 年 5 月 15 日做出翁教发(2000)31 号关于对乌丹一中开除黄某学籍的决定的批复,批准乌丹一中开除黄某学籍,并宣布在此案件调解期间,乌丹一中为黄某出具的转学证明无效。黄某收到此决定后,又向赤峰市教委递交了复议申请,赤峰市教委复议后决定维持翁牛特旗教育局的批复,同时驳回了黄某行政赔偿的请求。

黄某收到赤峰市教委复议的决定不服,于 2000 年 7 月 14 日向内蒙古自治区翁牛特旗人民法院提起行政诉讼,要求撤销翁旗教育局的决定,并要求行政赔偿 58530 元。经审理,内蒙古自治区翁牛特旗人民法院对本案做出判决,撤销翁牛特旗教育局翁教发(2000)31 号关于对乌丹一中开除黄某学籍的决定的批复;翁牛特旗教育局赔偿黄某学杂费 3860 元(赤峰四中收取 5000 元中减乌丹一中应收 1140 元)、房租费 3480 元,两项合计 7340 元。

【案例评析】

1. 未成年人的受教育权受到保护

《宪法》第 46 条规定中华人民共和国公民有受教育的权利和义务。《未成年人保护法》第 14 条规定"学校应当尊重未成年学生的受教育权,不得随意开除未成年学生。"第 25 条规定"对于在学校接受教育的有严重不良行为的未成年学生,学校和父母或者其他监护人应当互相配合加以管教;无力管教或者管教无效的,可以按照有关规定将其送专门学校继续接受教育。"本案中,黄某属未成年人,乌丹一中决定给予黄某开除学籍的处分是违反《未成年人保护法》的行为。

2. 教育行政主管机关未按有关规定及时履行审批义务

乌丹一中1998年1月6日做出开除黄某学籍的决定,翁牛特旗教育局没有做出同意或否定的书面决定,但翁牛特旗教育局同意乌丹一中为黄某出具转学手续,可以认为翁牛特旗教育局实际上否决了乌丹一中给予黄某开除学籍的处分决定,只是翁牛特旗教育局没有按照行政行为所要求的程序做出相应的书面决定。在黄某反复的上访、申诉和诉讼要求下,翁牛特旗教育局做出的翁教发(2000)31号关于对乌丹一中开除黄某学籍的决定的批复,虽有事实依据和法律依据,但对黄某受教育的实体权利已不能生效,即该具体行政行为做出的目的已无法实现。

3. 翁牛特旗教育局应该承担国家赔偿责任

翁牛特旗教育局没有及时履行乌丹一中开除原告学籍的审批职责,继而又同意乌丹一中为黄某办理转学手续,使黄某转入赤峰四中就读后多支付学杂费、房租费。按照《国家赔偿法》第4条,行政机关及其工作人员在行使行政职权时有造成财产损害的违法行为的,受害人有取得赔偿的权利,因此,黄某转入赤峰四中就读后多支付学杂费、房租费应视为由翁牛特旗教育局行使行政职权不当而给原告造成的直接财产损失,应当承担赔偿责任。

4. 申请行政复议需在法定时限内

《行政复议法》第9条规定,公民、法人或者其他组织认为具体行政行为侵犯了其合法权益的,可以自知道该具体行政行为之日起60日内提出行政复议申请。乌丹一中于1998年1月6日决定给予原告开除学籍处分,而黄某的法定代理人黄大安向翁牛特旗人民政府申请复议是在1999年10月14日,已经超过了60天的申请期限,翁旗人民政府以其申请超过法定复议期限为由,于1999年10月30日做出不予受理裁决是恰当的。

【风险提示】

教育行政主管机关应该按照法律规定及时行使职权,法律赋予行政机关的职权不能因为其他原因而搁置,因为法律赋予行政机关的职权既是权力又是义务,而义务是必须履行的,否则就会引起行政相对人对行政机关的投诉。

行政机关在行使职权时还必须遵守及时原则,不能遵守及时原则将会导致行政行为失去现实的约束力,行政行为的目的也达不到。对于行政行为给行政相对人造成损失的,行政机关还要承担赔偿责任,因此,行政行为必须要慎重。

十八、金某诉学院拒发学位证书纠纷案①

【案情简介】

金某某自 2007 年 9 月起进入上海杉达学院进行全日制本科的学习。2008 - 2009 学年第一学期,原告在"英语精读(三)"课程期中考试中,因考试作弊被校方处以留校察看和该科被判为零分的处分。学校在原告考试作弊后,并未做出不予正常补考的决定,而给其提供了补考的机会,原告也考出了较好的成绩。

2011 年 7 月 14 日,根据《上海杉达学院本科毕业生授予学士学位的实施细则》第 5 条第 2 款的规定,因金某某 2008 - 2009 学年一学期"英语精读(三)"课程考试作弊,经学校学位评定委员会研究确定,不授予原告金某某学士学位。金某某认为既然学校给予补考机会,在补考成绩合格的情况下,又以考试作弊为由,不授予学位,学校的行为自相矛盾。

学校不授予金某某学士学位的依据是学校制订的《上海杉达学院本科毕业生授予学士学位的实施细则》,其中规定的因考试作弊受到留校察看处分者不授予学位的规定,与《学位条例》以及《学位条例暂行实施办法》相冲突,学校的规定显然是对有关学位授予的法律法规进行了扩大解释,已经超出了对法律法规进行细化的范围,违背了立法本意,因而是无效的。故认为学校不授予金某某学士学位缺乏法律依据,诉请上海市浦东新区人民法院撤销被告做出《决定》的行政行为。上海市浦东新区人民法院驳回了金某某的诉讼请求。

----

① 上海市浦东新区人民法院:行政判决书(2011)浦行初字第 236 号,北大法宝 http://www. pkulaw. cn/Case/pfnl_118449943. html？match = Exact[2015 - 8 - 1].

【案例评析】

1. 学校准予金某某补考与不授予学位的决定并不矛盾

《普通高等学校学生管理规定》第 16 条的规定"学生严重违反考核纪律或者作弊,给予处分的,经教育表现较好的,在毕业前对该课程可以给予补考或者重修机会。"因此,本案中学校给金某某提供补考机会是有法可依的。第 31 条规定"学生在学校规定年限内,修完教育教学计划规定内容,德、智、体达到毕业要求,准予毕业,由学校发给毕业证书。"若学校不给予金某某在毕业前对该课程补考的机会,金某某在学校将不能在规定年限内,修完教育教学计划规定内容,不能准予毕业,领取不到毕业证书。毕业证书是学生修完教学计划内课程的证书,学位证书是证明学生专业知识和技术水平而授予的证书,两者是不同的证书。

根据《学位条例》第 17 条的规定"学位授予单位对于已经授予的学位,如发现有舞弊作伪等严重违反本条例规定的情况,经学位评定委员会复议,可以撤销",可以认为学位条例将不得有舞弊作伪等行为作为授予学位的条件,考试作弊实属舞弊作伪行为。因此,学校对考试作弊受到留校察看处分者不授予学士学位,是符合法律法规规定的。

2. 《上海杉达学院本科毕业生授予学士学位的实施细则》未与上位法冲突

金某某认为学校不授予其学士学位的依据只是学校制订的《上海杉达学院本科毕业生授予学士学位的实施细则》,其中规定的因考试作弊受到留校察看处分者不授予学位的规定与《学位条例》及《学位条例暂行实施办法》相冲突,是对有关学位授予的法律法规进行了扩大解释,已经超出了对法律法规进行细化的范围,违背了立法本意,因而无效的主张是不成立的。

根据《学位条例》第 17 条、《实施办法》第 25 条、《实施细则》第 5 条第 2 款、《国务院学位委员会关于在学位授予工作中加强学术道德和学术规范建设的意见》第 4 条、第 5 条、第 6 条,学位授予单位可根据本暂行实施办法,制订本单位授予学位的工作细则。故学校按照自主办学的原则,将授予学士学位应具备的条件予以细化,符合现行法律法规的规定。其制订的《实施细则》中将"因考试作弊受到留校察看处分或毕业论文抄袭者"作为不授予学士学位的情况之一,该内容并未超越法律、法规关于授予学士学位的原则性规定,应认定为有效。

3. 学校做出不授予学士学位决定程序合法

《普通高等学校学生管理规定》学校在对学生做出处分决定之前,应当听取学生或者其代理人的陈述和申辩,应当出具处分决定书,送交本人,并告知学生可以提出申诉及申诉的期限。本案中,学院向金某某出具了《上海杉达学院关于不授予学生金某某学士学位的决定》,金某某于2011年7月14日向学校学生申诉处理委员会提出申诉,该委员会受理后做出不予支持申诉的答复学院学生申诉受理答复表,完全符合《普通高等学校学生管理规定》中的程序要求,不存在程序瑕疵。

4. 金某某可以向教育行政主管部门提出申诉和复议

《普通高等学校学生管理规定》第63条规定学生对学校复查决定有异议的,在接到学校复查决定书之日起15个工作日内,可以向学校所在地省级教育行政部门提出书面申诉。本案中,金某某应该在受到不授予学位的复查决定书15日内向上海市教委提出书面申诉。按照《行政复议法》第12条的规定,对县级以上地方各级人民政府工作部门的具体行政行为不服的,由申请人选择,可以向该部门的本级人民政府申请行政复议,也可以向上一级主管部门申请行政复议。本案中,金某某还可以向上海市人民政府或国家教委提起行政复议。

【风险提示】

学位证书是证明学生专业知识和技术水平而授予的证书,每个大学生在毕业时都希望能同时拿到毕业证书和学位证书,但是总有一些学生不能实现愿望。由于学位证书对大学生的重要性,不授予学位的决定往往会引发学生的申诉和诉讼,为避免发生这种情况,学校在制定《授予学士学位的实施细则》时,一定要严格按照《学位条例》及其《实施办法》的规定,不能滥用自主办学的权力,随意扩大不授予学位的事项,与上位法发生冲突。在做出处分时,一定要严格履行《普通高等学校学生管理规定》中设立的程序,给予学生陈述和申辩的权力,制作书面的处分决定书,并传达到本人,还要告知其申诉的权利,否则将会因为程序瑕疵而导致处分无效。

十九、吕某诉教育局行政复议纠纷案①

【案情简介】

考生吕女在 2014 年中考中,语文成绩为 61 分,其中作文部分依据"评分标准"及"评分注意事项"被列为严重抄袭文章,最终评分为 8 分。吕父对此成绩有异议,委托无锡市玉祁初级中学向无锡市教育考试服务中心(以下简称市教育考试中心)查分。2014 年 6 月 28 日,无锡市玉祁初级中学负责人至市教育考试中心申请复查吕女的中考语文成绩。市教育考试中心当即予以复查,经查,吕女中考语文复核成绩为 61 分。

同月 30 日,吕父作为申请人,以市教育局招生办与市教育考试中心为被申请人,向市教育局提出行政复议申请,请求:(1)由其进行阅卷;(2)由市教育局对吕女的中考作文重新评定。市教育局于同年 7 月 4 日收悉。市教育局认为该行政复议申请不符合《行政复议法》第 2 条之规定,认为申请人吕父的主体资格不适格,市教育考试中心并非行政机关,作文评分不属于具体行政行为,故根据《行政复议法》第 17 条规定,于同月 9 日做出《不予受理决定》。

之后吕父以市教育局为被申请人,于 2014 年 7 月 13 日向江苏省教育厅提出行政复议申请,请求重新评定其吕女 2014 年中考语文成绩。江苏省教育厅于 2014 年 8 月 29 日做出苏教复(2014)1 号《行政复议决定书》,认为被申请人市教育局没有重新评定 2014 年中考语文成绩的法定职责,中考阅卷评分属于学业评价行为,不是具体行政行为,申请人的申请事项不属于行政复议范围,故决定驳回申请人吕父的行政复议申请。2014 年 7 月 24 日,吕父向法院提起行政诉讼,诉讼请求为:请求撤销《不予受理决定》。

【案例评析】

1. 未成年人的法定代理人可以代为申请行政复议

根据《行政复议法》第 2 条规定,公民、法人或者其他组织认为具体行政行

---

① 江苏省无锡市中级人民法院行政判决书(2015)锡行终字第 00015 号:中国裁判文书网,http://wenshu.court.gov.cn/content/content? DocID = 79d8f6a7 - c004 - 4ed7 - 9947 - 57cdf25bc459[2015 - 8 - 1].

为侵犯其合法权益的,可以向行政机关提出行政复议申请。《行政复议法》第
10 条第 2 款规定,有权申请行政复议的公民为无民事行为能力或者限制民事
行为能力人的,其法定代理人可以代为申请行政复议。

本案中,吕父认为吕女 2014 年中考语文考试中作文评分为 8 分,致语文考
试总成绩 61 分,系市教育考试中心等部门错误评定行为,吕父作为吕女的法
定代理人可以代为申请行政复议申请,其行政复议申请人主体资格适格。

2. 中考阅卷评分不属于行政复议的受案范围

《行政复议法》第 6 条对行政复议的受案范围做出了规定,其中第 1 款第
(九)项规定,公民、法人或者其他组织申请行政机关履行保护人身权利、财产
权利、受教育权利的法定职责,行政机关没有依法履行的,可以依照本法申请
行政复议。

本案中,吕父认为吕女的受教育权利受到侵犯,但根据相关规定,2014 年
无锡市中考阅卷及评分等工作,系由市教育考试中心负责。锡教发(2014)100
号《关于印发二〇一四年无锡市区高级中等学校招生工作意见的通知》规定,
学业水平评价分学业考试和学业考查,中考阅卷评分属于学业水平评价行为,
并非具体行政行为,而行政复议针对的是具体行政行为才能提起。

3.《行政复议决定书》符合法定时限

《行政复议法》第 17 条第 1 款规定,行政复议机关收到行政复议申请后,
应当在五日内进行审查,对不符合本法规定的行政复议申请,决定不予受理,
并书面告知申请人。本案中,吕父于 6 月 30 日提出复议请求,市教育局于同年
7 月 4 日收悉。市教育局认为该行政复议申请不符合《行政复议法》第 2 条之
规定,认为申请人吕父的主体资格不适格,市教育考试中心并非行政机关,作
文评分不属于具体行政行为,故根据《行政复议法》第 17 条规定,于同月 9 日
做出《不予受理决定》。

【风险提示】

教育行政主管机关在做出行政复议决定时,一定要注意在法定时限内,尤
其是收到行政复议申请后的审查时间只有短短的五天,不能超过五天,否则就
会程序违法。在审查行政复议是否应该受理时,要注意行政复议的范围是符
合《行政复议法》第六条的具体行政行为,不属于具体行政行为的不能受理。
行政复议的申请人为与被申请的事项有利害关系的人,未成年人为无民事行

为能力或者限制民事行为能力人的,其法定代理人可以代为申请行政复议。

二十、王某诉教育机关行政侵权纠纷案[1]

【案情简介】

王某1993年参加中招考试,被某中专录取,当时郊区人民政府给市中招工作办公室致函,其内容为:经市招生纪律检查领导组查证,以郊区农业户口报考中专的王某为外县转入郊区的过路户口考生,根据上级招生政策和郊区中招工作有关规定,以上考生无中专报考资格,请即取消其录取资格和入学资格。当时负责此项工作的开封市教育局工作人员冯骐负责处理此事,扣留了原告王某的入学通知书。

王某大伯王某明听说后,多次到开封市教育局处找冯骐说明王某的情况。1993年8月28日冯骐收取了原告大伯交付的6000元,并为其出具了收据,其内容为:今收到三十四中毕业生王某同学交来小中专资格押金陆仟元整,落款为市教委招生监督检查办公室,并加盖了开封市教育委员会监察室印章,注明代章。同时冯骐将王某的录取通知书退还给原告,原告持该录取通知书按期到被录取的学校上学,直至毕业工作至今。

2003年,王某从其大伯王金明处看到开封市教育局出具的押金条,认为既然是押金,在王某的入学资格没有被任何部门以任何理由取消,一直合法有效的情况下,开封市教育局理应退还。开封市教育局收取押金没有任何法律依据,属违法违规行为。从2009年9月份以来,王某便多次要求开封市教育局退还押金,并多次向上级有关部门反映此事。

为维护自己的合法权益,王某向开封市龙亭区人民法院提起行政诉讼,要求开封市教育局返还押金6000元,并赔偿损失,本案诉讼费由开封市教育局承担。经开封市龙亭区人民法院审理,判决开封市教育局以其监察室名义收取王某押金6000元的行为违法;开封市教育局应于本判决生效之日起十日内返

---

[1] 河南省开封市龙亭区人民法院:行政判决书(2004)龙行初字第7号,北大法宝 http://www.pkulaw.cn/case/pfnl_1970324837067355.html? match = Exact[2015 – 8 – 1].

还给王某押金 6000 元。

【案例评析】

1. 王某的起诉是否超过法定的诉讼期限

《行政诉讼法》第 39 条规定,公民、法人或者其他组织直接向人民法院提起诉讼的,应当在知道做出具体行政行为之日起 3 个月内提出。开封市教育局据此认为王某参加中招是 1993 年 8 月,至今已近 11 年,根据行政诉讼法第 39 条之规定,已严重超过诉讼时效,人民法院应驳回其起诉。

法院认为,开封市教育局收取的是押金,而收取"押金"的行为系依附于某一主行政行为而存在的附属性行为,它不可能独立存在。本案中,开封市教育局收取原告的押金是因原告入学录取资格而收取,此行为意味着待对原告的入学录取资格做出行政处理之后,再决定所收取的押金是否应予返还,也就是说押金的最终处理将等待对原告入学录取资格的处理决定之后,方可确定。而开封市教育局在收取原告押金之后的十余年时间,从未对原告入学录取资格问题做出处理结论,而押金的处理一直处于待定状态,行政诉讼法规定的起诉期限,是从具体行政行为做出之日起或知道,应当知道具体行政行为内容之日起来计算的。开封市教育局至今未做出具体行政行为,原告对于押金的处理只能处于等待状态。因此,本案的起诉期限没有起算点,故原告的起诉不超过法定的起诉期限。

2. 开封市教育局应否退还王某的押金 6000 元

《国家赔偿法》第 2 条规定:国家机关和国家机关工作人员违法行使职权侵犯公民、法人和其他组织的合法权益造成损害的,受害人有依照本法取得国家赔偿的权利。本案中,开封市教育局工作人员冯骐以开封市教育局监察室名义收取原告小中专资格押金,系履行其职务行为,其行为后果应由开封市教育局来承担。

《国家赔偿法》第 28 条第一项规定:侵犯公民、法人和其他组织的财产权造成损害的,按照下列规定处理:(一)处罚款、罚金、追缴、没收财产或违反国家规定征收财物、摊派费用的,返还财产。开封市教育局辩称冯骐在 1993 年审查王某入学资格时,擅自收取 6000 元押金,并以个人名义存入银行系个人行为,而且市直机关纪律检查委员会和市教委分别给予冯骐党纪政纪处分,其所收取的 6000 元违纪款,按照财政部规定,不能予以退还。本案中,开封市教育局对王某 6000 押金不能退还的处理,与《国家赔偿法》的规定不符,开封市教育局以其监察室名义收取王某押金 6000 元的行为违法;开封市教育局应返还给王某押金 6000 元。

【风险提示】

教育行政机关的行政行为必须有法可依,不能没有法律依据的乱收费。教育行政机关必须确保行政行为的的及时性,按照行政法的规定,各种行政行为都有时限,在规定的时限内容完成行政行为是合法性的要求。严格规范国家机关工作人员的行为,对国家机关工作人员的违法违纪行为坚决惩处,但对于国家机关工作人员给行政相对人造成的损失,行政机关仍需承担赔偿责任,不能以对工作人员的违法违纪行为的惩处代替赔偿责任。

二十一、张某诉教育机关行政许可纠纷案①

【案情简介】

2014 年 1 月 27 日,宁波市鄞州区人民政府发布了鄞政发(2014)19 号《关于规范有序做好 2014 年外来务工人员子女就学工作意见》,规定外来务工人员子女在鄞州区就学的条件。2014 年 2 月 25 日,宁波市鄞州区邱隘镇人民政府和邱隘教辅室在该工作意见的基础上,发布了《关于规范有序做好 2014 年外来务工人员子女秋季就学工作的通告》,对辖区内外来务工人员子女就学的工作进行了细化和布置。

张某的户籍所在地为安徽省颍上县黄桥镇木葛村,到宁波工作后,曾暂住在宁波市鄞州区邱隘镇前殷村。2013 年 5 月至 2014 年 3 月,张某在宁波市江东区的企业工作并在江东区缴纳了社会养老保险。张某的儿子张小某于 2007 年 11 月出生,符合义务教育法规定的 2014 年秋季入读一年级的年龄。2014 年 4 月,张某向其暂住地的教育部门报名,申请要求其子在当地就读小学一年级。同年 5 月,宁波市鄞州区教育局下属的邱隘教辅室以张某 2013 年 5 月至

---

① 浙江省宁波市中级人民法院:行政判决书(2014)浙甬行终字第 212 号,北大法宝 http://www.pkulaw.cn/Case/pfnl_121793026.html? match = Exact[2015 - 8 - 1].

2014 年 3 月未在鄞州区缴纳社会养老保险,不符合鄞政发(2014)19 号文件的相关规定为由,认定张某子女不具备在鄞州区入学资格。

张某起诉要求撤销宁波市鄞州区教育局做出的张晓明子女不具备在鄞州区入学资格行政决定,法院驳回了张某的诉讼请求。

【案例评析】

1. 外来务工子女的受教育权

根据《义务教育法》第 12 条的规定,适龄儿童、少年免试入学。地方各级人民政府应当保障适龄儿童、少年在户籍所在地学校就近入学。父母或者其他法定监护人在非户籍所在地工作或者居住的适龄儿童、少年,在其父母或者其他法定监护人工作或者居住地接受义务教育的,当地人民政府应当为其提供平等接受义务教育的条件,具体办法由省、自治区、直辖市规定。

据此,适龄儿童、少年的入学,首先应该考虑在其户籍所在地入学,本地的教育资源应当首先满足当地户籍的适龄儿童、少年的入学需要。如其父母等法定监护人在非户籍所在地工作或居住的,在不影响当地的正常教育资源的前提下,符合输入地政府规定的条件,也可以在其父母等法定监护人工作或居住的非户籍所在地入学。

2. 外来务工子女受教育的地方立法权

由于教育资源是有限的,所以法律同时也明确外来务工子女受教育权实现的具体办法由省、自治区、直辖市规定。为解决外来务工人员子女的入学问题,在不影响当地正常的教育秩序,合理利用当地的教育资源,浙江省和宁波市相关的教育行政部门都制定了相应的文件,考虑到义务教育实行县级人民政府为主的管理体系,文件明确具体办法由各县(市)区自行制订。

为此,宁波市鄞州区人民政府根据上级文件精神,制订了外来务工人员子女入学的具体办法,鄞政发(2014)19 号《关于规范有序做好 2014 年外来务工人员子女就学工作意见》规定:"2014 年秋季,外来务工人员子女需要在鄞州区入读小学(初中)一年级,其父母或者其他法定监护人应同时具备七个条件:在鄞州区有稳定职业(指与鄞州区用人单位签订了劳动合同或取得了工商营业执照,或在鄞州区从事农业种养业);在鄞州区依法缴纳基本养老保险或外来务工人员社会保险(截止到 2014 年 4 月 30 日,已连续按月缴纳一年及以上,且延续到查验日仍在参保,补缴无效);在鄞州区取得《浙江省临时居住证》1

年及以上;在鄞州区具有相当固定住所(有效的租房证明或居住证明);子女在户籍所在地无监护条件;无违反计划生育政策;有原籍地户口簿。"

本案中,根据查明的事实,2013年5月至2014年3月,张某在宁波市江东区的企业工作并在江东区缴纳社会养老保险。据此可以认定,截止到2014年4月30日,张某并未在鄞州区连续按月缴纳基本养老保险一年及以上。故张某提出其儿子要在鄞州区入读小学一年级的申请,不符合鄞政发(2014)19号《关于规范有序做好2014年外来务工人员子女就学工作意见》规定的必备条件,应当不予准许。

【风险提示】

教育行政主管机关负有保障适龄儿童、少年免试在户籍所在地学校就近入学的职责,但是随着城镇化的发展,越来越多的人从农村来到城市,这些外来务工人员的子女的受教育权也需要得到保障。为保障所有适龄儿童、少年的受教育权,《义务教育法》授权各地方制定既不影响当地正常的教育秩序,又能合理利用当地的教育资源的地方性规定,这些地方性规定是为实施法律而制定的,具有合法性。

地方性规定中的条件还必须具有合理性,不能采用歧视性条件排除某些人的资格,因此条件要综合考虑监护关系、居住地、工作、社保等情况,对相同的人给予相同的待遇,否则教育行政主管机关就侵犯了公民的平等权和受教育权。

案例三

学校管理类纠纷案例

二十二、刘某诉教育机关行政答复纠纷案①

【案情介绍】

刘某等人于 2013 年 7 月 11 日向广州市越秀区教育局提交了《举报申诉书》,举报广州市第十七中学从 2008 年 1 月至今从来没有公开教师工资、教师福利待遇等涉及教职工权益等信息,举报人刘某认为被举报人(即广州市第十七中学)的具体行为违法,要求广州市越秀区教育局依照《广州市教育局创建评选中小学依法治校示范校工作方案》《广东省教育行政执法责任制规定》《广东省政府信息公开工作过错责任追究办法(试行)》《教师法》等对被举报人违法行为立即书面受理并三十日内将处理情况书面告知举报人,并对举报人不畏权势、敢于与违法行为做斗争的正义行为进行通报表扬。并请求:(1)确定被举报人没有依法进行校务公开的行为违法;(2)依法限期对违法行为进行查处和整改,并及时在网站公布查处结果;(3)对违法直接责任人陆小林校长给予行政处分,对举报人给予通报表扬;(4)书面受理申诉举报人的诉求,并在案件办结后书面答复举报人。

广州市越秀区教育局受理后就上诉人举报申诉的事项开展调查,组织调查组到广州市第十七中学调查了解情况。2013 年 9 月 4 日,广州市越秀区教

---

① 广东省广州市中级人民法院:行政判决书(2014)穗中法行终字第 1272 号,中国裁判文书网 http://wenshu. court. gov. cn/content/content? DocID = 6fdd7ab8 - 6b03 - 4a55 - 896d - 4764c1407f33[2015 - 8 - 1].

育局做出越教信(2013)7号《关于刘某等同志信访事项的答复》答复上诉人等人如下:"经我局调查了解,广州市第十七中学主要通过以下方式进行校务公开:(1)在校园网公示;(2)在教职工代表大会上宣布;(3)在学校宣传栏、各科级组办公室等地方张贴公示;(4)部分涉及个人隐私的信息(例如教职工个人收入等信息),存放在对应的学校内设部门(例如财务室、总务处等);5.其他便于教职工和社会知晓的方式。您在信访材料中提到学校没有依法进行校务公开,我局建议您多通过以上途径进行了解。对于部分涉及个人隐私信息不便主动公开的,可由本人直接向学校了解。在本次调查了解过程中,我局暂未发现第十七中学有违反《广东省教育厅中小学校务公开暂行规定》的情况,感谢您对学校工作的监督……"

刘某对上述答复不服,向广州市教育局申请复议。该局于2013年12月19日做出穗教育行复(2013)第4号《行政复议决定书》,维持被上诉人做出的上述答复等。刘某仍不服,诉至法院,请求撤销上述答复。法院最终驳回了刘某的诉讼请求。

【案例评析】

1. 校务公开制度需认真实行

校务公开被群众誉为"阳光工程",是治理教育乱收费和促进各级各类学校加强党风廉政建设和反腐败工作的一项重要举措。校务公开包括校内事务和校外事务的公开。校内事务包括学校的重大决策、重大事项、教学管理、财务、后勤、职称评定、评模选优、住房分配等,校外事务包括收费项目、收费标准、收费支出等,招生政策与规定、入学条件、录取结果。

为推进校务公开制度的贯彻执行,《广东省教育厅中小学校务公开暂行规定》第八条规定,学校应向本校教职工公开以下校务:(五)课时补贴、考勤与酬金发放情况,奖惩与货币分房、住房公积金、房租变动情况,各种社会保险、辅助保险等与教职工切身利益有关的事项;《广东省中小学依法治校实施方案》三(四)2、②教师职务评定与聘任、教师工资、教师福利待遇以及涉及教职工权益的其他事项,向教职工公布。若刘某举报的广州市第十七中学从2008年1月至今从来没有公开教师工资、教师利待遇等涉及教职工权益等信息为真实,则广州市第十七中学的具体行为违法。

2. 教育行政主管机关对校务公开负有监督检查的职责

《广东省教育厅中小学校务公开暂行规定》第 21 条规定："各县(市、区)教育行政部门及其监察机构、教育工会组织主要通过以下方式对中小学校务公开进行监督。(一)对中小学校务公开情况进行定期或不定期检查或考核;(二)在学校内部开展评议活动,听取教职工对校务公开工作的意见;(三)设立校务公开咨询投诉电话或信箱,及时纠正和调查处理违反规定或失当行为,并向投诉人通报处理情况,或向社会公布处理结果。"第 23 条规定:"学校实施校务公开,违反有关法律法规或本规定的,教育行政部门及其纪检监察机构有权责令其限期改正,逾期不改正者,予以通报批评,并追究主要负责人的行政责任。"

本案被告作为越秀区的教育行政主管部门,对于刘某举报申诉的广州市第十七中学没有依法进行校务公开等内容已依照职权进行了调查核实,广州市越秀区教育局将其调取的广州市第十七中学关于绩效工资的会议记录及对上诉人申诉事项的调查报告出示给法院。在暂未发现第十七中学有违反《广东省教育厅中小学校务公开暂行规定》的情况下,也及时做出涉案答复告知原告,并没有违反上述有关的规定,故刘某要求撤销该答复的理由不充分。

3. 行政诉讼的被告需适格

《行政诉讼法》第 26 条规定,公民、法人或者其他组织直接向人民法院提起诉讼的,做出行政行为的行政机关是被告。经复议的案件,复议机关决定维持原行政行为的,作出原行政行为的行政机关和复议机关是共同被告;复议机关改变原行政行为的,复议机关是被告。复议机关在法定期限内未作出复议决定,公民、法人或者其他组织起诉原行政行为的,作出原行政行为的行政机关是被告;起诉复议机关不作为的,复议机关是被告。两个以上行政机关作出同一行政行为的,共同作出行政行为的行政机关是共同被告。行政机关委托的组织所作的行政行为,委托的行政机关是被告。行政机关被撤销或者职权变更的,继续行使其职权的行政机关是被告。

本案中,刘某向广州市越秀区教育局提出申诉,广州市越秀区教育局对此做出答复,刘某对答复不服,向广州市教育局申请复议,广州市教育局维持了越秀区教育局的答复,按照《行政诉讼法》第 26 条第 2 款的规定,做出原行政行为的行政机关和复议机关是共同被告,因此,刘某应该将广州市教育局也列为被告。

【风险提示】

教育行政主管部门应该认真履行对校务公开监督检查的职责,对不按照规定校务公开的学校给予相应的处罚,否则就要承担行政不作为的责任。对于被举报的学校,教育行政主管部门要认真进行调查,并将调查结果书面答复给举报人。申请复议是行政相对人的权利,受理的机关需要按照行政复议法的规定审查复议申请,并做出维持、撤销或变更的决定,即使复议机关做出维持原行政行为的决定,按照《行政诉讼法》的规定也可以成为行政诉讼的共同被告。

二十三、高校招生简章未备案违规招生案①

【案情简介】

2011 年,黄某到西科航空学院报名当空姐,拿着西科航空学院的简章查询学校的情况,东星航空学院的工作人员看到西科航空学院的招生简章后,发现不同的两所航空专修学院,却有着雷同的招生简章,文字和图片都涉嫌抄袭,东星航空学院学生的照片上了西科航空学院的招生简章。

经东星航空学院查证,西科航空学院没有在教育局备案,不能在社会上招生。东星航空学院约西科航空学院的卢先生见面后,卢先生向东星航空学院负责人道歉,承认招生简章上的照片可能是工作人员在网上找的,暂时还没有在教育局备案,也没有办学许可证。最后,卢先生当面写了一份情况说明,承诺立即停止侵权,不再散发招生简章,同时关闭招生网页,并赔偿 8000 元。

【案例评析】

1. 民办学校的招生简章需向教育行政主管机关备案

根据《民办教育促进法》第 41 条和《广告法》的有关规定,凡经教育行政主管机关依法批准设立的具有当年招生资格的民办学校,通过报刊、广播、电视、网络、互联网、印刷品等媒介形式,面向社会刊播、张贴、散发的招生简章和广

---

① 锁千程. 考空姐遭遇"李鬼"学校 两所学校的简章一模一样,成都晚报[N].2011 - 04 - 25(04).

告,均须进行备案。招生简章和广告的内容要真实,招生范围、标准和方式要符合相关法律法规及政策的规定。民办学校具有兑现招生简章和广告承诺,开展教育教学活动,保证教育教学质量的能力。由民办学校法人代表或法人代表委托的经办人准备备案报告、办学许可证、涉及收费项目及标准的,提供收费批准或备案文件、招生简章和广告样稿(以文字或图片形式发布的,提供文字全文或完整图片;以录音或短片形式发布的,提交光碟)、招生宣传内容(如荣誉、成绩等)涉及的证明材料等材料一式二份,其中办学许可证、收费项目及标准的批准或备案文件、招生宣传内容涉及的证明材料等验原件,留复印件向教育行政主管机关提出申请。对于资料完备、符合条件或经告知后补齐资料达到要求者,教育行政主管机关在规定时间内在学校提交的备案报告上签署同意意见,设置备案号。招生简章和广告经备案后方可正式对外发布。本案中,西科航空学院的招生简章未在教育局备案就开始使用,属违法行为。

2. 西科航空学院的招生简章的抄袭行为侵犯东星航空学院的合法权益

西科航空学院的招生简章,文字和图片都涉嫌抄袭,而且西科航空学院也承认招生简章上的照片是工作人员在网上找的,而不是自己设计制作的。西科航空学院的抄袭行为,造成学生认识上的混淆,对东星航空学院的招生造成不良影响。双方经协商,西科航空学院承诺立即停止侵权,不再散发招生简章,同时关闭招生网页,并赔偿8000元钱的处理是恰当的。

3. 西科航空学院没有办学许可证的招生行为应受到处罚

《民办教育促进法》第17条规定,审批机关对批准正式设立的民办学校发给办学许可证。在未取得办学许可证的前提下,擅自办学,教育行政主管机关可以给予撤销学校的行政处罚。本案中,西科航空学院没有办学许可证,当地教育行政主管部门应该积极主动开展工作,在查证属实之后,给予西科航空学院停止办学,撤销学校的处罚。若西科航空学院不能主动履行行政处罚,仍然违法招生,教育行政主管部门可以向人民法院申请强制执行。

【风险提示】

《民办教育促进法》规定民办学校需取得办学许可证,招生简章和广告需向教育主管部门备案。各地教育行政主管机关都会对申办办学许可证和招生简章、广告的备案规定相应的细则,需要准备的材料、主管的部门、法定时限等,民办学校按照细则的指引进行申报和备案。只要是符合条件的申请和备案,教育行政主管机关就应该及时办理。对于没有办学许可证和备案的民办学校,教育行政主管机关也应该及时查处,给予应有的行政处罚。

二十四、学校诉县教育委员会行政许可纠纷案①

【案情简介】

丰都教委于 2004 年 9 月 7 日,以刘某 2004 年秋季违法招生举办某中学为由,做出丰都教行决字[2004]第 1 号教育违法行为行政处罚决定书,决定撤销某中学。

2006 年 4 月 12 日、21 日,丰都县三合镇鹿鸣村委会、丰都县三合镇政府、丰都县三合镇学校分别同意刘某申办某中学。2006 年 4 月 21 日,刘某向丰都教委提出办学申请的材料中,修建的教学场所及设施,无已经职能部门批准和验收的证据;除教师杨金丹具有小学英语教师资格证书外,其余任职教师无教师资格证书。2007 年 6 月,丰都教委安排某中学 2007 年初中毕业升学考试和2007 年初中结业考试,并向 2007 届毕业生颁发毕业证书。

丰都教委受理刘某办学申请后,经审查认为:某中学于 2004 年 8 月在未经批准的情况下擅自招生办学,对该校做出撤销某中学的行政处罚决定后,该校自 2004 年秋以来未停止办学,未执行该行政处罚决定;该校未按《民办教育促进法》第 12 条规定申请筹建的情况下,擅自选校址建校舍,并已经投入使用,未进行建设工程竣工验收,只是由丰都县康居房屋安全咨询有限公司进行了房屋安全性鉴定;某中学的办学地址不适合举办初级中学校。丰都教委于2007 年 8 月 17 日做出批复,决定不予批准举办某中学。

某中学不服该批复,提起行政诉讼。经过丰都县人民法院和重庆市第三中级人民法院的审理,确认丰都县教育委员会于 2007 年 8 月 17 日做出的关于不同意设立某中学的批复违法,驳回某中学要求补发办学许可证的诉讼请求。

---

① 重庆市第三中级人民法院:行政判决书(2008)渝三中法行终字第 28 号,找法网 http://china.findlaw.cn/info/xingzheng/xingzhengxuke/xzxkal/72256.html[2015 - 8 - 2].

【案例评析】

1. 丰都教委具有对民办学校的管理权

《民办教育促进法》第 8 条、第 11 条规定,县级以上人民政府教育行政部门按照国家规定的权限审批民办学校,因此丰都教委对于民办学校的设立具有行政审批的管理职权。

2. 丰都教委的不予许可决定存在程序瑕疵而违法

《行政许可法》第 32 条第 1 款(4)项规定,行政机关对申请人提出的行政许可申请,申请材料不齐全或者不符合法定形式,行政机关应当当场或者在 5 日内一次告知申请人需要补正的全部内容,逾期不告知的,自收到申请材料之日起即为受理;该法第 34 条规定,行政机关应当对申请人提交的申请材料进行审查。根据法定条件和程序,需要对申请材料的实质内容进行核实的,行政机关应当指派两名以上工作人员进行核查。因此,行政机关对申请人提出行政许可申请的申请材料不齐全或者不符合法定形式有履行告知的义务,行政机关对申请人提交的申请材料的实质内容需要进行核实的则有核查的义务。

因丰都教委不能证明对申请人提出行政许可申请时,已履行一次告知申请人需要补正的全部内容的义务,亦不能证明对刘某提交的申请材料的实质内容已进行核查的事实,则丰都教委径行做出不予行政许可的具体行政行为违反法定程序。丰都教委于 2006 年 4 月 21 日受理刘某的申请后,于 2007 年 8 月 17 日做出关于不同意设立某中学的批复,违反了《民办教育促进法》第 13 条"审批机关应当自受理筹设民办学校的申请之日起三十日内以书面形式做出是否同意的决定"和该法第 16 条"申请正式设立民办学校的,审批机关应当自受理之日起三个月内以书面形式做出是否批准的决定,并送达申请人"规定的法定期限。因此,丰都教委原具体行政行为违法。

3. 某中学的办学条件不合格而不能获得办学许可证

《民办教育促进法》第 10 条规定,设立民办学校应当符合当地教育发展的要求,具备教育法和其他有关法律、法规规定的条件,民办学校的设置标准参照同级同类公办学校的设置标准执行。《教育法》第 26 条规定,设立学校及其他教育机构,必须具备下列基本条件:(一)有组织机构和章程;(二)有合格的教师;(三)有符合规定标准的教学场所及设施、设备等;(四)有必备的办学资金和稳定的经费来源。《教师资格条例》第 2 条规定,中国公民在各级各类学校和其他教育机构中专门从事教育教学工作,应当依法取得教师资格。

但刘某向丰都教委提出办学申请的材料中,修建的教学场所及设施,无已经职能部门批准和验收的证据;除教师杨金丹具有小学英语教师资格证书外,其余任职教师无教师资格证书,不符合《民办教育促进法》规定的办学条件。虽然2007年6月丰都教委安排某中学2007年初中毕业升学考试和2007年初中结业考试,并向2007届毕业生颁发毕业证书,只是丰都教委基于某中学因违法办学造成的社会后果而采取的一种补救措施,并非属于事实上的批准行为。

根据《民办教育促进法》第17条规定,审批机关对批准正式设立的民办学校发给办学许可证。即取得民办学校办学许可证的对象,是获得审批机关批准正式设立的民办学校。刘某申办某中学至今未获县级以上人民政府教育行政部门批准文件,因此,其要求颁发或补发办学许可证无事实和法律依据。

【风险提示】

本案提示教育行政主管机关对于民办学校的审批不能仅注意书面申请材料的审核,还应该按照《民办教育促进法》的规定对申请材料的实质内容进行核实的。在审批时,教育行政主管机关还要注意审批的时限,审批机关应当自受理筹设民办学校的申请之日起三十日内做出是否同意的决定,申请正式设立民办学校的,审批机关应当自受理之日起三个月内以书面形式做出是否批准的决定,并送达申请人。行政许可的申请和批准,均属于要式法律行为,必须以书面方式进行。

二十五、常某诉教育局行政许可纠纷案①

【案情简介】

2000年4月,常某取得《安徽省社会力量办学许可证》,依法成立了怀远县育人中学。许可证中只载明负责人的姓名是常某,没有载明举办者姓名。2005年3月,常某等人与常卓亚签订一份合同,约定将育人中学的资产一次性

---

① 安徽省蚌埠市中级人民法院:行政判决书(2014)蚌行终字第00007号,中国裁判文书网 http://wenshu. court. gov. cn/content/content? DocID = 6ea3cc0f - 8080 - 4638 - 85bd - d12ada72339b[2015 - 8 - 2].

出售给常卓亚,学校债务由常卓亚承担。常卓亚一次性给常某等人 200 万元,董事长、法人代表变更为常卓亚,原土地证、房产证、办学许可证均变更为常卓亚。2006 年初,常某向蚌埠市教育局出具一份委任常卓亚为育人中学董事长、法人代表的字据。蚌埠市教育局根据上述材料于 2006 年 10 月 3 日颁发《民办学校办学许可证》时,将负责人常某变更为常卓亚。

2008 年教育部对民办学校办学许可证的内容和样式进行修订和换发。2011 年 11 月育人中学换发民办学校办学许可证时,因许可证的制定格式更改,在《民办学校办学许可证》正本增加"校长"一栏,而副本登记内容中却增加"校长"和"举办者"二栏,正副本均取消负责人一栏。蚌埠市教育局将正副本"校长"一栏填写为常某,副本的举办者一栏填写为常卓亚。常某认为蚌埠市教育局变更办学许可证举办人的程序违法而请求撤销教民 134××081 号《民办学校办学许可证》。法院经审理认为蚌埠市教育局教民 134××081 号《民办学校办学许可证》是对教民 34××09 号《民办学校办学许可证》到期后的换证行为,而非变更许可证,驳回了常某的诉讼请求。

【案例评析】

1. 对民办学校举办者的认定

民办学校的举办者是以资金、实物、土地使用权、知识产权以及其他财产作为办学出资举办学校者。本案中,2005 年 3 月,常某等人与常卓亚签订一份合同,约定将育人中学的资产一次性出售给常卓亚,学校债务由常卓亚承担。常卓亚一次性给常某等人 200 万元,董事长、法人代表变更为常卓亚,原土地证、房产证、办学许可证均变更为常卓亚。常某等人提出将办学许可证变更为常卓亚。2006 年常某又出具将学校董事长、法人代表委任给常卓亚的书面申请。根据上述材料,可以认定常某同意将育人中学的负责人变更为常卓亚。

《民办教育促进法》在 2003 年 9 月 1 日实施之前,民办学校办学许可证的格式是《安徽省社会力量办学许可证》,在办学许可证内容中只载明负责人的姓名。蚌埠市教育局认为此负责人包含举办者、董事长、校长为一体的身份。实施之后,民办学校办学许可证的格式样本仍为负责人。2008 年教育部要求民办学校办学许可证的内容和样式进行修订和换发。《民办学校办学许可证》正本增加"校长"一栏,而副本登记内容却中增加"校长"和"举办者"些二栏,正副本均取消负责人一栏。在"负责人"一栏取消后,蚌埠市教育局根据育才学校的资产所有者的情况,将常卓亚确定为举办者是符合对举办者认知的。

2. 蚌埠市教育局的行为是变更许可证而非换发许可证

常某于 2000 年 4 月取得《社会力量办学许可证》,举办私立怀远县育人中学。该许可证在办学负责人一栏中加盖常某印章并有照片,无举办者栏。2006 年 2 月 18 日,常某向市教育局提出申请,委任常卓亚为育人中学董事长、法人代表,并请给予办理有关手续。根据常某及育人中学提交的相关材料,同年 10 月 31 日,市教育局为育人中学颁发教民 34××××××09 号《民办学校办学许可证》,该办学许可证正本、副本负责人一栏均变更为常卓亚,正本、副本均无举办者栏。该办学许可证内容未涉及常某任何权利义务关系,常某未提出异议。

之后,教育部对《民办学校办学许可证》文本样式进行修订。2011 年 6 月,因教民 34××××××09 号《民办学校办学许可证》到期,市教育局为育人中学换发新文本样式的教民 134××081 号《民办学校办学许可证》,该办学许可证正本校长一栏填写为常某,无负责人和举办者栏;副本中校长一栏填写为常某,举办者一栏填写为常卓亚,无负责人栏。因此,该具体行政行为是对教民 34××09 号《民办学校办学许可证》的换证行为,而非变更许可证。在 2011 年市教育局换发办学许可证时,常某已经不是育人中学的举办者。不具备以举办者的身份请求撤销该办学许可证的主体资格和请求权,此时申请核发办学许可证的行为相对人是常卓亚,而不是常某,育人中学的董事会也表示同意。故蚌埠市教育局根据常卓亚的申请及相关材料将育人中学举办者填写为常卓亚并无不当。

【风险提示】

民办学校办学许可证所记载的内容发生变化后,教育行政主管机关必须按照民办学校的实际情况对相关内容进行记载,不能因当事人之间的民事争议而影响行政行为的内容,对于当事人之间的民事争议可以建议他们通过民事诉讼解决。民办学校办学许可证的换证是因到期而对原有许可证所记载内容的续期,变更许可证是对许可证内容的某一项或某几项发生与原有内容不同的记载,教育行政主管机关需分清两者的区别。

二十六、教育体育局决定不予受理纠纷案①

【案情简介】

2011 年 5 月 30 日,广济康复院通过邮局给中原区教育体育局邮寄了关于请求批准增设特殊教育中心的请示等材料,向中原区教育体育局申请增设残疾人特殊教育机构,请求中原区教育体育局批准。中原区教育体育局收到广济康复院的请示后,直到广济康复院起诉前没有做出是否受理的决定,也未告知广济康复院申请审批的材料是否齐全、是否符合法定形式,广济康复院向法院起诉。

在河南省郑州市中级人民法院审理期间,中原区教育体育局于 2011 年 9 月 26 日以"你单位在内部增设残疾儿童学前特教班的要求,不属于我局的审批权限"为由做出不予受理决定,邮寄给广济康复院。广济康复院对中原区教育体育局做出的不予受理决定不服,再次起诉。经过法院审理,撤销中原区教育体育局 2011 年 9 月 26 日做出的不予受理决定书。责令郑州市中原区教育体育局对郑州市广济康复院关于请求批准增设特殊教育中心的请示重新做出具体行政行为。驳回广济康复院请求判令中原区教育体育局限期为广济康复院办理办学行政许可证、办学许可证的诉讼请求。

【案例评析】

1. 教育行政主管机关应该在法定期限内做出行政行为

根据《民办教育促进法》第 13 条的规定,审批机关应当自受理筹设民办学校的申请之日起三十日内以书面形式做出是否同意的决定。郑州市中原区教育体育局在收到郑州市广济康复院申请增设特殊教育中心的请示后,应当在三十日内依法受理、审查,作出是否准予设立的决定。郑州市中原区教育体育局在收到申请三个月之后才以不属于本局审批权限为由,做出不予受理决定,已经超出了法定期限。行政机关受理或者不受理行政许可申请,均应向申请

人出具书面凭证。

由于行政许可法规定了"收到申请材料之日起即为受理"的原则,这就要求行政机关收到申请材料时,即应出具收到材料的凭证。除非另有规定,如果申请人 5 日内未收到补正告知,行政机关收到申请材料的凭证可以具有受理凭证的效力。受理凭证上应当加盖本行政机关的专用印章,并注明日期。本案中,郑州市中原区教育体育局在收到申请三个月之后才以不属于本局审批权限为由,做出不予受理决定,因此,中原区教育体育局不予受理的决定因超过时限而被撤销。

2. 行政机关应该告知申请人受理的机关

申请人只能向法定的行政许可机关提出申请,也只有该法定的行政机关才能接受其管辖范围内的申请并予审查。申请人向无许可权的行政机关提出申请的,申请行为无效,被申请机关应当做出不予受理的书面决定。作出不受理决定的行政机关应当告知申请人受理其申请的行政机关。行政机关告知申请人负责受理的机关,是行政许可法给行政机关赋予的一项新的职责。行政机关的工作人员告知申请人有关的负责机关,虽然会增加一定的工作量,但并不会增加太大的难度,给申请人带来的则是极大的方便。如果工作人员无法凭经验知道负责受理的机关,应当通过机关的内部系统设法询问清楚。告知负责受理的机关,工作人员可以采取口头告知的方式。针对申请人经常发生错误的情形,行政机关也可以事先印制一些"申请人须知"或"申请注意事项"之类的书面材料,提醒申请人根据各自的情况向正确的行政机关提出申请。

【风险提示】

教育行政主管机关在行使行政审批权时必须注意要按照教育法律法规和行政法规定的法定时限,在规定的时限内做出行政行为。行政机关可以做出受理或不予受理的决定,对于因不属于自己职权范围内的事项而不予受理的,行政机关工作人员还应该告知行政相对人应该受理的机关,这是建设服务型政府的要求,也是行政许可法的法定要求。

二十七、民办学校举办者身份确认纠纷案①

【案情简介】

2000 年 3 月 18 日,安徽省黄山市教育委员会向歙州学校颁发了《安徽省社会力量办学许可证》。经登记管理机关黄山市民政局核准登记的民办非企业单位(法人)登记申请表记载,举办者为洪敬秋、洪献忠,开办资金来源:洪敬秋 450 万元,洪献忠 50 万元。2000 年 9 月,歙州学校开始招收第一批学生。现为小学、初中、高中十二年一贯制学校。学校开办后,洪敬秋历任歙州学校校长、总监,系歙州学校的法定代表人。

2007 年 1 月 17 日,洪敬秋因车祸死亡。洪某与洪敬秋为夫妻关系,两人生育一子洪绍轩。2007 年 2 月 4 日,经歙县教育局组织召开歙州学校董事长人选协调会,决定在新董事长确定前由洪某代理董事长。2007 年 12 月 29 日,黄山市民政局向歙州学校发出责令改正通知书,责令其于 2008 年 1 月 31 日前办理法定代表人变更手续。歙县人民政府办公室发文成立歙州学校法人变更工作领导组。黄山市教育局于 2008 年 1 月 28 日核准同意歙州学校变更董事长,2 月 1 日又发文撤销同意变更董事长的核准意见。2008 年 2 月 3 日,黄山市民政局发文同意变更歙州学校法定代表人为洪献忠。洪某与洪献忠为变更歙州学校法定代表人等事项产生纠纷,遂诉至黄山市中级人民法院,请求依法确认洪某、洪绍轩是歙州学校举办者,确认洪献忠不是歙州学校的举办者。

【案例评析】

1. 关于确认或否定民办学校举办者身份(资格)的问题

根据《民办教育促进法》第 9 条的规定,举办民办学校的个人,应当具有政治权利和完全民事行为能力。第 12 条规定,申请筹设民办学校,举办者应当向审批机关提交举办者的基本情况等材料。第 13 条规定,审批机关应当自受理筹设民办学校的申请之日起三十日内以书面形式做出是否同意的决定。依

---

① 安徽省高级人民法院行政判决书:(2011)皖民二终字第 00093 号,北大法宝 http://www.pkulaw.cn/case/pfnl_118776619.html[2015-8-2].

上述规定,审批机关即政府教育行政部门对民办学校举办者身份审查属于实质审查,该行政机关需要对举办者提交的材料内容的真实性、合法性进行审查,注入和体现了相关行政机关的意志。因此,确认或否定举办者身份(资格)属于政府教育行政部门行政权限范畴,包含了行政许可内容。因此,确认或否定举办者纠纷不属于人民法院民事诉讼受理范围,应当由教育行政主管部门解决。

2. 关于民办学校举办者的变更问题

本案中,依据审批机关黄山市教育局的审批和黄山市民政局的登记,歙州学校举办者为洪敬秋、洪献忠。现洪某、洪绍轩提起诉讼要求确认其为歙州学校举办者身份(资格),实质是要求人民法院对歙州学校举办者进行变更。根据《民办教育促进法》第54条规定,民办学校举办者的变更,须由举办者提出,在进行财务清算后,经学校理事会或者董事会同意,报审批机关核准。《民办非企业单位登记管理暂行条例》第15条规定,民办非企业单位的登记事项需要变更的,应当自业务主管单位审查同意之日起30日内,向登记管理机关申请变更登记。依此,变更民办学校的举办者,依据上述相关规定,应当由民办非企业单位的审批机关(业务主管单位)和登记管理机关处理,属于行政机关行政权限的范畴,包含行政许可内容,不属于人民法院民事诉讼受理范围。人民法院不能通过民事判决变更审批机关的行政行为。人民法院在审理民事案件过程中,应当以审批机关审核批准的民办学校举办者为准,审批机关批准的举办者以外的当事人请求变更为民办学校举办者的,人民法院不能受理。当事人可向有关行政机关申请解决。

【风险提示】

本案涉及司法审判的自主性和行政行为的拘束力问题,实质上也是司法权与行政权的划分问题。本案经安徽高院审判委员会讨论决定,并请示最高人民法院后终审判决中认为,行政权力与司法权力的行使应当有各自的范围,既不能以行政权力替代司法权力,也不能以司法权力替代行政权力,法院不宜超越职权,对行政机关权限范围内的事项做出决定。经行政程序获得的民事权利,其产生变更或消灭的法律事实必须是行政行为,没有相应的行政行为,也就没有其产生、变更、消灭的法律基础。如果认为他人经行政程序获得的民事权利侵犯了其权利,只能按法律规定由行政机关处理,不服行政机关处理时可依法提起行政诉讼。本案中,洪某可以经人民法院的民事审判获得继承权,从而继承洪敬秋对歙州学校的权利和义务,但教育行政主管机关的对民办学校法定代表人的变更权不因民事审判的结果而改变。

二十八、教育局政府信息公开纠纷案①

【案情简介】

加拿大中英文幼儿园是本辖区一家民办幼儿园。广州市白云区教育局系加拿大中英文幼儿园的教育主管部门。2014 年 4 月 29 日,加拿大中英文幼儿园以书面形式向广州市白云区教育局提交《白云区教育局依申请公开政府信息申请表》和《政府信息公开申请书》,申请公开:(1)加拿大中英文幼儿园聘请外国专家单位资格材料(包括但不限于认可证书及幼儿园申请材料);(2)2010 年、2011 年、2012 年、2013 学年加拿大中英文幼儿园所有外籍教师在中国居住资格、任职资格资料和身体健康检查材料。申请所需信息的提供方式为纸质,获取方式为自行领取。同年 5 月 13 日,广州市白云区教育局做出云教信复(2014)38 号《政府信息公开申请不予受理告知书》,其中载明"你们要求公开的政府信息,是广东省人民政府外事办公室和广东省外国专家局的职权范围。我局不予受理你们上述政府信息公开的申请,建议你们向广东省人民政府外事办公室和广东省外国专家局提出申请。"加拿大中英文幼儿园对广州市白云区教育局政府信息公开申请不予受理行为不服,诉至法院。

法院判决,撤销上诉人广州市白云区教育局于 2014 年 5 月 13 日作出的云教信复(2014)38 号《政府信息公开申请不予受理告知书》,责令上诉人广州市白云区教育局在本判决生效之日起 15 个工作日内,向方某以纸质的方式公开加拿大中英文幼儿园聘请外国专家单位资格材料和 2011、2012、2013 学年该园所有外籍教师在中国居住资格(不得公开住所地、经常居住地)、任职资格

---

① 广东省广州市中级人民法院:行政判决书(2014)穗中法行终字第 1703 号,北大法宝 http://www. pkulaw. cn/case/pfnl_121706811. html? keywords = 15% E4% B8% AA% E5% B7% A5% E4% BD% 9C% E6% 97% A5&match = Exact% 2C% 20Piece[2015 - 8 - 2].

材料。

【案例评析】

1. 广州市白云区教育局负有信息公开的义务

政府信息是指行政机关在履行职责过程中制作或者获取的,以一定形式记录、保存的信息,及时、准确地公开发布。政府信息公开是指国家行政机关和法律、法规以及规章授权和委托的组织,在行使国家行政管理职权的过程中,通过法定形式和程序,主动将政府信息向社会公众或依申请而向特定的个人或组织公开的制度。

《政府信息公开条例》第 2 条规定:"本条例所称政府信息,是指行政机关在履行职责过程中制作或者获取的,以一定形式记录、保存的信息。"第 17 条规定:"行政机关制作的政府信息,由制作该政府信息的行政机关负责公开;行政机关从公民、法人或者其他组织获取的政府信息,由保存该政府信息的行政机关负责公开。法律、法规对政府信息公开的权限另有规定的,从其规定。"《广东省外国人管理服务暂行规定》第 15 条规定:"外籍教师、留学生所在的各类学校和培训机构,应当按照下列规定将外籍教师、留学生的护照、签证或者就业证等信息报告相关部门:(一)属于学校和其他教育培训机构的,报告教育主管部门。"

本案中,广州市白云区教育局作为教育主管部门,对加拿大中英文幼儿园申请公开的加拿大中英文幼儿园聘请外国专家单位资格材料和 2011、2012、2013 学年该园所有外籍教师在中国居住资格、任职资格材料均有存档。根据《政府信息公开条例》第 17 条的规定,上诉人作为政府信息的保存机关,具有依据加拿大中英文幼儿园递交的政府申请进行公开的行政职责。广州市白云区教育局作为信息公开义务机关,对信息公开申请不予受理的行为违反了上述法规规定,未尽到政府的法定职责,应予以纠正。

2. 信息公开与个人隐私的平衡

《政府信息公开条例》第 21 条规定:"对申请公开的政府信息,行政机关根据下列情况分别作出答复:(一)属于公开范围的,应当告知申请人获取该政府信息的方式和途径。"第 14 条第 4 款规定:"行政机关不得公开涉及国家秘密、商业秘密、个人隐私的政府信息。但是,经权利人同意公开或者行政机关认为不公开可能对公共利益造成重大影响的涉及商业秘密、个人隐私的政府信息,可以予以公开。"第22条:"申请公开的政府信息中含有不应当公开的内容,但是能够作区分处理的,行政机关应当向申请人提供可以公开的信息内容。"

本案中,加拿达中英文幼儿园申请公开的加拿达中英文幼儿园聘请外国专家单位资格材料和2011、2012、2013学年该园所有外籍教师在中国居住资格、任职资格材料属于广州市白云区教育局应当公开的范围,其中外籍教师身体健康检查材料,因涉及个人隐私,属于不予公开的范围,但外籍教师身体健康检查材料关系到幼儿园全体学生的健康安全,若以涉及个人隐私为由不公开将给幼儿园学生、家长的利益造成重大影响;外籍教师人员在申请从事幼儿园教学时,可以推定其已经放弃将个人健康状况证明作为个人隐私的权利,故广州市白云区教育局应该公开加拿达中英文幼儿园聘请的外籍教师健康状况证明。

【风险提示】

政府信息公开既是公众了解政府行为的直接途径,也是公众监督政府行为的重要依据。为推进政府信息公开,保障公民知情权的实现,我国制定了《政府信息公开条例》。教育行政主管机关在对民办学校进行监督管理的过程中,制定了一系列的备案制度,这些备案的资料都是政府信息,应该公开。当然在公开信息时还要注意公民知情权和隐私权的平衡,对一些与公开利益没有联系的个人隐私可以不公开,但对涉及到公共利益的隐私则需对利益相关人公开。教育行政主管机关不能推卸信息公开的义务,也不能不加以审查对所有的信息公开。

二十九、教育局不履行政府信息公开法定职责纠纷案①

【案情简介】

胡某自2005年起租用桃源县芦花潭中学场地经营民办七彩幼儿园(原中心幼儿园)至2013年止,此后又与当地新成立的中心幼儿园合伙经营。其因

---

① 湖南省常德市中级人民法院:行政判决书(2014)常行终字第38号,北大法宝 http://www.pkulaw.cn/case/pfnl_1970324840458775.html? match = Exact[2015 – 8 – 2].

怀疑有关单位或个人在其经营幼儿园期间侵害了其应得的政府财政补贴等合法权益,遂于2014年3月3日当面向桃源县教育局局长王开美递交了《关于公开学前教育经费投入的申请》,要求该局公开全县的相关学前教育财政投入情况及芦花潭乡的相关教育投入信息。

桃源县教育局收到该申请后未按照《政府信息公开条例》第24条规定的十五个工作日内对其予以回复。胡某向法院提起行政诉讼后,桃源县教育局当庭向其送达了《关于对胡某同志要求公开学前教育有关信息的复函》(以下简称复函),公开了本县相关的规范性文件及芦花潭乡的相关政府信息,对胡某要求公开全县相关学前教育财政投入情况的信息公开申请,桃源县教育局以该信息与胡某无关为由予以拒绝。对此,胡某不同意撤诉。

经两级法院审理,判决确认桃源县教育局2014年3月3日收到原告胡某政府信息公开的申请后,未在法定期限内予以回复的行为违法;驳回胡某要求被告桃源县教育局公开2005年以来全县历年学前教育公共财政投入经费总额和生均额;2005年以来全县公立学前教育机构所获得的财政投入经费总额和生均额;2005年以来全县民办学前教育机构获得的财政补贴经费总额、机构名单和生均额;2012年以来全县特困幼儿园补助发放总额及总人数的相关政府信息的诉讼请求。

【案例评析】

1. 政府信息公开的范围

《政府信息公开条例》第10条第(九)项规定,县级以上各级人民政府及其部门应当依照本条例第9条的规定,在各自职责范围内确定主动公开的政府信息的具体内容,并重点公开扶贫、教育、医疗、社会保障、促进就业等方面的政策、措施及其实施情况。该规定虽然概括规定了有关教育方面的政策、措施及其实施情况属于政府及其组成部门应当主动公开的政府信息,但该规定同时也赋予了教育主管部门在其职责范围内自主确定信息公开范围的权力,也即,并非所有的有关教育方面的政策、措施及其实施情况方面的政府信息都是应当主动公开的政府信息。本案中,桃源县教育局未将有关学前教育财政投入、财政补贴等方面的信息列为主动公开的政府信息,在其行政自由裁量的权限之内,并无不当。

2. 申请人申请公开的信息需与该信息有利害关系

国务院办公厅《关于施行〈政府信息公开条例〉若干问题的意见》第 5 条第 (十四)项规定:"行政机关对申请人申请公开与本人生产、生活、科研等特殊需要无关的政府信息,可以不予提供。"《最高人民法院关于审理政府信息公开行政案件若干问题的规定》第 5 条第 6 款规定:"被告以政府信息与申请人自身生产、生活、科研等特殊需要无关为由不予提供的,人民法院可以要求原告对特殊需要事由作出说明。"由此可见,当事人申请行政机关公开的信息必须是与其自身生产、生活、科研等特殊需要有关的信息。

本案中,胡某作为桃源县芦花潭乡的民办学前教育经营者,有权知悉桃源县教育局在其办学区域范围内有关学前教育财政投入、财政补贴信息。但是,胡某向桃源县教育局提出的信息公开申请包括:2005 年以来全县历年学前教育公共财政投入经费总额和生均额;2005 年以来全县公立学前教育机构所获得的财政投入经费总额和生均额;2005 年以来全县民办学前教育机构获得的财政补贴经费总额、机构名单和生均额;2012 年以来全县特困幼儿园补助发放总额及总人数,芦花潭乡的发放依据和明细表,这些信息与胡某无利害关系,因此不属于应公开的范围。

原因在于:首先,国家对学前教育的财政扶持政策是在《国务院关于当前发展学前教育的若干意见》[国发(2010)41 号]出台以后,也即 2010 年以前国家对学前教育尚无财政扶持政策,胡某申请公开自 2005 年以来有关学前教育公共财政投入、财政补贴情况不符合客观实际。其次,胡某所开办的七彩幼儿园的性质是乡镇民办学前教育机构,其申请公开"2005 年以来全县公立学前教育机构所获得的财政投入经费总额和生均额",与其经营的七彩幼儿园没有关联。胡某亦未能说明该部分信息与其生产、生活、科研等特殊需要有关。再次,根据《湖南省人民政府关于加快学前教育发展的意见》,扶持民办教育发展的奖补资金主要支持普惠性民办学前教育发展,用于为普惠性幼儿园补充玩教具、保教和生活设施设备,进行园舍维修改造等。胡某开办的七彩幼儿园不是普惠性民办幼儿园,不符合享受财政补贴以及特困幼儿补助的条件。

3. 行政机关需在法定时限内做出信息公开的答复

《政府信息公开条例》第 24 条规定,行政机关收到政府信息公开申请,能够当场答复的,应当当场予以答复。行政机关不能当场答复的,应当自收到申请之日起15个工作日内予以答复;如需延长答复期限的,应当经政府信息公开工作机构负责人同意,并告知申请人,延长答复的期限最长不得超过15个工作日。

本案中,胡某于2014年3月3日递交了《关于公开学前教育经费投入的申请》。桃源县教育局收到该申请后,未按照《政府信息公开条例》第24条规定的十五个工作日内对其予以回复,行为违法。

【风险提示】

《政府信息公开条例》第1条规定了立法目的,"为了保障公民、法人和其他组织依法获取政府信息,提高政府工作的透明度,促进依法行政,充分发挥政府信息对人民群众生产、生活和经济社会活动的服务作用,制定本条例。"作为政府的一个组成部分,教育行政主管机关也应该遵守《政府信息公开条例》,遵循公正、公平、便民的原则,及时、准确地公开政府信息。《政府信息公开条例》规定政府答复信息公开申请的时限是十五日,行政机关若未在十五日内予以答复,将会被认为违法。教育行政主管机关对需公开的信息的范围有一定的自由裁量权,但行政机关需慎重行使自由裁量权,不能滥用自由裁量权侵犯公民的知情权。

三十、学校诉教育局行政给付纠纷案①

【案情简介】

某学校是经批准设立的民办性质全日制小学。2006年8月18日,南京市政府发布了宁政发(2006)178号文件(以下简称178号文),决定从2006年秋季开学起,对全市义务教育阶段学生全部免收杂费(含信息技术教育费)。针对外来务工人员子女,该文件规定"接受义务教育的外来务工人员的子女,符合条件,提供相应证明,经学校审核,报当地教育行政部门备案,可以免收杂费(含信息技术教育费)。在民办学校就读的学生,由民办学校根据本校实际收

---

① 江苏省南京市中级人民法院:行政判决书(2013)宁行终字第167号,北大法宝 http://www.pkulaw.cn/Case/pfnl_120026033.html? match = Exact[2015 – 8 – 2].

费水平按公办学校免收杂费的标准减收学生学费,市、区(县)财政按公办学校免收杂费的标准对民办学校给予补助。"

2012 年 10 月 30 日,某学校负责人胡成向有关部门邮寄了《关于追要应免学杂费政府补贴的报告》,2012 年 11 月 11 日,南京市原鼓楼区教育局向胡成书面回复称:第一,某学校没有对学生进行审核,报区教育局备案,无法确定该校有多少学生享受政策;第二,某学校在收费时未对学生进行减免,所以未对该校进行补助。2013 年 6 月 22 日,某学校向鼓楼教育局邮寄了一份书面申请,要求该局给付自 2006 年秋季至 2012 年春季六年共计 117.69 万元的政府补贴。2013 年 7 月 23 日,某学校诉至法院,请求判令南京市鼓楼区教育局给付自 2006 年秋季至 2012 年春季 6 年共计 117.69 万元的政府补贴。经法院审理驳回了某学校的诉讼请求。

【案例评析】

1. 某学校的起诉是否超过起诉期限

《最高人民法院关于执行〈行政诉讼法〉若干问题的解释》第 39 条第 1 款规定:"公民、法人或者其他组织申请行政机关履行法定职责,行政机关在接到申请之日起 60 日内不履行的,公民、法人或者其他组织向人民法院提起诉讼,人民法院应当依法受理。法律、法规、规章和其他规范性文件对行政机关履行职责的期限另有规定的,从其规定。"该条款只规定了行政相对人提起诉讼的起算时间,没有明确规定起诉的截止时间。第 41 条规定:"行政机关作出具体行政行为时,未告知公民、法人或者其他组织诉权或者起诉期限的,起诉期限从公民、法人或者其他组织知道或者应当知道诉权或者起诉期限之日起计算,但从知道或者应当知道具体行政行为内容之日起最长不得超过 2 年。"

行政相对人认为行政机关侵害自己合法权益的行为包括行政作为和不作为。相比于行政作为,行政不作为是一种持续性违法行为。对于行政作为,如未告知行政相对人诉权或者起诉期限,起诉期限可以从知道或者应当知道诉权或者起诉期限之日起最长计算 2 年,那么,对于行为处于持续性的行政不作为,存在持续侵害行政相对人权利的情形,起诉期限可以适用上述最长计算 2 年的规定。2012 年 10 月 30 日,某学校负责人胡成向有关部门邮寄了《关于追要应免学杂费政府补贴的报告》,2012 年 11 月 11 日,本市原鼓楼区教育局对胡成进行了书面回复,称某学校不符合相关条件,未能进行补助。此回复函可以证明某学校向鼓楼区教育局提出了申请,该局没有对某学校进行补贴,同时并未告知某学校诉权或者起诉期限,所以起诉期限应当从此时起计算 2 年,某学校于 2013 年 7 月 23 日起诉并未超过起诉期限。

2. 南京市鼓楼区教育局没有对某学校给予免收杂费补助是否违法

南京市鼓楼区教育局作为南京市鼓楼区政府组成部门,南京市政府发布的 178 号文对其具有拘束力。依据该规定,某学校应当先对外来务工人员子女学生进行条件审核,然后报鼓楼区教育局备案,之后可以对符合条件的学生按公办学校免收杂费的标准减收学生学费。某学校未能举证明其依据 178 号文的规定向鼓楼区教育局提出书面申请的事实,也没有到鼓楼区教育局备案,其免收杂费的前置条件尚未具备,并且其所称已对外来务工人员子女进行了免收杂费的情况,也未得到南京市鼓楼区教育局的认可。所以某学校在上述情况下向南京市鼓楼区教育局申请免收杂费补助,不符合 178 号文的规定,南京市鼓楼区教育局没有对某学校给予免收杂费补贴并无不当。

【风险提示】

本案中,教育行政主管机关需要注意,一般情况下,对于公民、法人或者其他组织申请履行法定职责的,行政机关需在接到申请之日起 60 日内履行,否则,公民、法人或者其他组织向人民法院提起诉讼,人民法院将会依法受理。行政机关在作出具体行政行为时,还应该告知公民、法人或者其他组织诉权或者起诉期限的,否则,起诉期限从公民、法人或者其他组织知道或者应当知道诉权或者起诉期限之日起计算,而不是从具体行政行为做出之日起算。对于行政不作为,由于行政不作为具有持续性,起诉期限可以适用最长计算 2 年的规定。

三十一、贾某诉教育局行政强制及行政赔偿纠纷案①

【案情简介】

2014 年 1 月 17 日左右,贾某为了开办马村小学并告知群众马村小学的存

---

① 浙江省金华市中级人民法院:行政判决书(2014)浙金行终字第 77 号,北大法宝 ht-tp://www.pkulaw.cn/Case/pfnl_121657535.html? match = Exact[2015 – 8 – 2].

在,在义乌市佛堂大道 107 号制作安装了标注为"马村小学电话:85767688、1373241×××8"的广告牌。贾某开办"马村小学"未经义乌市教育局批准。

2014 年 1 月 24 日下午 2 点 30 分许,义乌市教育局的工作人员为了防止贾某继续非法办学,对贾某制作安装的涉案的"马村小学"的广告牌进行了拆除,但未将被拆后留存的相关材料运离现场。同日下午 3 时 5 分许,贾某向义乌市公安局江东派出所报案称涉案广告牌被拆。义乌市公安局经调查后于 2014 年 1 月 29 日向贾某出具了不予立案通知书。

贾某不服义乌市教育局拆除涉案广告牌的行为,诉至法院。法院判决:确认义乌市教育局拆除贾某制作安装的"马村小学"广告牌的行为违法,驳回贾某要求义乌市教育局赔偿涉案"马村小学"广告牌损失费 10350 元的诉讼请求。

【案例评析】

1. 义乌市教育局拆除贾某制作安装的涉案"马村小学"广告牌的行为是否合法

行政强制,是指行政机关为了预防或制止正在发生或可能发生的违法行为、危险状态以及不利后果,或者为了保全证据、确保案件查处工作的顺利进行而对相对人的人身、财产予以强行强制的一种具体行政行为。义乌市教育局的工作人员为了防止贾某继续非法办学,对贾某制作安装的涉案的"马村小学"的广告牌进行拆除的行为属于行政强制行为,应该严格遵守《行政强制法》的规定。

按照《行政强制法》的规定,行政机关在做出强制执行前,应该先做出行政决定,当事人在行政机关决定的期限内不履行义务的,具有行政强制执行权的行政机关才可强制执行。行政机关做出强制执行决定前,应当事先催告当事人履行义务,制作催告书。当事人收到催告书后有权进行陈述和申辩。经催告,当事人逾期仍不履行行政决定,且无正当理由的,行政机关可以做出强制执行决定。行政机关实施行政强制措施还应当遵守《行政强制法》第 18 条的规定。

本案中,义乌市教育局的工作人员拆除贾某制作安装的涉案的"马村小学"的广告牌时,既未作出书面的处理决定,没有催告贾某,也没有给贾某陈述和申辩的机会,也未书面通知贾某,而且在拆除前也未进行公告,违反了行政强制的相关法定程序,义乌市教育局拆除贾某制作安装的涉案"马村小学"广告牌的行为违法。

2. 贾某主张的赔偿请求是否合法

根据《国家赔偿法》第 2 条第 1 款之规定,公民、法人和其他组织获得国家赔偿的前提是合法权益受到侵害。如果公民、法人和其他组织受到损害的不是合法利益,即使具体行政行为违法,国家也不承担赔偿责任。

本案,贾某制作安装涉案"马村小学"广告牌的目的是用于开办"马村小学",而"马村小学"并未得到义乌市教育局的批准,故贾某制作安装涉案"马村小学"广告牌的目的不合法,该广告牌不能认定为其合法财产,贾某要求义乌市教育局赔偿涉案"马村小学"广告牌损失费 10350 元,不符合《国家赔偿法》的相关规定,法院依法不予支持。

【风险提示】

本案中,义乌市教育局拆除贾某制作安装的涉案"马村小学"广告牌的行为之所以被法院判决违法,原因在于义乌市教育局在做出行政强制行为时违反了《行政强制法》的法定程序。教育行政主管机关必须转变重实体、轻程序的观念,在做出行政强制行为时,严格按照法律的规定,履行相应的程序,先做出行政决定,催告当事人履行义务,保障当事人陈述和申辩的权利,通知当事人到场等等,否则行政强制行为将因程序违法而被撤销,教育行政主管机关对违法行为的处罚也不能实现。

三十二、李某诉教育局履行检查、处罚职责纠纷案①

【案情简介】

李某系长沙市岳麓区阳光幼儿园的幼儿家长。2014 年 6 月 13 日,该幼儿园部分家长向岳麓区教育局投诉幼儿园食堂卫生状况恶劣、使用劣质食材,造成数十名幼儿身体健康受损,要求对其进行查处。

---

① 湖南省长沙市岳麓区人民法院:行政判决书(2014)岳行初字第 00122 号,中国裁判文书网 http://wenshu. court. gov. cn/content/content? DocID = 0180a541 - 064e - 48d3 - 9440 - 7c6f5ae3b649[2015 - 8 - 2].

岳麓区人民政府得知消息后,成立了由区食品安全管理办公室、区教育局、区卫生局等相关部门组成的应急处置工作小组,对该事件进行调查处置。经过协调,幼儿园通知家长带小孩到医院进行体检,李某小孩的超声检查报告单中的"超声提示"内容为"脐周低回声结节:考虑淋巴结"。2014年7月25日包括李某在内的部分家长又委托律师就此事向岳麓区教育局邮寄《关于请求岳麓区教育局履行检查、处罚职责的报告》,要求岳麓区教育局履行检查、处罚职责。岳麓区教育局在2014年6月13日接到投诉后,于2014年6月15日指派工作人员到阳光幼儿园进行检查,发现阳光幼儿园存在食堂卫生情况不佳,部分教师未持证上岗,幼儿园管理制度不健全等问题,岳麓区教育局当即要求阳光幼儿园限期整改上述问题。

此后,岳麓区教育局就阳光幼儿园存在食品安全问题向岳麓区卫生局进行通报,得知区卫生局在2014年6月12日已经接到幼儿园家长提出的投诉并已立案调查。6月16日,岳麓区教育局向阳光幼儿园的举办机构珠海市大地教育咨询服务有限公司送达了《关于撤换岳麓区阳光幼儿园园长的建议》,大地公司任命王利红代替唐彩霞为阳光幼儿园园长,6月29日,阳光幼儿园对三名无证上岗的教师予以解聘,7月1日大地公司决定给予唐彩霞开除处分。在此期间,岳麓区教育局组织多名公立幼儿园园长进驻阳光幼儿园指导改善幼儿园的管理工作。2014年8月13日,岳麓区教育局向唐彩霞所持教师资格证的发证机关中山市教育局送达了《关于通报唐彩霞同志在湖南省长沙市岳麓区阳光幼儿园任职情况的函》和《某市岳麓区教育局关于岳麓区阳光幼儿园食品安全问题处理情况报告》,通报了相关部门对阳光幼儿园的调查处理情况及唐彩霞的任职表现。

岳麓区教育局于2014年8月14日向递交报告家长的委托律师邮寄了《某市岳麓区教育局关于岳麓区阳光幼儿园食品安全问题处理情况答复》,答复中介绍了上述检查、处罚的过程,针对部分幼儿体检出现淋巴结肿大的情况,答复称经区卫生局组织专家进行分析,认为幼儿的腹部肠系淋巴结肿大的原因与饮食之间无明确因果关系。针对部分家长要求阳光幼儿园搬离并引进公办幼儿园的问题,答复称:其一,因阳光幼儿园的情形不符合《民办教育促进法》第62条规定的停止招生、吊销办学许可证的条件,经过全面整改到位,该园教学秩序已恢复正常;其二,阳光幼儿园产权并不属政府所有,现幼儿园业主单位不同意向政府移交产权,而且业主单位与大地公司均明确表示将继续履行双方的租赁合同;其三,阳光幼儿园目前仍有数十名幼儿在园,许多家长也明确表态支持该园在整改后继续办园,因此,不宜对该园实行关停。

李某认为岳麓区教育局未依法履行职责,遂诉至法院,请求法院判令被告依法履行检查、处罚职责,并向原告提供书面处理结果,后法院驳回了李某诉讼请求。另外,长沙市岳麓区卫生局于 2014 年 7 月 8 日做出长岳卫食罚字(2014)015 号《行政处罚决定书》,决定对阳光幼儿园食堂经营过程不符合食品安全卫生标准的违法行为予以警告及罚款人民币 10000 元的行政处罚。

【案例评析】

1. 幼儿园食堂卫生状况恶劣、使用劣质食材问题的调查处理不属于教育行政主管机关的法定职责

按照法律规定,教育局主管当地的教育行政事务,对民办幼儿园与教育有关的事务负有监督管理和处罚的权力,不能超越职权行使行政权力。李某等幼儿园部分家长向岳麓区教育局投诉幼儿园食堂卫生状况恶劣、使用劣质食材,造成数十名幼儿身体健康受损,要求对其进行查处,这一事项不属于教育行政主管部门的职权范围内,教育行政主管机关无权处罚。幼儿园卫生状况恶劣的处罚权属于岳麓区卫生局的职责范围,岳麓区卫生局也已经就此立案调查并做出了行政处罚决定,对阳光幼儿园食堂经营过程不符合食品安全卫生标准的违法行为予以警告及罚款人民币 10000 元的行政处罚,是正确的。

2. 教育行政主管机关已经履行了应尽的职责

岳麓区教育局在接到阳光幼儿园家长的投诉后,依法对阳光幼儿园进行了现场检查,就岳麓区教育局职责范围内的教师无证上岗,幼儿园管理制度不健全等问题依法做出限期整改的处理,督促落实整改要求,并向阳光幼儿园派驻公办幼儿园园长协助提高管理水平。同时,岳麓区教育局向阳光幼儿园的举办机构及园长唐彩霞的教师资格证发证机关通报了相关的处理情况,已经履行了自己的法定职责。

3. 行政机关的行政处罚要符合比例原则

比例原则要求适当地平衡一种行政措施对个人造成的损害与对社会获得

的利益之间的关系,也禁止那些对个人的损害超过了对社会利益的措施。《行政处罚法》第 4 条第 2 款:"设定和实施行政处罚,必须以事实为依据,与违法行为的事实、性质、情节以及社会危害程度相当。"李某提出岳麓区教育局应对阳光幼儿园做出关停的行政处罚的问题,根据事实来看,阳光幼儿园并不符合《民办教育促进法》第 62 条、《教育行政处罚暂行实施办法》第 10 条等法律法规规定的给予停止招生或停止办园行政处罚的情形,若岳麓区教育局对阳光幼儿园做出关、停处罚,则明显与其造成的危害不相符。岳麓区教育局根据比例原则没有对阳光幼儿园做出关停处罚,只是做出整改要求是恰当的。

【风险提示】

不同的行政机关具有不同的职权,行政机关在做出行政行为时需要从两个方面注意,既不能超越职权也不能失职。本案中,教育行政主管机关不能处罚幼儿园食堂卫生的问题,只能就幼儿园教师无证上岗、管理混乱的问题做出整改的处罚。行政处罚还要与危害相适应,不能畸轻畸重,做出不适当的处罚。

三十三、教育局申请行政强制执行案①

【案情简介】

2014 年 1 月 6 日,有人向河南省平顶山市石龙区教育局举报,称该辖区大庄矿街道办事处大庄社区有人非法开办幼儿园。石龙区教育局根据举报经调查后得知,新希望幼儿园系李某某开办经营,未办理合法办学审批手续。鉴于李某某无证办园的事实,石龙区教育局根据《民办教育促进法》第 64 条之规定,给予李某某责令停止办学的行政处罚决定。

但在处罚决定做出后,李某某依然我行我素,拒不主动履行处罚决定,石龙区教育局遂向石龙区法院申请强制执行,申请法院依法取缔无证办学的新希望幼儿园。石龙区法院受理此案后立即开展审查工作,确认新希望幼儿园

① 巫晓,陈磊,黄霄. 石龙区法院取缔无证办学——全力维护教学秩序[N]. 东方今报 2015 – 8 – 2.

确属未经区教育局审批便擅自招生且没有办学资质、无证经营的非法办学点，区教育局的处罚决定程序合法，符合法院立案执行条件。3月24日，该院依法做出行政裁定书，责令李某某在限期内停止办学。当天便派出行政庭的工作人员在新希望幼儿园门口张贴《石龙区撤销无证幼儿园的公告》，并在家长接送孩子时，向家长们发放《石龙区教育局取缔无证幼儿园致家长的一封信》，让家长们对"新希望幼儿园"存在的问题知情，同时建议他们将子女送至附近安全、合法的幼儿园里就读。

李某某收到法院裁定后，经教育认识到违法行为的严重性，承诺立即停止办学并配合将园内所有小朋友全部妥善安置在其他幼儿园内生活学习。法院的举措，即促进了社会的和谐，又彰显了法律的公信力，同时也维护了良好的社会办学秩序。

【案例评析】

1. 教育行政主管机关对民办幼儿园负有监管责任

《教育法》规定，违反国家有关规定，举办学校或者其他教育机构的，由教育行政部门予以撤销；有违法所得的，没收违法所得；对直接负责的主管人员和其他直接责任人员，依法给予行政处分。《教育行政处罚暂行实施办法》明确规定，未经注册登记、擅自招收幼儿的幼儿园，由教育行政部门责令限期整顿，并视情节轻重给予停止招生、停止办园的处罚。教育行政主管机关对民办幼儿园具有监管责任的，民办幼儿园应由教育行政部门进行审批、管理、监督，监管方式包括对民办幼儿园定期年检、对不符合要求的幼儿园责令限期整顿。逾期没有合格的，教育行政主管机关应该予以取缔。总而言之，只要是违规办学行为，教育行政主管机关都可以进行监管。

2. 教育行政主管机关可以申请人民法院强制执行

非法办学的民办学校，往往是因为在校园布局、建筑安全、设施设备、师资力量、消防安全等方面，均未按照要求接受有关部门的评议和认定达到要求，存在一定安全隐患而办不到办学许可证。教育行政主管机关对于未经登记注册，擅自招收幼儿的幼儿园，具有限期整顿、停止招生、停止办园的行政处罚权。教育行政主管机关尽管有行政处罚权，但是没有强制执行权。一般来说，如果教育行政主管机关下发了停办通知书，幼儿园举办者拒不执行，仍然违规办学，教育部门可以向当地法院申请强制执行。法院设有专门的强制执行法庭,教育部门申请强制执行,法院在认定案件情况符合强制执行条件后,派出相关工作人员,在教育行政部门的参与下进行强制执行。

本案中,石龙区教育局向石龙区法院申请强制执行,石龙区法院经审理后依法做出行政裁定书,责令李某某在限期内停止办学。当天便派出行政庭的工作人员在新希望幼儿园门口张贴《石龙区撤销无证幼儿园的公告》,发放《石龙区教育局取缔无证幼儿园致家长的一封信》,促使李某某认识到违法行为的严重性,承诺立即停止办学,达到了行政处罚的目的,取得良好的社会效果。

【风险提示】

教育行政主管机关对民办幼儿园具有监督权和处罚权,民办幼儿园必须向教育行政主管部门申领办学许可证,但是现在由于许多民办幼儿园达不到法律法规规定的条件而无法领到办学许可证,同时民办幼儿园的社会需求又很大,教育行政主管机关在做出停止办学的处罚后,要妥善安置这些幼儿入学。教育行政主管机关具有处罚权,但没有强制执行权,无证幼儿园往往对教育行政主管机关的处罚置之不理,教育行政主管机关不能就此罢休,任行政处罚失去效力,应该积极向人民法院申请强制执行,维护行政处罚的效力,否则将成为消极行政。

三十四、郑某不服教育局行政处罚纠纷案[①]

【案情简介】

2003 年 7 月 8 日,郑某向无锡市锡山区教育局提出办学申请。尔后,郑某在未经无锡市锡山区教育局批准的情况下,擅自租赁校舍、制作校鉴、张贴招生简章,招收二百多名外来民工子女,举办了无锡市锡山区安镇外来民工子弟小学(以下简称该校)。2003 年 8 月 28 日,无锡市锡山区教育局做出锡教罚决字[2003]第 1 号行政处罚决定书,责令郑某停止招生行为,但郑某并未因此停止招生办学行为。同年 9 月 9 日,无锡市锡山区教育局向郑某发出整改通知

---

① 江苏省无锡市锡山区人民法院:行政判决书(2004)锡法行初字第 11 号,北大法宝 ht-tp://pkulaw.cn/case/payz_a25051f3312b07f3009b44c86e05516510a090fc9c9412f8bdfb.html? match = Exact[2015 - 8 - 2].

书,责令郑某终止招生行为,规范教育设施设备,尽快达到本地村办小学建设的基本标准和办学条件要求,并对教师资格、校园安全、交通安全、食品卫生安全等问题提出了整改意见。2004 年年初,安镇中心小学收取了郑某交纳的押金 10000 元。

同年 5 月 26 日,无锡市锡山区教育局对郑某擅自违法办学并经整改后仍未达到办学条件的违法行为,根据《民办教育促进法》第 64 条的规定决定立案查处。6 月 28 日经无锡市锡山区教育局调查核实,该校入学人数已达 476 名,从幼儿园中班至六年级,除二(2)班、五年级、六年级三个班级外,其余各班级人数均超过无锡市乡(镇)实施九年制义务教育检查评估标准确定的村小学每班 30 人~40 人的标准;生均用地面积、生均校舍面积、生均活动场地面积、生均阅览室面积均不符合上述检查评估标准的要求。另外,安镇中心小学对该校毕业班英语进行了考试,成绩无一人满 60 分。

7 月 26 日,无锡市锡山区教育局以违反法定程序为由撤销了锡教罚决字[2003]第 1 号行政处罚决定,同日,无锡市锡山区教育局向郑某送达了教育行政处罚听证通知书,经郑某申请,无锡市锡山区教育局于 8 月 4 日举行了听证,8 月 5 日,无锡市锡山区教育局以郑某擅自举办民办学校,经责令限期改正仍未达到办学条件为由,根据《民办教育促进法》第 64 条的规定,做出了责令郑某停止办学的锡教罚决字[2004]第 1 号行政处罚决定书。该处罚决定书于 8 月 16 日送达郑某。郑某于 8 月 25 日向无锡市锡山区人民法院提起行政诉讼,要求撤销锡教罚决字[2004]第 1 号行政处罚决定书。

【案例评析】

1. 正确理解立法意图才能更好地适用法律

《民办教育促进法》第 64 条规定:"社会组织和个人擅自举办民办学校的,由县级以上人民政府的有关行政部门责令限期改正,符合本法及有关法律规定的民办学校条件的,可以补办审批手续;逾期仍达不到办学条件的,责令停止办学,造成经济损失的,依法承担赔偿责任。"那种认为只要行为人存在未经教育管理部门依法批准、擅自举办民办学校的事实,就可以做出责令停止办学的处罚的观点是对该法条的曲解和适用错误。

从《民办教育促进法》的立法目的来分析,国家对民间社会力量办学持规范和扶持的态度。结合该法条也不难看出,社会组织和个人即使未经批准擅自办学,教育行政管理部门还是要给予相对人一个限期改正的期限,期限内能通过整改符合相关办学条件的,可以补办审批手续,只有那些超过改正期限仍不符合办学条件的,教育行政管理部门才能做出责令停止办学的行政处罚,而不能简单粗暴的认为只要行为人存在未经教育管理部门依法批准、擅自举办民办学校的事实,就可以做出责令停止办学的处罚。

2. 行政行为需要注意规范用语

郑某认为未经批准擅自办学是事实,但处罚决定前缺乏《民办教育促进法》第64条"责令限期改正"这一前置程序,属违反法定程序。无锡市锡山区教育局于2003年9月9日向郑某发出的"整改通知书",整改通知书只要求郑某尽快达到办学条件,而"尽快"只是一个弹性的时间概念,缺乏确定的起止日期。"整改通知书"虽用词与《民办教育促进法》第64条规定的"责令限期改正"不一致,但从下发至本案处罚已长达11个月,应视为已给予了相对人合理的整改期限,认为"整改通知书"与"责令限期改正"虽然用词不一致,但从实质内容上分析应视为第64条规定的"责令限期改正"

3. 无锡市锡山区教育局具有做出责令郑某停止办学的职权

按照《民办教育促进法》第64条之规定,无锡市锡山区教育局于2003年9月9日向郑某发出的"整改通知书"。但经该教育局调查,该校在班级人数、生均用地面积、平均校舍面积、生均活动场地面积、生均阅览室面积,均不符合无锡市乡(镇)实施几年制义务教育检查评估标准,由此认定郑某非经批准,擅自举办民办学校,经责令限期改正,仍达不到办学条件,事实清楚,证据充分,亦符合法定程序;适用《教育法》第27条、《民办教育促进法》第11条、第64条做出的锡教罚决字[2004]第1号教育行政处罚决定书事实清楚,证据充分,适用法律正确,符合法定程序。

【风险提示】

重实体、轻程序可以说是行政机关的软肋,本案郑某紧扣程序事项与无锡市锡山区教育局展开激烈辩论,认为未经批准擅自办学是事实,但处罚决定书做出前缺乏《民办教育促进法》第64条"责令限期改正"这一前置程序,属违反法定程序,只是由于法院认为"整改通知书"从实质内容上分析应视为第64条规定的"责令限期改正"才得以支持。教育行政机关在做出行政行为时一定要注意程序和规范用语,需要履行的前置程序一定要履行,该使用的规范用语应当严格遵守,否则将会导致行政行为因程序瑕疵和不规范用语而无效。

三十五、民办学校变相出租、出借办学许可证纠纷案①

【案情简介】

大丰学校属民办学校,业务范围包括全日制适龄儿童、青少年,小学、初中教育,领有广州市天河区民政局核发的《民办非企业单位登记证书》。

2004年5月26日,陈某与大丰学校签订《承包合同书》一份,载明:学校将现有经营管理权(含师生招聘、日常教育教学管理、财务管理等)及所有校产(车辆除外)和现有学生800人留给陈某使用和管理,学校委派会计一人与陈某委派出纳一人对财务收支共同管理。陈某每年向学校缴交承包费15万元,分两期支付,每期在每学期开学后15天内付清75000元;承包期限为四年半,从2004年8月1日至2008年12月31日止,办学范围不能超出教育局核发的办学许可证范围;陈某每年应向物业单位交纳场地租金;陈某需向学校交纳承包押金35万元,自签订协议之日起至6月15日止支付25万元,交接完毕后15天内付5万元,剩余5万元开学付清;学校负责办学许可证等各种办学证件的每年年审工作;在承租期内,双方不得无故终止合同,如陈某终止合同,不得退还承包押金,并承担经济责任,若因学校原因造成无法正常办学,学校应双倍退还承包押金给陈某,并承担相应的经济责任;合同签订后,陈某即可进驻学校办公,接手管理,并开始招生工作及收取下学期定位费;从2006年8月1日起至合同期满止,每年承包费为17万元;双方签订协议后,学校不得与他人签订办学合同,而且学校以前与他人所签订的一切承包合同作废等条款。

合同签订当日,陈某向学校交纳了承包押金10万元,其后未再交纳押金,学校、陈某双方未办理学校有关教学的交接手续,陈某没有对学校进行实际经营管理,学校也没有退回已收押金给陈某。陈某诉至广州天河区人民法院,法院判决合同无效。

---

① 广东省广州市中级人民法院:行政判决书(2005)穗中法民二终字第1698号,北大法宝 http://www.pkulaw.cn/Case/pfnl_117547986.html? match = Exact[2015 - 8 - 2].

【案例评析】

1. 变相出租、出借办学许可证是违法行为

大丰学校与陈某签订的《承包协议书》,其内容是大丰学校将其经营管理权交给不具备相应教学经营管理资格的陈某进行经营,属变相出租、出借办学许可证的行为,与教育部《关于进一步规范民办教育机构办学秩序的通知》中关于"民办教育机构不得举办分支机构或将办学和教学任务委托、承包给其他组织和个人"的规定相悖;《民办教育促进法》第 62 条第(七)项规定:民办学校伪造、变造、买卖、出租、出借办学许可证的,由审批机关或者其他有关部门责令限期改正,并予以警告;有违法所得的,退还所收费用后没收违法所得;情节严重的,责令停止招生、吊销办学许可证;构成犯罪的,依法追究刑事责任。

本案中,大丰学校与陈某之间的承包协议,实际是将有办学许可证的学校交由陈某来实际经营,属于买卖、出租、出借办学许可证等法律所禁止的无效行为,应该由教育行政主管机关处罚。

2. 民办学校的招生简章和广告应当报审批机关备案

陈某称其在合同签订后委托他人印制招生简章,要求大丰学校赔偿其印制招生简章的经济损失 13880 元,但陈某不能提供实物,也没有学校已将有关招生简章报审批机关备案的事实加以印证,仅提供了有关单位送货单和收款收据,不足以证明陈某为经营学校支出了相关费用 13880 元。即使陈某已委托他人印制招生简章,但根据《民办教育促进法》第 41 条关于民办学校的招生简章和广告,应当报审批机关备案的规定,陈某并未将招生简章交学校报审批机关备案,对有关损失亦应承担相应责任。

【风险提示】

根据《民办教育促进法》的规定,教育行政主管部门具有对民办教育的监督管理权,其中民办学校伪造、变造、买卖、出租、出借办学许可证和民办学校的招生简章和广告备案,都属于教育行政主管机关的职权范围。但是本案中人民法院只是审理了双方的合同因违反法律而无效,教育行政主管机关还应该对其进行行政处罚,否则就是失职。为防止民办学校发布虚假招生简章或广告,骗取钱财,民办学校的招生简章和广告需要向教育行政主管部门备案,对于不备案的行为,教育行政主管部门也有处罚权。

案例四

社会培训机构管理纠纷类

三十六、培训中心虚假宣传办班被处罚案①

【案情简介】

2012 年,济南格致教育艺考培训中心宣传单页上写到,"格致教育艺考文化课名师授课团队主要由山东省实验中学、山师附中、济钢高中等名校优秀教师组成",聘任老师的标准是"高三应届在职把关教师""统一参加市区教研活动,能随时掌握高考最新信息"。记者拿着教师的照片,分别到省实验中学、山师附中核实。仔细查看过教师的照片后,省实验中学和山师附中均表示不是本校教师。在格致教育的宣传册上,处处有"山师"②的痕迹:署名为"山师格致艺考文化课培训中心",上课地点是"山师",招生电话有一部是山师的内线电话,教学是"山师格致专用教学基地",生活是"山师格致专用学生公寓、山师大教工餐厅",运动则是"山师大及山师附中运动场"。格致教育的工作人员称,培训中心是依托山师在办学。

格致教育曾与山师教育研究所合作,当时也只是利用山师的名义进行办学,随后学校出台了政策不允许对外办有偿培训后,就与格致教育解除了合作关系。山师外事服务中心一名工作人员表示,格致教育与外事服务中心并无任何合作关系,只是租用了外事服务中心的办公地点。2013 年,记者调查发

---

① 李永明,王冬立. 叫停近两年——格致教育咋还干? [N]. 济南时报,2013 - 12 - 5.

② 山东师范大学的简称。

现,在山师北街格致教育仍在办学。

【案例评析】

1. **在职教师不允许参加对外有偿培训**

教育部出台的《严禁中小学校在职中小学教师有偿补课的规定》中,严禁在职中小学教师参加校外培训机构或由其他教师、家长、家长委员会等组织的有偿补课。对于违反上述规定的在职中小学教师,视情节轻重,分别给予批评教育、诫勉谈话、责令检查、通报批评直至相应的行政处分。根据《济南市教育局关于禁止中小学教师从事有偿家教的通知》,对违规教师,"经调查,情节较轻的,责成其在全校范围内做出检查,情节严重造成不良影响的,要调离教育教学岗位,并依据有关规定对其进行相应的行政处分,直至解聘"。

本案中,济南格致教育艺考培训中心宣称其授课团队主要由山东省实验中学、山师附中、济钢高中等名校高三应届在职把关教师,若情况属实,这些教师都将视情节轻重,由教育行政主管部门给予批评教育、诫勉谈话、责令检查、通报批评直至相应的行政处分。

2. **对培训中心虚假宣传行为进行处罚是教育行政主管部门的权力**

济南格致教育艺考培训中心在任课教师、与山东师范大学的关系等方面进行虚假宣传,误导学生,违反了《民办教育促进法》第 62 条的规定。济南市教育局对济南格致教育艺考培训中心处以停止办学的决定,并在 2013 年 1 月 30 日在《齐鲁晚报》发布公告,内容为"以济南市格致教育培训学校名义刊登的招生广告,属违法招生广告。敬请广大学生和家长不要选择以济南市格致教育培训学校名义举办的培训班学习,避免自己的合法权益受到损害。"

3. **对违规培训中心的处罚要坚决执行**

我国社会主义法治的核心内容是依法治国,社会主义法治的本质特征就是执法为民,社会主义法治的价值追求是公平正义,是执法的生命线,只有严格执法,才能担当起维护社会公平正义的神圣责任。故而,"执法必严"就成了依法治国方针的一个十分重要且非常关键的环节,它与立法、守法有机统一,缺一不可。执法机关和执法人员执法不严,侵权执法、滥用权力或者违反程序,就会影响我国依法治国方针的贯彻执行,阻碍我国社会主义法治发展健全的进程。2012 年济南市教育局已经做出对济南格致教育艺考培训中心停止办学的行政处罚,但 2013 年山师北街格致教育仍在办学,说明教育局停止办学的行政处罚没有严格执行,行政机关需要承担消极行政的责任。

【风险提示】

根据《民办教育促进法》规定,教育主管机关具有对民办学校的管理权和处罚权。行政机关的职权既是权力又是义务,教育行政主管必须依法行使,对民办学校的处罚要严格执行,体现执法必严的法治原则,否则教育行政机关就是失职。教育行政机关还具有对教师的管理权,中小学教师违反规定进行有偿家教和有偿培训,教育行政主管机关要按照规定坚决予以处罚。

三十七、民办艺术培训机构谁来监管?[①]

【案情简介】

鼎唐影视公司是一所童星培训机构,通过在超市、商场、游乐园、幼儿园等场所"偶遇"小朋友,邀请其去试镜,然后跟其父母说孩子有明星的潜质和天赋,只要交费后参加培训,有合适的片子就会让小演员出镜,而培训费少则上万元,多则几十万元。在广州鼎唐影视有限公司的官方网站上,"童星推荐"占据了很大篇幅。它在新闻网站和媒体上如此介绍自己:公司成立于2008年12月,是集影视策划、投资、制作、发行及演员经纪为一体、高度专业化的专家型企业,也是直属广电局管理的专业影视公司。2010年启动广东(首届)少儿影视新星大赛。2011年,鼎唐影视新投资的电视剧《寻你到天涯》在5月份开机。2012年6月鼎唐又一谍战大片《盛宴》杀青。公司秉承"品牌、诚信"的企业精神,积极挖掘自身的资源优势,在广州率先开展儿童影视表演培训项目,开创了影视公司从事儿童影视表演培训的先河。本项目以提高儿童演员的表演技能,全面提高孩子的综合素质,从中发现影视新星为目标,邀请港、台、大陆众多知名影星和戏剧院校专业的老师授课,数名小学员在不同的电影电视剧担任主角。

实际情况却不尽然,有参加过童星培训班的一位学生家长透露,鼎唐一般的课程有48个课时,包括曲艺培训、肢体训练、台词训练等等。他们感觉这些

---

① 成希. 想高价造星——却误入"骗钱作坊"[N]. 南方日报,2014 - 3 - 11.

课程很简单,就是在玩,教课的老师都很年轻20岁左右,根本不像他们所说的大明星教课。在课堂上也主要是教孩子唱歌跳舞说台词。而且据他们了解,这些来参加童星培训班的小朋友,大多数都是被这家公司的星探"偶遇",要求他们去试镜后被动员参加,"所有人都有明星的潜质和天赋,但到底什么时候拍电视出名,还真没有谱。"

另外一所童星培训机构——"61同成儿童梦工场"定位为专业的儿童艺术培训机构,每年学费19800元,开设语言艺术课、舞蹈课、声乐课和形体课四门常规课程,强调其注重个性化培训,致力于培养能说会道、能唱会跳、勇于展现自己的孩子。宣称自己同《孩子》杂志、嘉佳卡通卫视、南方电视台这些存在合作关系,小朋友百分之百都有演出角色的。事实上,嘉佳卡通电视只是曾与"61同成儿童梦工场"有过合作关系且早已解除,《孩子》杂志并非教育局所有,教育局更不会与任何营利机构有长期合作,合作关系只可能存在于某一公益项目的进行期间。

【案例评析】

1. 民办艺术培训机构的监管存在盲区

《民办教育促进法》第11条规定,举办实施学历教育、学前教育、自学考试助学及其他文化教育的民办学校,由县级以上人民政府教育行政部门按照国家规定的权限审批;举办实施以职业技能为主的职业资格培训、职业技能培训的民办学校,由县级以上人民政府劳动和社会保障行政部门按照国家规定的权限审批,并抄送同级教育行政部门备案。第65条规定,本法所称的民办学校包括依法举办的其他民办教育机构。将这两条结合起来理解,民办培训机构属于民办学校的范畴,由教育行政主管机关管理,而经营性的民办培训机构则需要在工商行政管理部门登记注册。本案中,广州鼎唐影视有限公司的经营范围包括制作、复制、发行广播剧、电视剧、动画片(制作须另申报)、专题、专栏(不含时政新闻类)、综艺(广播电视节目制作经营许可证有效期至2015年4月1日);文化交流活动策划;制作、发布各类广告;项目投资咨询;教育信息咨询。其中未包含培训的经营项目。

教育部门认为,如果要办一个教育培训机构,必须要取得教育局的办学许可证后,才能办培训机构,据《教育法》规定,任何组织和个人不得以营利为目的举办学校及其他教育机构。教育培训机关若满足办学要求进行办学后,学校是不会同时拥有办学许可证和工商局的营业执照。教育部门只负责监管有办学许可证的培训机构,其他以营利为目的的培训机构都由工商部门监管。本案中,鼎唐影视公司属于教育咨询类公司,已得到工商局的审批,"谁审批谁管理"。教育部门对非法办班的机构只能发出告知书,告知他们的培训行为不合法,但没有取缔的权限。

工商部门认为按照先照后证原则,企业先领取执照,再去教育部门申请办学许可证。教育咨询类公司做童星培训,明显是不在其营业范围,并不能简单认定该公司超出了经营范围。广州经过工商登记制度改革以后,这样的教育培训本就不属于工商核审的经营范围内,这些童星培训机构应当属于非法办学,应由教育部门负责查处。

由于教育部门和工商部门对民办艺术培训机构的审批和监管认识不统一,一方面导致民办艺术培训机构处于无人监管的空白地带,出现问题后无法及时处理,学生利益无法得到保障。另一方面,民办艺术培训行业想要得到规范管理,形成良性竞争,但没有相关部门对其实施管理,想要合法化存在需要办理的相关证件都办不了,只好打擦边球,甚至干脆什么证也不办,无证经营。这种状况非常不有利于民办艺术培训行业的发展。

2. 民办艺术培训行业需要规范发展

民办艺术培训行业发展很快,需要得到很好的规范,才能避免现在出现的种种乱象。首先,需要制定相关的法规。《民办教育促进法》第66条规定,在工商行政管理部门登记注册的经营性的民办培训机构的管理办法,由国务院另行规定。《民办教育促进法实施条例》中未提到相关管理方法,之后国家也未出台相关规定。法律上对这些机构的监管缺少相关规定,导致教育部门无权管理在工商登记的经营性培训机构。其次,根据《民办教育促进法》第11条和第65条之规定,民办艺术培训机构虽不属于文化教育类培训,但可以参照职业技能类培训的规定,由工商行政主管机关审批,并抄送同级教育行政部门备案。

【风险提示】

民办艺术培训的市场日益扩大,由于缺乏有效的监管,呈现出很多不规范的现象,长期下去非常不利于行业的发展,也不有利于维护学生和家长的利益。教育行政主管机关应该将其纳入自己的管理范围之内,在民办艺术培训机构已在工商行政机关领取营业执照后,接受其备案要求,指导其与教育有关的业务,如师资、课程等,与工商行政主管机关一起管理好民办艺术培训机构。

三十八、教育局责令停止办学决定纠纷案①

【案情简介】

谢水兴是广州市某计算机培训学校法定代表人,曾以某计算机培训学校的举办者身份向天河区教育局申请办学许可,但直到学校被取缔时,尚未取得办学许可。2006年9月19日,天河区教育局对学校的教学设施、设备等进行了检查,并于同年11月7日做出穗天教〔2006〕22号《关于某计算机培训学校限期整改的通知》,指出学校未取得教育行政部门的许可,属于擅自办学,并责令法定代表人谢水兴在2006年11月10日—2007年2月10日三个月内按照规范的民办学校条件进行整改,同时向天河区教育局提出书面办学申请。

该学校于2007年1月向天河区教育局提出办学申请。收到办学申请后,天河区教育局认为培训学校的办学申请存在问题,于2007年4月12日以天河区成人教育委员会办公室的名义,向学校的法定代表人谢水兴发出《行政许可申请补正材料通知书》,通知应在10天内按通知书的要求提供申办材料。由于学校未能按教育局的要求提供申办材料,教育局于2007年4月29日召开了培训学校整改的会议,学校法定代表人谢水兴参会。谢认为学校已按要求进行了整改,符合办学条件,应批准办学;教育局与会人员则认为学校并没有完全按有关要求进行整改,学校设施仍然陈旧,部分校舍并未取得消防验收合格证书。会上教育局同意给予学校的整改期限延长至2007年6月,并提出如到期仍不符合整改要求,将进行取缔。2007年7月6日教育局在学校张贴《通告》,认定学校不具备办学资格条件,决定给予取缔。教育局在张贴通告的当天,将学校的全部学生安置到其他学校就读。

学校法定代表人谢水兴不服教育局的取缔行为,于2009年7月6日向广

---

① 广东省广州市中级人民法院:行政判决书(2010)穗中法行终字第402号,北大法宝 http://www.pkulaw.cn/Case/pfnl_117788524.html? match=Exact[2015-8-3].

州市天河区人民法院提起行政诉讼,并经广州市中级人民法院二审,驳回了某计算机培训学校要求确认广州市天河区教育局责令其停止办学行为诉讼请求。

【案例评析】

1. 天河区教育局具有对民办学校的许可权

《民办教育促进法》第 8 条第 1 款规定:"县级以上地方各级人民政府教育行政部门主管本行政区域内的民办教育工作。"本案中,天河区教育局对未取得教育许可而擅自举办民办学校的行为进行查处,是其应尽的法定职责。学校以举办人的身份向教育局申请办学许可,教育局受理后,对学校提交的申请材料进行了审查,并到学校进行实地查看,是教育局履行法定职责的具体表现。教育局在检查中发现学校的地点比较偏僻,交通不便,校舍过于简单,部分校舍未通过消防验收,教育设备、设施太简陋,无法满足正常的教育教学要求,因此责令学校进行整改,并在学校经过二次整改,仍达不到法定的办学标准的情况下,做出《通告》责令停止办学的行政行为,符合《民办教育促进法》第 64 的规定。

2. 天河区教育局的行政行为存在程序瑕疵

广州市天河区教育局在取缔某计算机培训学校的擅自办学过程中,没有告知某计算机培训学校享有陈述申辩的权利,行政行为存在程序瑕疵。但天河区教育局提供的 2007 年 4 月 29 日的会议纪要已经表明,被上诉人实际上已经听取了上诉人的陈述申辩。因此,其程序瑕疵不足以影响其行为的合法性。

【风险提示】

本案中,法院虽然维持了广州市天河区教育局责令某计算机培训学校停止办学的决定,但没有告知其享有陈述申辩的权利是一种瑕疵,只是通过会议纪要才能表明广州市天河区教育局实际上已经听取了上诉人的陈述申辩,这是不规范的行为。在依法治国,依法行政的要求越来越高的时代,教育行政主管机关一定要注意程序的合法性,尤其是停止办学这样可能影响到众多学生利益的行为,一定要保障行政相对人陈述和申辩的权利,甚至应该组织听证程序。

三十九、培训学校应取得相应资质①

【案情简介】

陈女士帮孩子报的夏恩英语学校培训班,培训费是4280元,对方出具了收据,双方签订了一份入学协议书。在上了一堂课之后,陈女士发现课堂教授的内容不太适合她的孩子,加上当时孩子的身体不佳,便向校方交涉要求退费。校方同意退费2500元,陈女士难以接受。

记者陪同陈女士来到夏恩英语学校,该校负责人表示报名时已和陈女士签订了入学协议书,上面有退费的相应条款,应当按照条款来进行退费,而且他们的退费条款是根据《宁波市培训机构收费退费管理办法》制定的。陈女士则认为,这份入学协议书不是培训合同,因为根据《宁波市培训机构收费退费管理办法》的规定,培训合同应当载明培训项目名称、培训目标、培训内容、培训教材、培训起止日期、教学课时、教学地点、结业成果形式、收费项目和标准、退费规定等内容,并提供具体教学计划作为合同附件,但是这份入学协议书只有关于教学服务、家长配合、补课、调课和停课、课程转增、冻结、退费这几项内容,不能算作是培训合同。对此,夏恩英语学校的负责人认为,入学协议书就是培训合同。同时,陈女士提出,学校没有出具正规的发票,而且开出的收据是东方爱婴早教中心的收据,盖的则是一个叫"清本教育"的财务章。负责人称收据上名称的不同,是因为东方爱婴和夏恩英语学校都属于清本教育培训学校的,不存在问题。

【案例评析】

1. 民办教育培训机构需申领办学许可证

根据《民办教育促进法》第11条规定、第65条之规定,民办教育机构需要由教育行政主管机关进行审批,夏恩英语学校需要向当地县级以上人民政府教育行政部门提出申请,获得办学许可证才可以办学。

---

① 袁伟鑫. 退费问题引出纠纷——办了多年的培训学校竟无相应资质[N]. 奉化日报,2015 – 8 – 3.

本案中,在夏恩英语学校的招生宣传、培训协议、收款收据中同时出现了清本教育培训学校、夏恩英语学校和东方爱婴早教中心三个办学主体,在所涉的这三所培训机构中,只有清本教育培训学校进行了相应备案,有办学许可证,而夏恩英语学校和东方爱婴早教中心没有进行过备案或已经注销,没有办学许可证属于违法办学。

2. 教育行政主管机关对民办教育培训机构具有监督管理和处罚权

依《民办教育促进法》第64条规定,教育行政主管机关对民办教育培训机构具有监督管理和处罚权。本案中,陈女士将问题向市教育局进行了反映,教育局相关部门随即展开调查,发现夏恩英语学校和东方爱婴早教中心属违法办学,市教育局对清本教育培训学校下发了整改意见书,责令停发已有的宣传资料,今后宣传资料须向教育主管部门备案;暂停夏恩英语奉化校和东方爱婴早教中心的一切办学行为;妥善处理好客户投诉,在今后的办学活动中采用正规的发票。如果该校在一个月内没有整改到位,教育主管部门将联合公安、工商、民政等部门进行联合执法。

【风险提示】

现在,民办教育培训机构引发的问题很多,倒闭后学生无课可上又无处退费,师资与宣传不符,教学质量没有保障,课时缩水,硬件达不到培训学习的要求,或安全管理制度不完善甚至严重缺乏致使人身安全事故等等,教育行政主管机关作为民办教育培训机构的管理机构需要认真负责,从多方面完善对民办教育培训机构的管理。各地教育行政主管机关都在探索管理措施,上海重庆等地制定了地方性的规定,有些地方建立了保证金制度,有些地方建立了教师实名备案制,同行之间建立援助机制保障学生的权益等。通过各方面的努力,民办教育培训机构将会走向更加规范的局面。

结语

基于案例分析的启示与建议

作者对案例分析中教育行政执法需要注意的共性问题进行了抽取,归纳为以下几点建议:

一、执行法律应全面

教育行政执法是各级政府及其教育行政部门和其他相关行政部门以及法律法规授权的组织,依照法定职权和程序,针对特定对象适用教育法律规范和其他有关法律规范,并影响其权利和义务的具体行政行为。[①]

亦即教育行政执法是在教育领域进行的行政执法,在教育管理中采用行政许可、行政监管、行政强制、行政处罚、行政审批、行政复议、行政调解、行政补偿等方式进行,因此教育行政主管机关在执法时不仅要依据教育法律法规还要依据行政法律法规,但是教育行政执法往往容易出现依照教育法律法规对自己的职权行使很重视,但对行政法律法规的执行比较忽视,存在不能完全按照《行政复议法》《行政复议法实施条例》《行政诉讼法》《行政强制法》《行政处罚法》《政府信息公开条例》等行政法律法规规定的程序、时限等行使执法权的情况。

建议:教育行政主管机关应该加强对行政法律法规的学习和培训,提高工作人员的守法意识,将教育法律法规和行政法律法规都做为教育行政执法的依据。

[①] 陈应鑫. 教育行政执法概念辨析[J]. 广西社会科学,2008(1):193.

二、实体与程序并重

重实体、轻程序可以说是行政机关的软肋,教育行政机关也不例外。案例中出现了多个因程序问题而导致的行政诉讼,如《民办教育促进法》第 64 条"责令限期改正"是停止办学处罚决定的前置程序,教育行政主管机关未经这一程序不得做出停止办学处罚决定。

再如,教育行政执法机关在做出不予许可、没收违法所得、责令停止招生、吊销办学许可证等行政行为时,要给予相对人陈述和申辩的机会、甚至组织听证程序,以保证相对人的合法权利得到保护,但教育行政主管机关省略了程序直接做出处罚。在对学生作出处分时,没有严格履行《普通高等学校学生管理规定》中设立的程序,给予学生陈述和申辩的权利、制作书面的处分决定书、并传达到本人、告知其申诉的权利等,使行政行为因为程序瑕疵而无效。

建议:教育行政主管机关应该树立程序和实体同样重要的思想,在执法过程中不仅严格按照实体法,也要严格按照程序法进行。

三、明晰职权权限

教育行政主管机关的职权法定,既不能越权也不能推诿,还要积极与其他机关配合,将自己的职权行使到位。例如,对于教学事故的认定和对教师的处分等内部管理行为,由于不是发生在行政机关与外部行政相对人之间,因此不属于行政复议的受案范围,教育行政主管机关就不能受理。再如,对于幼儿园出现的食物中毒事件,教育行政主管机关不能处罚幼儿园食堂卫生的问题,只能处罚幼儿园教师无证上岗、管理混乱的问题,要求其做出整改的处罚。

行政机关与司法机关的权限划分不能模糊,属于教育行政执法机关的权限不能由司法机关的判决来行使,教育行政执法机关不能因当事人之间的民事争议而影响行政行为的内容。在司法机关对双方的权利义务做出判决后,教育行政执法机关还应该根据自己拥有的权限行使执法权,不能用司法判决代替行政执法。对于拒不执行教育行政主管机关处罚的,不能听之任之,应该及时申请人民法院强制执行,维护处罚的权威性。

建议:教育行政主管机关应该树立职权法定的意识,管好自己该管的事,不能对自己有利的事争着管,对自己无利的事向外推。

四、规范执法行为

教育行政机关在做出行政执法行为时,一定要注意程序和规范用语,需要履行的前置程序一定要履行,该使用的规范用语应当严格遵守,否则将会导致行政行为因程序瑕疵和不规范用语而无效。

例如,在做出行政处罚前没有履行告知程序,侵犯行政相对人的陈述和申辩权,也不制作行政处罚决定书,而是用很不规范的通告、会议纪要代替。教育行政机关可以做出受理或不予受理的决定,对于因不属于自己职权范围内的事项而不予受理的,工作人员没有告知行政相对人应该受理的机关,不符合行政许可法的法定要求。在法律规定的时限内做出行政行为,不得以行政相对人的意见而随意对待法律时限。执法行为没有指明依据的法律、法规及其具体条文款项,而被法院撤销。

建议:教育行政主管机关应该严格执法行为的规范性,规范性也是法定性的要求,作为执法机关应该严格依法办事。

附录一

教育领域常见典型违法行为调查问卷（学生）

亲爱的同学：

　　您好！感谢您抽出宝贵的时间来接受我们的问卷调查！我们正在进行教育领域常见典型违法行为的调查研究，此项研究的进行离不开您的支持与配合。我们承诺，本调查采取无记名形式，调查结果仅作为课题研究依据，不会给您本人以及您所在的学校带来任何不利影响。因此，希望您能据实填写。感谢您的合作！

太原市教育局教育行政执法体制改革试点工作组

教育行政执法风险防范课题组

学校类别_____　　　学校隶属_____　　　学段_____

年级_____　　　性别_____

一、单项选择题（请将您认为合适的答案序号填写在括号中）

1. 法制、音、体、美等课程能否按课表安排正常进行（　　　）。

A. 不能　　　　　B. 几乎不能　　　C. 基本能　　　　D. 能

2. 学校组织学生进行 1 小时的体育活动（含体育课）的次数（　　　）。

A. 每天　　　　　B. 每周一次　　　C. 每周两次　　　D. 两天一次

3. 学校利用休息日或假期组织有偿补课（　　　）。

A. 经常　　　　　B. 偶尔　　　　　C. 无　　　　　　D. 不知道

4. 你有偿参加课任教师在校外组织的培训班（　　　）。

A. 经常　　　　　B. 偶尔　　　　　C. 无　　　　　　D. 不知道

5. 老师向你或父母索要或接受礼物、或参加家长安排的宴请、旅游等活动（　　　）。

A. 经常　　　　　B. 偶尔　　　　　C. 无　　　　　　D. 不知道

6. 老师公开学生考试成绩并排名(　　　)。

A. 经常　　　　B. 偶尔　　　　C. 无　　　　D. 不知道

7. 学校对在课堂上玩手机等物品的同学会采取的措施(　　　)。

A. 没收　　　　B. 暂时保管　　　C. 上交学校　　　D. 批评教育

8. 学校分重点班与非重点班(　　　)。

A. 经常　　　　B. 偶尔　　　　C. 无　　　　D. 不知道

9. 你每天完成课后作业的时间(　　　)。

A. 半小时内　　B. 1 小时内　　C. 2 小时内　　D. 3 小时内

E. 4 小时以上

10. 你认为考试违纪、作弊、请他人替考等行为(　　　)。

A. 违法　　　　B. 违纪　　　　C. 不诚信　　　　D. 不知道

二、多项选择题(请将您认为合适的答案序号填写在括号中)

1. 老师对未完成作业、迟到或违反课堂纪律的同学会采取(　　　)。

A. 罚站　　　　B. 赶出教室　　　C. 批评教育　　　D. 不采取措施

E. 其他

2. 学校对违反校规校纪的学生经常采取(　　　)。

A. 批评教育　　B. 罚款　　　　C. 停课　　　　D. 开除

E. 其他

3. 老师或学校经常要求学生或家长(　　　)。

A. 订阅课外资料　B. 购买学习用品　C. 指定场所消费　D. 推销保险

E. 从不

4. 学校收取费用的项目有(　　　)。

A. 班费　　　　B. 捐款　　　　C. 赞助款　　　　D. 资料费

E. 其他

5. 下列单位有执法权的是(　　　)。

A. 公安局　　　B. 工商局　　　C. 学校　　　　D. 教育局

E. 都没有

三、简答题

1. 你有同学被学校开除吗？如有,是什么原因被开除的？

2. 你认为政府、学校、教师还存在哪些其他违法行为？请以具体事例说明。

附录二

教育领域常见典型违法行为调查问卷（教师）

敬爱的老师：

您好！感谢您抽出宝贵的时间来接受我们的问卷调查！我们正在进行教育领域常见典型违法行为的调查研究，此项研究的进行离不开您的支持与配合。我们承诺，本调查采取无记名形式，调查结果仅仅作为课题研究依据，不会给您本人以及您所在的学校带来任何不利影响。因此，希望您能据实填写。感谢您的合作！

太原市教育局教育行政执法体制改革试点工作组
教育行政执法风险防范课题组

学校类别_____　　　　学校学段_____　　　　年龄段_____

教龄_____　　　　　　性别_____　　　　　　是否班主任_____

一、**单项选择题**（请将您认为合适的答案序号填写在括号中）

1. 教师在学校管理中发挥作用的程度（　　　　）。

A. 很大　　　　　B. 很小　　　　　　C. 几乎没有　　　　D. 没有

2. 你认为学校的校务公开（　　　　）。

A. 形式公开　　　B. 一般事项　　　　C. 重大事项　　　　D. 应付检查

3. 学校有关教职工的考核奖励制度向教师征询意见及采纳情况（　　　　）。

A. 从未征询　　　　　　　　　　B. 征询并采纳

C. 征询未采纳也未说明　　　　　D. 征询未采纳但说明

4. 你参加教师进修、培训的次数（　　　　）。

A. 每年一次　　　B. 两年一次　　　C. 三年一次　　　　D. 四年一次

E. 从未参加

5. 学校的图书资料、仪器设备、实验器材等能否满足你科研或教改的需求(　　　)。

　　A. 不能　　　　　B. 基本能　　　　C. 部分能　　　　D. 几乎不能

6. 课堂教学自主权的程度(　　　)。

　　A. 很小　　　　　B. 很大　　　　　C. 几乎没有　　　D. 不可能

7. 学校安排教师利用休息日或假期给学生补课(　　　)。

　　A. 经常　　　　　B. 从不　　　　　C. 偶尔　　　　　D. 不知道

8. 学校对教师进行罚款(　　　)。

　　A. 经常　　　　　B. 从不　　　　　C. 偶尔　　　　　D. 不知道

9. 你认为学校管理中发挥作用最大的是(　　　)。

　　A. 教育行政部门　B. 校长　　　　　C. 学校制度　　　D. 章程

10. 你认为教育行政机关有执法权吗(　　　)?

　　A. 有　　　　　　B. 没有　　　　　C. 很少　　　　　D. 不知道

二、多项选择题(请将您认为合适的答案序号填写在括号中)

1. 你对未完成作业、迟到或违反课堂纪律的学生采取(　　　)。

　　A. 罚站　　　　　B. 赶出教室　　　C. 批评教育　　　D. 不采取措施

　　E. 叫家长

2. 学校人事管理中存在的违法行为主要表现在(　　　)。

　　A. 职务评聘　　　B. 评优奖先　　　C. 干部选任　　　D. 考核不公正

3. 处理教师申诉的机构是(　　　)。

　　A. 教育行政部门　B. 学校　　　　　C. 法院　　　　　D. 人民政府

4. 教师参与学校管理的途径(　　　)。

　　A. 教职工代表大会B. 办公室　　　　C. 工会组织　　　D. 向校领导反映

5. 教师聘用合同的签订双方是教师和(　　　)。

　　A. 教育行政部门　B. 学校　　　　　C. 校务委员会　　D. 校长

三、简答题

1. 你认为学校、政府的哪些行为侵犯了你的合法权益?

2. 你认为政府、学校还存在哪些其他违法行为? 请以具体事例说明。

附录三

教育领域常见典型违法行为调查问卷(校长)

尊敬的校领导:

您好!感谢您抽出宝贵的时间来接受我们的问卷调查!我们正在进行太原市教育领域常见典型违法行为的调查研究,此项研究的进行离不开您的支持与配合。我们承诺,本调查采取无记名形式,调查结果仅仅作为课题研究依据,不会给您本人以及您所在的学校带来任何不利影响。因此,希望您能据实填写。感谢您的合作!

太原市教育局教育行政执法体制改革试点工作组

教育行政执法风险防范课题组

学校类别_____　　　　隶属关系_____　　　　学校学段_____

年龄段_____　　　　性别_____　　　　正副职_____

一、**单项选择题**(请将您认为合适的答案序号填写在括号中)

1. 你认为教育行政机关有执法权吗?(　　　　)

A. 有　　　　　B. 没有　　　　　C. 可能有　　　　　D. 不清楚

2. 学校办学经费的核拨(　　　　)。

A. 按预算足额　　B. 被克扣　　　　C. 被挪用　　　　D. 不足额

3. 举办者对学校校舍、场地的维修、保养(　　　　)。

A. 及时主动　　　B. 消极被动　　　C. 借口拖延　　　D. 不维修保养

4. 学校依章程享有的自主管理权(　　　　)。

A. 很大　　　　　B. 很小　　　　　C. 几乎没有　　　　D. 不清楚

5. 学校章程在学校办学中的作用(　　　　)。

A. 很大　　　　B. 很小　　　　C. 不清楚　　　　D. 没有章程

6. 学校自主办学的依据(　　　　)。

A. 学校章程　　　B. 红头文件　　　C. 法律法规　　　D. 规章制度

7. 学校招收择校生的人数占比(　　　　)。

A. 0%　　　　B. 1-3%　　　　C. 3—5%　　　　D. 5%以上

8. 学校办学中最大的困扰是(　　　　)。

A. 校园安全　　　B. 各种检查　　　C. 经费短缺　　　D. 无用人权

9. 学生在学校维权的机构(　　　　)。

A. 学生申诉委员会 B. 政教处　　　C. 校办公室　　　D. 没有

10. 学校被乱收费、乱摊派的情况(　　　　)

A. 有　　　　B. 无　　　　C. 越来越少　　　　D. 不清楚

二、多项选择题(请将您认为合适的答案序号填写在括号中)

1. 下列哪些单位有行政执法权?(　　　　)

A. 市教育局　　　　　　　　　　B. 市政府督导室

C. 市现代信息技术中心　　　　　D. 市招生考试中心

2. 学校被乱收费、乱摊派的部门是(　　　　)。

A. 教育主管部门　B. 政府其他职能部门　C. 所在社区　　　D. 社会团体

3. 学校最易被侵占、损毁的有(　　　　)。

A. 校舍　　　　B. 场地　　　　C. 经费　　　　D. 仪器设备

E. 从未

4. 学校的闲置校舍、场地(　　　　)。

A. 空着　　　　B. 出租　　　　C. 出借　　　　D. 经营自用

5. 学校依章程享有的自主权,包括(　　　　)。

A. 机构设置权　　B. 干部任免权　　C. 招生权　　　D. 教工聘用权

E. 校产管理权

三、简答题

1. 您认为教育主管部门还存在哪些违法行为?(请以具体事例说明)

2. 你对教育主管部门的执法现状是否满意? 有何改进的建议?

附录四

教育领域常见典型违法行为调查问卷(公务员)

尊敬的公务员:

您好!感谢您抽出宝贵的时间来接受我们的问卷调查!我们正在进行太原市教育领域常见典型违法行为的调查研究,此项研究的进行离不开您的支持与配合。我们承诺,本调查采取无记名形式,调查结果仅仅作为课题研究依据,不会给您本人以及您所在的学校带来任何不利影响。因此,希望您能据实填写。感谢您的合作!

太原市教育局教育行政执法体制改革试点工作组
教育行政执法风险防范课题组

市、县(市区)＿＿＿＿＿＿ 年龄段＿＿＿＿＿ 性别＿＿＿＿＿

工龄＿＿＿＿＿ 职级＿＿＿＿＿

一、单项选择题(请将您认为合适的答案序号填写在括号中)

1. 你认为教育行政机关有执法权。(　　　　)

A. 有　　　　　B. 没有　　　　　C. 不知道

2. 教育行政机关管理、监督学校的依据(　　　　)。

A. 规范性文件　　B. 法律法规　　C. 学校章程　　D. 不清楚

3. 我国目前已制定的教育法律有(　　　　)。

A. 6 部　　　　B. 7 部　　　　C. 8 部　　　　D. 10 部

E. 不知道

4. 教育行政部门能否成为行政诉讼的被告人。(　　　　)

A. 能　　　　　B. 不能　　　　　C. 不清楚

214

5. 违法行为在几年内未被发现的,不再给予行政处罚。(   )

　　A. 1 年　　　　　　B. 2 年　　　　　　C. 5 年　　　　　　D. 10 年

6. 依法取得的行政许可(   )转让。

　　A. 可以　　　　　　　　　　　　B. 一律不得

　　C. 不得,除非法律、法规有特别规定　　D. 不清楚

7. 行政复议是谁的监督行为。(   )

　　A. 行政监察部门　　B. 行政系统内部　　C. 人民法院　　　　D. 人民检察院

8. 市、区政府及其部门制定规范性文件(   )设定行政许可。

　　A. 不得　　　　　　　　　　　　B. 可以

　　C. 可以,在法律法规的授权范围内　　D. 不清楚

9. 行政强制的主体是(   )。

　　A. 市人大常委　　B. 学校　　　　　　C. 行政机关　　　　D. 人民法院

10. 我市欲制定一地方性教育法规,对某项行为进行行政处罚。根据有关法律规定,该法规不得创设的行政处罚措施是(   )。

　　A. 罚款　　　　　　　　　　　　B. 没收违法所得

　　C. 责令停止招生　　　　　　　　D. 吊销办学许可证

二、**多项选择题**(请将您认为合适的答案序号填写在括号中)

1. 下列哪些单位依法有行政执法权?(   )

　　A. 语委办　　　　　　　　　　　B. 市政府督导室

　　C. 市现代信息技术中心　　　　　　D. 市招生考试中心

2. 下列属于行政行为的是(   )。

　　A. 规范性文件的制定　　　　　　B. 行政许可

　　C. 行政处罚　　　　　　　　　　D. 公文转送

3. 下列选项中,属于行政处罚的措施有(   )。

　　A. 警告　　　　　　　　　　　　B. 罚金

　　C. 没收违法所得　　　　　　　　D. 责令停止招生

　　E. 吊销办学许可证

4. 当事人逾期不履行行政处罚决定的,教育行政部门可以(   )。

　　A. 申请法院强制执行　　　　　　B. 加处罚款

　　C. 单独强制执行　　　　　　　　D. 联合公安强制执行

5. 能成为教育行政相对人的是( )。

A. 学校   B. 教师

C. 学生   D. 法人或其他组织

E. 公民或其他自然队下级教育行政机关

三、简答题

1. 您在依法行政工作中最大的困惑是什么？

2. 你对依法治教、依法治校活动的建议？

缩略语表

全　称	简　称
一、法律	
《中华人民共和国宪法》	《宪法》
《中华人民共和国教育法》	《教育法》
《中华人民共和国教师法》	《教师法》
《中华人民共和国义务教育法》	《义务教育法》
《中华人民共和国职业教育法》	《职业教育法》
《中华人民共和国民办教育促进法》	《民办教育促进法》
《中华人民共和国高等教育法》	《高等教育法》
《中华人民共和国学位条例》	《学位条例》
《中华人民共和国行政复议法》	《行政复议法》
《中华人民共和国行政许可法》	《行政许可法》
《中华人民共和国行政处罚法》	《行政处罚法》
《中华人民共和国行政强制法》	《行政强制法》
《中华人民共和国未成年人保护法》	《未成年人保护法》
《中华人民共和国国家赔偿法》	《国家赔偿法》
《中华人民共和国就业促进法》	《就业促进法》
《中华人民共和国广告法》	《广告法》
《中华人民共和国合同法》	《合同法》

续表

全　称	简　称
二、法规	
《中华人民共和国行政复议法实施条例》	《行政复议法实施条例》
《中华人民共和国政府信息公开条例》	《政府信息公开条例》
《中华人民共和国学位条例暂行实施办法》	《学位条例暂行实施办法》
《山西省实施〈中华人民共和国教师法〉办法》	《山西省实施〈教师法〉办法》
《山西省实施〈中华人民共和国义务教育法〉办法》	《山西省实施〈义务教育法〉办法》
三、司法解释	
《关于执行〈中华人民共和国行政诉讼法〉若干问题的解释》	《关于执行〈行政诉讼法〉若干问题的解释》
《最高人民法院关于审理行政赔偿案件若干问题的规定》	《关于审理行政赔偿案件若干问题的规定》
《最高人民法院关于审理政府信息公开行政案件若干问题的规定》	《关于审理政府信息公开行政案件若干问题的规定》

参考文献

（一）著作、论文类

1. 陈应鑫. 教育行政执法概念辨析[J]. 广西社会科学, 2008(1).

2. 国家教育委员会人事司组织编写. 教育法制概论[M]. 北京: 教育科学出版社, 1997.

3. 罗才, 湛中乐主编. 行政法学[M]. 北京: 北京大学出版社, 2012: 113.

4. 张丽. 教育法律问题研究[M]. 北京: 法律出版社, 2007: 168.

（二）案例类

1. 怀若谷：《索礼谩骂学生教师被撤销教师资格》, 人民网 http://society. people. com. cn/n/2014/0914/c1008 – 25655798. html[2015 – 7 – 31].

2. 福建省龙岩市新罗区人民法院：行政判决书(1999)岩行终字第 18 号, 北大法宝 http://www. pkulaw. cn/case/pfnl＿117461881. html? match = Exact [2015 – 7 – 31].

3. 李剑平. 一名女大学生的"教师梦"陷入"死循环"[N]. 中国青年报, 2015 – 4 – 26.

4. 湖南省株洲市中级人民法院：行政判决书(2011)株中法行终字第 37 号, 北大法宝 http://www. pkulaw. cn/case＿es/pfnl＿1970324837812532. html? match = Exact[2015 – 7 – 31].

5. 江苏省无锡市中级人民法院行政判决书(2015)锡行终字第 00015 号：中国裁判文书网, http://wenshu. court. gov. cn/content/content? DocID = 79d8f6a7 – c004 – 4ed7 – 9947 – 57cdf25bc459[2015 – 8 – 1].

6. 福建省漳州市中级人民法院：行政判决书(2014)漳行终字第 38 号, 中国裁判文书网 http://wenshu. court. gov. cn/content/content? DocID = 87489bc1 − eb00 − 40fd − 95d6 − 88325e1880c2[2015 − 7 − 31].

7. 怀化市鹤城区人民法院:行政判决书(2010)怀鹤行初字第 27 号,北大法宝 http://www. pkulaw. cn/case_es/pfnl_1970324837395263. html? match = Exact[2015 − 7 − 31].

8. 上海市第一中级人民法院:行政判决书(2001)沪一中行终字第 126 号,北大法宝 http://www. pkulaw. cn/case/pfnl_a25051f3312b07f3e7c53c5c187eb3c 7d4af4b7e6ad7a6d3bdfb. html? match = Exact[2015 − 7 − 31].

9. 四川省成都市中级人民法院:行政判决书(2005)成行终字第 70 号,法律图书馆 http://www. law − lib. com/cpws/cpws_view. asp? id = 200401224175 [2015 − 7 − 31].

10. 济南中级人民法院:行政判决书(2015)济行终字第 156 号,中国裁判文书网 http://wenshu. court. gov. cn/content/content? DocID = 0f0510d0 − a841 − 47f1 − 829d − ab03cd672ca0[2015 − 7 − 31].

11. 福建省永定县人民法院:行政判决书(2002)永行初字第 5 号,北大法宝 http://pkulaw. cn/case/pfnl_1970324837021237. html? match = Exact[2015 − 7 − 31].

12. 天津市第一中级人民法院,行政判决书(2014)一中行终字第 22 号,中国裁判文书网 http://wenshu. court. gov. cn/content/content? DocID = 2a3e1990 − 62c2 − 4299 − 86e2 − e0dd0f8ba754[2015 − 7 − 31].

13. 江苏省南京市鼓楼区人民法院:行政判决书(2000)鼓行初字第 31 号,北大法宝 http://www. pkulaw. cn/case/pfnl_1970324837206975. html? match = Exact[2015 − 7 − 31].

14. 海市浦东新区人民法院:行政判决书(2011)浦行初字第 237 号,北大法宝 http://www. pkulaw. cn/Case/pfnl_118449943. html? match = Exact[2015 − 7 − 31].

15. 福建省龙岩市中级人民法院:行政判决书(2002)岩行终字第 68 号,司法库网 http://sifaku. com/falvanjian/6/zazb6z9ee050. html[2015 − 4 − 28].

16. 内蒙古自治区翁牛特旗人民法院:行政判决书(2000)翁行初字第 9 号,北大法宝 http://pkulaw. cn/case_es/pfnl_1970324836981318. html? match =

Exact[2015 - 8 - 1].

17. 上海市浦东新区人民法院:行政判决书(2011)浦行初字第236号,北大法宝 http://www.pkulaw.cn/Case/pfnl_118449943.html? match = Exact[2015 - 8 - 1].

18. 江苏省无锡市中级人民法院:行政判决书(2015)锡行终字第00015号,中国裁判文书网 http://wenshu.court.gov.cn/content/content? DocID = 79d8f6a7 - c004 - 4ed7 - 9947 - 57cdf25bc459[2015 - 8 - 1].

19. 河南省开封市龙亭区人民法院:行政判决书(2004)龙行初字第7号,北大法宝 http://www.pkulaw.cn/case/pfnl_1970324837067355.html? match = Exact[2015 - 8 - 1].

20. 浙江省宁波市中级人民法院:行政判决书(2014)浙甬行终字第212号,北大法宝 http://www.pkulaw.cn/Case/pfnl_121793026.html? match = Exact[2015 - 8 - 1].

21. 广东省广州市中级人民法院:行政判决书(2014)穗中法行终字第1272号,中国裁判文书网 http://wenshu.court.gov.cn/content/content? DocID = 6fdd7ab8 - 6b03 - 4a55 - 896d - 4764c1407f33[2015 - 8 - 1].

22. 锁千程.考空姐遭遇"李鬼"学校 两所学校的简章一模一样,成都晚报[N].2011 - 04 - 25(04).

23. 重庆市第三中级人民法院:行政判决书(2008)渝三中法行终字第28号,找法网 http://china.findlaw.cn/info/xingzheng/xingzhengxuke/xzxkal/72256.html[2015 - 8 - 2].

24. 安徽省蚌埠市中级人民法院:行政判决书(2014)蚌行终字第00007号。中国裁判文书网 http://wenshu.court.gov.cn/content/content? DocID = 6ea3cc0f - 8080 - 4638 - 85bd - d12ada72339b[2015 - 8 - 2].

25. 郑州市中级人民法院:行政判决书(2012)郑行终字第186号,http://www.110.com/panli/panli_43866308.html[2015 - 8 - 2].

26. 安徽省高级人民法院:行政判决书(2011)皖民二终字第00093号,北大法宝 http://www.pkulaw.cn/case/pfnl_118776619.html[2015 - 8 - 2].

27. 广东省广州市中级人民法院:行政判决书(2014)穗中法行终字第1703号,北大法宝 http://www.pkulaw.cn/case/pfnl_121706811.html? key-

words = 15% E4% B8% AA% E5% B7% A5% E4% BD% 9C% E6% 97% A5&match = Exact% 2C% 20Piece[2015 - 8 - 2].

28. 湖南省常德市中级人民法院:行政判决书(2014)常行终字第 38 号,北大法宝 http://www. pkulaw. cn/case/pfnl_1970324840458775. html? match = Exact[2015 - 8 - 2].

29. 江苏省南京市中级人民法院:行政判决书(2013)宁行终字第 167 号,北大法宝 http://www. pkulaw. cn/Case/pfnl_120026033. html? match = Exact[2015 - 8 - 2].

30. 浙江省金华市中级人民法院:行政判决书(2014)浙金行终字第 77 号,北大法宝 http://www. pkulaw. cn/Case/pfnl_121657535. html? match = Exact[2015 - 8 - 2].

31. 湖南省长沙市岳麓区人民法院,行政判决书(2014)岳行初字第 00122 号,中国裁判文书网 http://wenshu. court. gov. cn/content/content? DocID = 0180a541 - 064e - 48d3 - 9440 - 7c6f5ae3b649[2015 - 8 - 2].

32. 巫晓,陈磊,黄霄. 石龙区法院取缔无证办学——全力维护教学秩序[N]. 东方今报,2015 - 8 - 2.

33. 江苏省无锡市锡山区人民法院:行政判决书(2004)锡法行初字第 11 号,北大法宝 http://pkulaw. cn/case/payz_a25051f3312b07f3009b44c86e0551 6510a090fc9c9412f8bdfb. html? match = Exact[2015 - 8 - 2].

34. 广东省广州市中级人民法院:行政判决书(2005)穗中法民二终字第 1698 号,北大法宝 http://www. pkulaw. cn/Case/pfnl_117547986. html? match = Exact[2015 - 8 - 2].

35. 李永明,王冬立. 叫停近两年——格致教育咋还干? [N]. 济南时报,2013 - 12 - 5.

36. 成希. 想高价造星——却误入"骗钱作坊"[N]. 南方日报,2014 - 3 - 11.

37. 广东省广州市中级人民法院:行政判决书(2010)穗中法行终字第 402 号,北大法宝 http://www. pkulaw. cn/Case/pfnl_117788524. html? match = Exact[2015 - 8 - 3].

38. 袁伟鑫. 退费问题引出纠纷——办了多年的培训学校竟无相应资质[N]. 奉化日报,2015 - 8 - 3.

后 记

太原市教育局被教育部确定为全国教育行政执法体制改革试点单位后，按试点工作要求，先是委托作者进行了该局行政执法依据的全面梳理和职权明晰、各职能处（室）的职权分解等研究，研究成果已付梓成书，书名为《权力·责任与权利·义务——教育行政执法指要》。之后，作为多年服务于太原市教育系统的法律学人，又承担了"系统搜集教育领域的常见、典型违法行为""分析具体执法案例"，为"提出以执法手段，解决教育热点难点问题的思路与办法"这一试点工作要求的研究任务。

研究工作时长年余，历经调查问卷的编制、问卷调查系统的作成、问卷调查的组织、调查结果的统计与分析、执法案例的搜集、整理与分析等诸多环节。因调查问卷着眼于"系统"的调查与分析，以致于研究艰涩，思路难续；期间又适逢委托方的人事更迭，研究被搁置；年初闲时重续，至年中恰逢《光明社科文库》橄榄枝，终完稿。聊可欣慰的是终可将这一研究成果呈现出来，虽不完美，但毕竟是对一所省会城市所属教育领域"系统"调查与分析的一个大胆尝试，希望能对国家教育行政执法体制改革的推进有所裨益。

本书报告三的调查结果分析由王雅梅执笔、案例分析篇除案例十五、十六外由郭爱红搜集整理，在此特表谢忱。

作者

2018 年 6 月 29 日